중학 영문법, 쓸 수 있어야 진짜 문법이다!

문법이 쓰기다

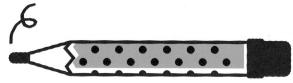

문법이 쓰기다라면
정확히 거침없이 쓸 수 있고
써 본 문법은
쉽게 잊히지 않습니다!

초등학교 영어 수업은 영어라는 외국어에 친숙해지고 기초적인 의사소통 능력을 기르는 것이 목적이라면 중학교 영어는 좀 더 깊이 있는 내용을 상술한 텍스트를 독해하고 오류 없이 논리적으로 자신의 생각을 표현하는 수준으로 올라섭니다.

그 과정에서 급격히 중요성이 대두되는 영역이 바로 문법입니다.

의미 있는 콘텐츠를 자유롭게 활용하고 자신의 생각을 제한 없이 표현하기 위해서는 어휘 지식만으로는 턱없이 부족하기 때문입니다. 그 '어휘'들을 논리적으로 엮어 낼 '규칙'에 대한 감각이 필요한데, 그것이 바로 문법 지식입니다.

그리고 중학교 지필고사의 경우, 객관식이든 주관식이든 상관없이 대부분의 문항들이 직·간접적으로 문법 지식을 묻고 있습니다. 특히 전체 문항의 평균 30% 이상을 차지하는 서술형 문항의 경우, 문법적으로 옳고 그른지를 판단하는 수준을 넘어서, 문법 지식을 자유롭게 응용하는 언어 산출(language production) 능력을 요구합니다. 게다가 수와 시제 같은 기본 문법에서 사소한 실수만 저질러도 오답이 되는 탓에, 최악의 경우 시험 성적을 반 토막 낼 수도 있는 결정적인 영역이기도 합니다.

『중학 영문법 문법이 쓰기다』는
현행 중학 교과 과정에서 다루는 영문법을
문장 구조로 설명하고,
문장 구성 원리와 문장 쓰기로 연계하여
내신 서술형까지 연습할 수 있는
체계적인 통합 문법 교재입니다.

『중학 영문법 문법이 쓰기다』는 문법의 변화 규칙에 대한 이해를 토대로 문장 구성 기술을 확장시켜 나갈 수 있도록 요목을 구성했으며, 지금까지 출제된 중학 내신 서술형 문항의 패턴을 분석해 유사한 연습 문제로 실전에 대비할 수 있게 만들었습니다. 쓰기를 통해 중학 영문법의 기초를 다지는 『중학 영문법 문법이 쓰기다』는 '실력'과 '점수' 어느 하나도 놓치지 않는 통합형 Grammar for Writing 교재입니다.

이렇게 만들었어요!

1 중학 교과 문법의 연계성과 이해 과정에 맞게 필수 요목을 구성했어요.

중학 교과서에 수록된 문법을 분석하여 이해 과정에 맞게 구성하였습니다. 문법은 가장 논리적인 사고와 체계적인 정리가 필요한 영역입니다. 이러한 문법 영역의 특성에 맞게 학습 설계와 학습 방향의 기초가 되는 요목 배열에 많은 힘과 시간을 들였습니다. 단계별 논리적 요목 배열을 통해 영문법의 크고 작은 요소들을 어느 하나 놓치지 않고 효과적으로 학습하고 정리할 수 있습니다.

1 이해 과정 고려
중학 교과에 따라
필수 문법을
이해 과정에 맞게 구성

2 문법의 퍼즐식 구성
문법규칙을 문장구성 원리와
쓰기로 이어지게 하는
체계적인 구성

3 문법규칙→문장규칙으로 연계
각 Part가
문법규칙과 문장규칙으로
연계되는 Unit 차례로 구성

2 문법에 강해지는 3단계 개념 쪼개기와 효과적인 시각화로 훨씬 쉽게 이해돼요.

어렵고 복잡하게 인식되는 문법에 대한 학습 부담을 줄이고 간편한 이해를 위해 각 요목별 특성에 맞추어 가장 최적화된 시각화 방법을 구현하였습니다. 도식화, 도표, 문장에서의 오류 확인 등의 시각적 구현을 통해 문법을 효과적으로 한 눈에 학습할 수 있습니다.

3단계 개념 쪼개기 ----------→ **퍼즐식 시각화로 문장 모으고 잇기**

문법규칙
Grammar Rules

문장 구조 속
문법규칙

문장 구성 기술
Sentence Composition

3 문법확인·문장 쓰기·기출 서술형의 3단계 필수 문제 유형으로 촘촘하게 구성했어요.

기출 서술형의 철저한 분석을 통해 drill - error recognition / correction - ordering / sentence writing 등의 촘촘하고 꼭 필요한 문제 유형들로 문법을 효과적으로 확인하고 연습할 수 있게 구성하였습니다. 기계적으로 대입하고 바꾸는 유형을 지양하고 문법 기초 지식과 논리적인 사고력이 필요한 유형들을 개발하여 논리적인 사고와 다양한 문법 활용을 할 수 있습니다. 이런 3단계 문제 시스템을 통해 기본도 다지고, 실전에도 바로바로 쓸 수 있습니다.

drill - error recognition
STEP 1 변화규칙 익히기
문장을 이루기 위한 변화규칙을
통해 문법을 제대로 확인하기

correction - ordering
STEP 2 써보면서 깨치기
골라 쓰고, 바꿔 쓰고,
배열하고, 전체을 써보기

sentence writing
STEP 3 서술형 쓰기
앞에서 배운 문장을 서술형 유형에
맞게 완전한 문장으로 쓰기

How to 서술형 Grammar

문법이 쓰기다 이렇게 기출을 분석했어요!

서술형 유형 = 문장 구성력 = 문법이 쓰기다

쓰기가 되는 문법으로 중학 문법 기초뿐만 아니라 내신 서술형까지 잡을 수 있는 『중학 영문법 문법이 쓰기다』인 이유

○ 서술형 평가는 문법의 단순 이해보다 문법을 활용하는 문제이므로 문장 구성력, 곧 **쓰기가 바로 중학 문법의 핵심**이기 때문입니다.

○ 서술형 문제 구성 원리를 이용한 훈련 방식으로 **〈중학 내신 문법 = 서술형 대비 = 쓰기〉**에 맞는 구성이기 때문입니다.

중학 기출 분석	서술형 유형	기출 예시
어색한 어법 고치기	밑줄 친 부분 고치기	• 다음 밑줄 친 부분을 고쳐 쓰시오. My name is Mina. <u>She is</u> a student.
	단문에서 틀린 곳 고치기	• 다음 문장에서 <u>틀린</u> 부분을 고쳐 쓰시오. Was there fun anything on the parade?
	단락에서 틀린 곳 고치기	• 다음 글에서 <u>틀린</u> 부분을 고쳐 쓰시오. (두 군데) Mina's friends have pets special, but she doesn't. Ben has a friend dog, and Hannah has a smart parrot. Mina wants a ....
단어, 표현 넣어 완성하기	문장 완성하기	• 다음 빈칸에 공통으로 들어갈 말을 쓰시오. ⇨ _____ west.　_____ east.
	일정표, 도표 등에 맞게 문장 완성하기	• 다음 표를 보고 문장을 완성하시오. | then	now
---	---
at a concert	not at a concert	 Mina _____ then.
	대화문 완성하기	• 우리말에 맞게 대화를 완성하시오. A : Does she have bigger eyes than you? B : No. Her eyes <u>나의 것보다 약간 더 작아.</u>
주어진 단어 활용하여 완성하기	주어진 단어로 일부 완성 / 문장 완성하기	• 주어진 단어를 이용하여 문장을 완성하시오. She _____ everyone. (love)
	주어진 단어로 전체 완성 / 문장 쓰기	• 주어진 단어를 이용하여 문장을 쓰시오. 이번 토요일에 나는 기차를 탈 것이다. (take a train) ⇨ _____
	대화문 완성하기	• 주어진 단어를 이용하여 대화를 완성하시오. A : Yesterday I felt bad. Today I feel great. B : Great! You look _____ than yesterday. (good)
	단락 문맥에 맞게 단어 활용하기	• 주어진 단어를 이용하여 문장을 완성하시오. I will go to Sumi's birthday party today. But I didn't decide _____ (wear) _____ at the party.
주어진 두 문장을 한 문장으로 바꾸기	같은 의미로 다시 쓰기	• 다음 의미가 같도록 빈칸에 알맞은 말을 쓰시오. The boy got to the bus stop. The bus already left. = _____ when _____
	두 문장을 한 문장으로 연결하기	• 다음 의미가 같도록 빈칸에 알맞은 말을 쓰시오. Tell me where I should put these empty bottles. = Tell me _____ these empty bottles.

기출에 자주 나오는 서술형 유형들을 분석하여 요목 구성과 문제 훈련 유형을
Grammar Check » Sentence Check » Writing Check 문제에
모두 반영하였습니다.

〈서술형 기출 분석표 – 문제 유형 및 예시〉

중학 기출 분석	서술형 유형	기출 예시
해석보고 작문하기	우리말에 맞게 문장 일부 쓰기 / 완성하기	• 다음 우리말에 맞게 문장을 완성하시오. 태양은 서쪽으로 진다. ⇨ _____ west.
	우리말에 맞게 문장 전체 쓰기 / 문장 쓰기	• 우리말에 맞게 문장을 쓰시오. 그녀의 남편은 유명한 작가이다. ⇨ _____
	단락 안의 문장 쓰기	• 우리말에 맞게 알맞은 문장을 쓰시오. Mary gets up early in the morning. She eats breakfast at 7:30 am and 8시에 학교에 간다.
의미가 통하게 문장 완성하기	문장 전환하기 1	• 다음을 수동태로 바꿔 쓰시오. A genius builds a robot. ⇨ A robot _____
	문장 전환하기 2	• 다음 문장을 같은 의미로 바꿔 쓰시오. To understand his accent was not easy at first. ⇨ It _____
	조건에 맞게 문장 바꿔 쓰기	• 목적어를 강조하는 문장을 쓰시오. Jim made this cake yesterday. ⇨ _____
의미에 맞게 배열하기	문장 요소 전체 배열하기	• 다음 우리말에 맞게 주어진 단어들을 바르게 배열하시오. Tom은 세 마리의 작은 흰색 개들을 갖고 있다. (small, has, Tom, white, three, dogs) ⇨ _____
	주요 단어 바꿔 쓰기	• 다음 우리말에 맞게 주어진 단어들을 바르게 배열하시오. (단, 형태를 바꾸기) 그는 새 스마트폰을 살 필요가 있다. (need, he, buy, smart phone) ⇨ _____
그림에 맞는 문장 완성하기	그림에 맞는 문장 완성하기	• 다음 그림을 보고 문맥에 맞게 문장을 완성하시오. This is Mary's room. Look at the desk. There is a computer on the desk. There is a book _____ the computer. Now look at the wall.
	그림에 맞는 대화 완성하기	• 다음 그림을 보고 대화를 완성하시오. A : Does the boy ride a bike? B : _____
상황, 문맥에 맞는 영작하기	질문에 답 쓰기(단문)	• 다음 대답을 보고 알맞은 답을 쓰시오. A : Do you swim in the sea? B : _____ I swim in the swimming pool.
	답에 질문 쓰기(단문)	• 다음 대답을 보고 알맞은 질문을 쓰시오. A : _____ B : My dad cooked dinner.
	질문에 답 쓰기	• 다음 글의 마지막 질문에 대한 답을 쓰시오. Sam has two boxes. They together weigh eleven kilos. One box weighs five kilos. How much weight does the other box?

How to 서술형 Grammar

문법이 쓰기다 이렇게 구성했어요!

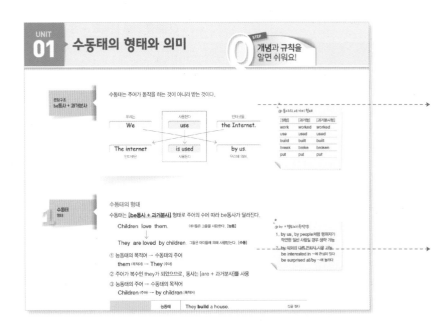

중학 교과 핵심 문법

문법 요목별로 문법의 주요 사항들을 가장 쉽고 잘 이해할 수 있게 효과적인 시각 요소들을 이용하여 상세하게 설명했습니다.

시각화를 통한 쉬운 문법설명

문법규칙을 시각적으로 보여주어 쉽게 한 눈에 원리와 문장 속에서의 활용을 파악할 수 있게 구성하였습니다.

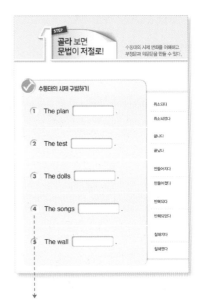

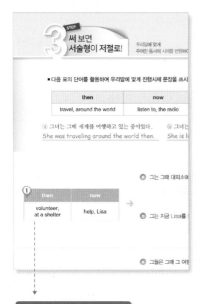

문법 재확인하기

기계적인 확인 학습이 아니라 연상 기법의 확인 문제를 통해 문법 원리를 쉽게 재확인하세요.

문법 비교하기

문법사항들을 문장 속에서 파악할 수 있게 문장별로 비교하거나 바꿔 쓰기, 배열하기 등으로 문장 구성력의 기본을 쌓을 수 있습니다.

기출 서술형 유형으로 쓰기

서술형 기출 문형을 살펴보고 유사 문제들을 반복적으로 훈련하여 문법 기초뿐만 아니라 내신 서술형 문제와 쓰기까지 잡을 수 있습니다.

서술형 끝내기

OX로 문법을 정리하며 서술형 끝내기

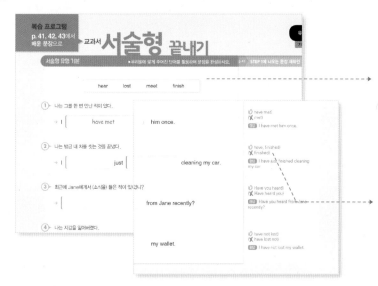

서술형 문제

서술형 기출 유형에 따라 앞에서 공부한 문장을
반복하는 프로그램으로 문법사항을 재확인할 수 있습니다.

OX 로 문법 정리

앞에서 공부한 문장을 OX 문제를 통해 한 번 더 확인하세요.
공부했던 문법을 확실하게 정리할 수 있습니다.

Test 실전문제

내신 문제 – 객관식에서 단답형 주관식, 통합형 서술형 대비

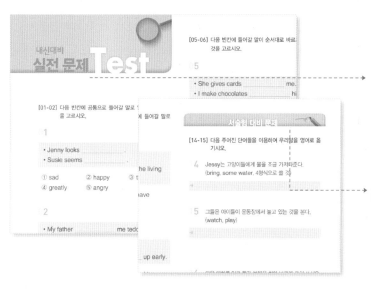

객관식 문제

종합적으로 문법 사항들을 묻는 문제로,
학교 내신 유형 문제를 보강하여 더 많은 문제 풀이가 가능합니다.

서술형 문제

각 문법에 해당되는 서술형 문제들로 구성하여
실전감을 더욱 높일 수 있게 하였습니다.

한 장의 사진으로 보는 문법이 쓰기다

앞에서 공부한 내용을 사진으로
재미있게 보며 다시 문장으로
상기시켜 주는 코너입니다.

정답과 해설

친절하고 꼭 필요한 문제 해설로
어려움 없이 문제 해결력을
높여 줍니다.

이런 순서로 공부해요!

 12종 교과서 문법 항목 전체 + **기출 문법 문제, 서술형 유형 분석** + **개념 이해 과정 도입** = **문법이 쓰기다 문법요목**

초등 영문법 문법이 쓰기다

중등 영문법 문법이 쓰기다

문법이 쓰기다 영문법 WINNER

문법이
쓰기다

초등문법을 제대로 배우고
저절로 써지는 Grammar for Writing

중학 영문법을 제대로 정리하고
서술형 쓰기에 최적화된 진짜 문법서

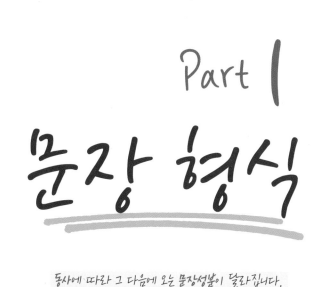

Part 1
문장 형식

동사에 따라 그 다음에 오는 문장성분이 달라집니다.
동사에 따른 문장의 구조를 살펴보고 다양한 구조의 문장을 써 봅니다.

UNIT 1 1, 2, 3 형식 문장

구성	기초 항목	서술형 유형
STEP 1	보어와 문장 구조 고르기	
STEP 2	비교하며 고르기	
STEP 3		문장 고쳐 쓰기
서술형 끝내기		문장완성, 문장쓰기

UNIT 2 4형식 문장

구성	기초 항목	서술형 유형
STEP 1	어순과 전치사 고르기	
STEP 2	문장 배열하기	
STEP 3		문장 전환하기
서술형 끝내기		문장완성, 문장쓰기

UNIT 3 5형식 문장

구성	기초 항목	서술형 유형
STEP 1	우리말에 맞게 고르기	
STEP 2	문장 배열하기	
STEP 3		문장 고쳐 쓰기
서술형 끝내기		문장완성, 문장쓰기

1·2·3형식 문장

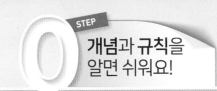

문장구조
목적어와 보어

문장성분에 따라 문장 형식이 달라진다.

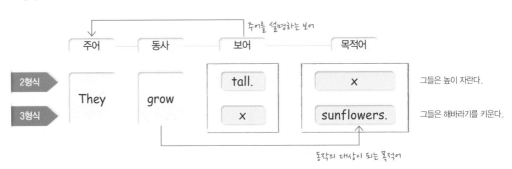

주어를 설명하는 보어

| 주어 | 동사 | 보어 | 목적어 |

| 2형식 | They | grow | tall. | x | 그들은 높이 자란다. |
| 3형식 | | | x | sunflowers. | 그들은 해바라기를 키운다. |

동작의 대상이 되는 목적어

2형식
동사 + 형용사

형용사 보어를 갖는 동사

보어 자리에 **형용사**를 사용하여 2형식 문장을 구성하는 여러 동사가 있다.

주어를 설명하는 형용사 보어

	주어	동사	보어	
감각동사 feel, sound...	The cake	tastes	good.	그 케이크는 좋은 맛이 난다.
		looks		그 케이크는 좋아 보인다.
become 동사 grow...	The weather	turns	cold.	날씨가 추워진다.
		gets		

> 💬 **감각동사**
> [전치사 like/at + 명사]가 감각동사 뒤에 오기도 한다.
> → You look like a cook.
> 너는 요리사처럼 보인다.

I feel confident / ~~confidently~~ . 나는 자신감을 느낀다. → 감각동사의 보어 자리에는 부사가 아닌 형용사

It sounds ~~interest~~ / interesting . 그것은 재미있게 들린다. → 감각동사의 보어 자리에는 명사가 아닌 형용사

★ 형용사 보어를 갖는 다른 동사들

유지동사	They	keep	calm.	그들은 침착함을 유지한다.
		stay		
판단동사	He	seems	rich.	그는 부유해 보인다.
		appears		

3형식 vs. 1형식
목적어 유무

목적어 유무에 따른 문장의 비교

1형식은 주어와 동사로 완전한 문장이 되지만, 3형식은 동사 뒤에 **목적어(~을/를)**를 갖는다.

주어	동사	목적어	전치사 + 명사		
Thomas	leaves	the building.		3형식	Thomas는 그 건물을 떠난다.
		x	for the building.	1형식	Thomas는 그 건물로 떠난다.

→ 동사가 하고자 하는 동작의 대상인 목적어

> 🔊 **1형식 동사**
> | help | 도움이 되다 |
> | work | 효과가 있다 |
> | last | 지속되다 |
> | differ | 다르다 |

★ leave, begin, start 등의 동사는 1형식과 3형식에 모두 사용할 수 있다.

The school **begins** construction. 그 학교는 공사를 시작한다. → 목적어 있음 (3형식)

The school **begins** in spring. 그 학교는 봄에 시작한다. → 목적어 없음 (1형식)

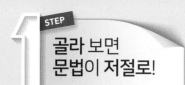

✓ 2형식 문장 구조

보어의 형태 고르기

1 I feel [   ].

나는 / 느낀다 / 편안한.

☑ comfortable ☐ comfortably

2 They keep [   ].

그들은 / 유지한다 / 조용한 (상태를).

☐ calm ☐ calmly

3 They stay [   ].

그들은 / 유지한다 / 건강한 (상태를).

☐ healthily ☐ healthy

4 It becomes [   ].

그것은 / 된다 / 큰.

☐ large ☐ largely

5 The old man seems [   ].

그 나이 든 남자는 / 보인다 / 화가 난.

☐ angry ☐ angrily

6 The soup tastes [   ].

그 수프는 / 맛이 난다 / 좋은.

☐ good ☐ well

✓ 목적어 유무 고르기

우리말에 맞는 문장구조 고르기

1 She left [   ].

| 그 공원을 떠났다 | ☑ the park | ☐ for the park |
| 그 학교로 떠났다 | ☐ the school | ☑ for the school |

2 He begins [   ].

| 그의 수업을 시작하다 | ☐ his lesson | ☐ at his lesson |
| 12시에 시작하다 | ☐ 12:00 | ☐ at 12:00 |

3 They start [   ].

| 그 실험을 시작하다 | ☐ the experiment | ☐ with the experiment |
| 농담과 함께 시작하다 | ☐ a joke | ☐ with a joke |

4 I stopped [   ].

| 그 차를 멈췄다 | ☐ the car | ☐ at the car |
| 신호등에서 멈췄다 | ☐ the traffic light | ☐ at the traffic light |

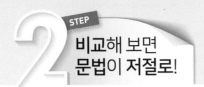
1

그는 / 보인다 / 이상한.

He (looks) / sounds strange.

그는 / 들린다 / 이상한.

He looks / (sounds) strange.

2

그녀는 / ~해 진다 / 배고픈 / 늦은 밤에.

She gets / stays hungry late at night.

그녀는 / 유지한다 / 깨어 있는 (상태를) / 늦은 밤에.

She gets / stays awake late at night.

3

그들은 / 보인다 / 행복한.

They seem / stay happy.

그들은 / 유지한다 / 행복한 (상태를).

They seem / stay happy.

4

그는 / ~하지 않다 / 유지한다 / 화가 난 (상태를).

He never stays / gets angry.

그는 / ~하지 않다 / 되다 / 화가 난.

He never stays / gets angry.

5

날씨는 / ~해 진다 / 따뜻한.

The weather gets / stays warm.

날씨는 / 유지한다 / 따뜻한 (상태를).

The weather gets / stays warm.

6

그들은 / 시작한다 / 9시에.

They begin 9 o'clock / at 9 o'clock .

그들은 / 시작한다 / 여행을.

They begin a journey / in a journey .

7

그녀는 / 움직인다 / 그 문 쪽으로.

She moves the door / toward the door .

그녀는 / 움직인다 / 그 문을.

She moves the door / toward the door .

8

그는 / 이동한다 / 그 길을 따라.

He passes the street / along the street .

그는 / 건네준다 / 그 병을.

He passes the bottle / to the bottle .

9

그들은 / 논다 / 친구와 함께.

They play friends / with friends .

그들은 / 연주한다 / 피아노를.

They play the piano / with the piano .

10

그들은 / 반납한다 / 그 책들을.

They return the books / to the books .

그들은 / 돌아간다 / 그 학교로.

They return the school / to the school .

■ 다음 우리말을 보고 **틀린** 부분을 고쳐 쓰시오.

> Ella는 불안해 보인다.
>
> → Ella looks ~~anxiously~~.

→ 지각동사의 보어는 형용사를 사용한다.

→   Ella looks anxious.

---

1 막대사탕은 맛있다.

A lollipop tastes ~~deliciously~~.   → A lollipop tastes delicious.

2 그 목소리는 친숙하게 들린다.

The voice sounds familiarity. →

3 그 나뭇잎들은 붉게 변한다.

The leaves turn redly. →

4 그 학생들은 항상 조용히 있다.

The students always stay quieten. →

5 날씨가 갑자기 추워진다.

The weather suddenly turns a coldness. →

6 그는 오늘 초조해 보인다.

He seems nervously today. →

7 대부분의 꽃들은 향기로운 냄새가 난다.

Most flowers smell sweetness. →

서술형 유형 기본

■ 우리말에 맞게 주어진 단어를 활용하여 문장을 완성하시오.
(한 단어가 여러 번 사용될 수 있음)

p.13 **STEP 1**에 나오는 문장 재확인

feel	stay	leave

1 그들은 건강한 상태를 유지한다.

→ They [stay] healthy.

(O 2형식)
(X 1형식)

2 나는 편안하게 느낀다.

→ I [ ] comfortable.

(O 2형식)
(X 3형식)

3 그녀는 그 공원을 떠났다.

→ She [ ] the park.

(O 3형식)
(X 1형식)

4 그녀는 그 학교로 떠났다.

→ She [ ] for the school.

(O 1형식)
(X 3형식)

서술형 유형 심화

■ 우리말에 맞게 주어진 단어를 활용하여 문장을 완성하시오.

p.14 **STEP 2**에 나오는 문장 재확인

1 그는 이상해 보인다. (look, strange)

→ [ ]

보어가 형용사인 2형식 감각동사

2 그녀는 늦은 밤에 깨어 있다. (stay awake, late at night)

→ [ ]

보어가 형용사인 2형식 유지동사

3 그들은 9시에 시작한다. (begin, at 9 o'clock)

→ [ ]

목적어가 필요 없는 1형식

목적어가 필요한 3형식

4 그들은 여행을 시작한다. (begin, a journey)

→ [ ]

• 문장의 형식 구분하기
1형식은 [주어 + 동사]
3형식은 [주어 + 동사 + 목적어]
목적어 유무로 구분해요.

서술형 유형 심화

■ 우리말에 맞게 고르고 문장을 쓰시오.

1 그 목소리는 친숙하게 **(familiarity / familiar)** 들린다.

→ The voice sounds familiar.

(◯ familiar)
(✗ familiarity)

2 Ella는 불안해 **(anxious / anxiously)** 보인다.

→

(◯ anxious)
(✗ anxiously)

3 막대사탕은 맛있다 **(delicious / deliciously)** .

→

(◯ delicious)
(✗ deliciously)

4 그 나뭇잎들은 붉게 **(red / redly)** 변한다.

→

(◯ red)
(✗ redly)

5 날씨가 갑자기 추워진다 **(cold / coldness)** .

→

(◯ cold)
(✗ coldness)

6 그 학생들은 항상 조용히 **(quiet / quieten)** 있다.

→

(◯ quiet)
(✗ quieten)

7 그는 오늘 초조해 **(nervous / nervously)** 보인다.

→

(◯ nervous)
(✗ nervously)

8 대부분의 꽃들은 향기로운 **(sweet / sweetness)** 냄새가 난다.

→

(◯ sweet)
(✗ sweetness)

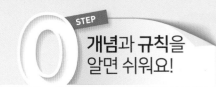

STEP 0
개념과 규칙을
알면 쉬워요!

문장구조 4형식

4형식 동사인 수여동사는 두 개의 목적어를 갖는다.

| 주어 | 수여동사 | 간접목적어 | 직접목적어 |

| He | gave | me | advice. |
| 그는 | 주었다 | 나에게 | 조언을. |

1 4형식 수여동사의 목적어 어순

수여동사를 사용하는 4형식 문장

간접목적어(~에게)와 **직접목적어(…을)**를 가질 수 있으며, '~에게 …을 (해) 주다'로 해석한다.

주어	수여동사	간접목적어	직접목적어
I 나는	give 주다 lend 빌려 주다 buy 사 주다	you 너에게	this cellphone. 이 휴대폰을.

He **showed** ~~a picture me~~ / me a picture . 그는 나에게 사진을 보여 주었다. → 간접목적어가 직접목적어 앞에 오는 것에 주의

★ 주요 수여동사

| teach (가르쳐 주다) | ask (물어보다) | tell (말해 주다) | hand (건네주다) | send (보내다) |
| show (보여 주다) | pass (건네주다) | make (만들어 주다) | buy (사 주다) | get (가져다주다) |

2 3형식으로 전환하기

4형식 문장의 전환

4형식 문장은 목적어의 어순을 바꾸고 그 사이에 전치사를 넣어 3형식 문장으로 전환할 수 있다.

전치사 **to**를 사용하는 동사	전치사 **for**를 사용하는 동사
You gave me a pot . [4형식] You gave a pot **to** me . [3형식] 너는 나에게 화분을 주었다.	We made her a cake . [4형식] We made a cake **for** her . [3형식] 우리는 그녀에게 케이크를 만들어 주었다.
give (주다), lend (빌려 주다), show (보여 주다), tell (말해 주다), send (보내다), pass (건네주다), teach (가르쳐 주다)	buy (사 주다), make (만들어 주다), get (가져다주다), find (찾아 주다)

I **lend** my plates to / ~~for~~ you. 나는 너에게 내 그릇을 빌려 준다. → 전치사 to을 사용하는 동사 lend

You **make** soup ~~to~~ / for me. 너는 나에게 수프를 만들어 준다. → 전치사 for를 사용하는 동사 make

💡 ask는 전치사 of를 사용
They ask questions of you.
그들은 네게 질문들을 한다.

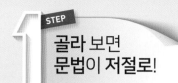

STEP
골라 보면
문법이 저절로!

4형식 수여동사의 간접목적어와 직접목적어의 순서와
3형식으로 전환 시 목적어의 어순, 동사에 따른 다른 전치사 사용에 유의한다.

수여동사가 쓰인 4형식 문장

목적어 어순 고르기

1 나는 너에게 냄비를 주었다.

I gave [a pot you / (you a pot)] .

2 너는 나에게 그림을 보여 주었다.

You showed [me a picture / a picture me] .

3 그녀는 나에게 잡지를 사 주었다.

She bought [me a magazine / a magazine me] .

4 그는 나에게 액자를 만들어 주었다.

He made [a frame me / me a frame] .

5 그들은 나에게 이메일을 보낸다.

They send [me emails / emails me] .

6 나는 그들에게 과학을 가르쳐 준다.

I teach [them science / science them] .

4형식을 3형식으로 전환하기

올바른 어순과 전치사 고르기

1 I found <u>her a toy car</u>.

☐ her for a toy car ☑ a toy car for her

2 I told <u>them a lie</u>.

☐ them to a lie ☐ a lie to them

3 He lent <u>me his laptop</u>.

☐ me to his laptop ☐ his laptop to me

4 She passed <u>me a postcard</u>.

☐ a postcard to me ☐ a postcard for me

5 They get <u>us raincoats</u>.

☐ raincoats to us ☐ raincoats for us

6 I asked <u>him a question</u>.

☐ a question for him ☐ a question of him

gave, he, me,
a little dog

영문장 → He gave me a little dog.

우리말 → 그는 나에게 작은 강아지를 주었다.

---

1 got, she, a bill,
me

영문장 →

우리말 →

---

2 told, the weather forecast,
I, them

영문장 →

우리말 →

---

3 teach, greetings,
you, us

영문장 →

우리말 →

---

4 buy, they,
storybooks, him,

영문장 →

우리말 →

---

5 shows, maple trees,
them, she

영문장 →

우리말 →

---

6 make, I, her,
backpacks

영문장 →

우리말 →

---

7 hand, documents,
you, him

영문장 →

우리말 →

STEP 3 바꿔 써 보면 서술형이 저절로!

문장의 동사를 확인하고 동사에 어울리는 전치사를 사용하여
4형식 문장을 3형식으로 바꿔 써 보세요.

■ 다음 수여동사가 쓰인 4형식 문장을 3형식 문장으로 바꿔 쓰시오.

✔ 서술형 기출문제

누군가 너에게 선물들을 보낸다.

→ Someone sends you gifts.

→ Someone sends gifts to you.

문장을 3형식으로
전환할 때 동사에 따라
다른 전치사를 사용하는
것에 주의한다.

그는 너에게 기회를 주었다.

① He gave you a chance.

→ He gave a chance to you.

그녀는 너에게 무엇인가를 말해 주었다.

② She told you something.

→

나는 그에게 새 휴대폰들을 보여 준다.

③ I show him new cellphones.

→

나는 그녀에게 지역 신문을 빌려 주었다.

④ I lent her the local newspaper.

→

너는 나에게 커피 한 잔을 사 주었다.

⑤ You bought me a cup of coffee.

→

너는 그에게 나무 젓가락을 만들어 준다.

⑥ You make him wooden chopsticks.

→

우리는 그녀에게 프라이팬들을 가져다준다.

⑦ We get her frying pans.

→

복습 프로그램
p. 19, 20, 21에서
배운 문장으로

교과서 **서술형 끝내기**

유형 기본 ➕
기본 + 심화 문제

서술형 유형 기본
■ 우리말에 맞게 주어진 단어를 활용하여 문장을 완성하시오.   p.19 **STEP 1에 나오는 문장 재확인**

| give | find | tell | show |

① 나는 너에게 냄비를 주었다.

→ I [gave] you a pot.

(⭕ 4형식)
(❌ 3형식)

② 너는 나에게 그림을 보여 주었다.

→ You [   ] me a picture.

(⭕ 4형식)
(❌ 3형식)

③ 나는 그들에게 거짓말을 했다.

→ I [   ] them a lie.

(⭕ 4형식)
(❌ 3형식)

④ 나는 그녀에게 장난감 자동차를 찾아 주었다.

→ I [   ] her a toy car.

(⭕ 4형식)
(❌ 3형식)

서술형 유형 심화
■ 우리말에 맞게 주어진 단어를 활용하여 문장을 완성하시오.   p.20 **STEP 2에 나오는 문장 재확인**

① 그녀는 나에게 계산서를 가져다주었다. (get, me, a bill)

→

get은 '~에게 …을 가져다주다'는 의미

② 그들은 그에게 이야기책들을 사 준다. (buy, him, storybooks)

→

buy는 '~에게 …을 사 주다'는 의미

③ 나는 그녀에게 배낭들을 만들어 준다. (make, her, backpacks)

→

make는 '~에게 …을 만들어 주다'는 의미

hand는 '~에게 …을 건네주다'는 의미

④ 너는 그에게 서류들을 건네준다. (hand, him, documents)

→

• 수여동사
수여동사는 '~에게 …을
(해) 주다'로 해석해요.

문장 재확인

| 서술형 유형 심화 | ■ 우리말에 맞게 고르고 3형식 문장으로 쓰시오. | p.21 STEP 3에 나오는 문장 재확인 |

① 그는 너에게 **(of you / to you)** 기회를 주었다.

→ He gave a chance to you.

(◯ to you)
(✗ of you)

② 그녀는 너에게 **(to you / for you)** 무엇인가를 말해 주었다.

→

(◯ to you)
(✗ for you)

③ 누군가 너에게 **(of you / to you)** 선물들을 보낸다.

→

(◯ to you)
(✗ of you)

④ 우리는 그녀에게 **(to her / for her)** 프라이팬들을 가져다준다.

→

(◯ for her)
(✗ to her)

⑤ 나는 그녀에게 **(to her / for her)** 지역 신문을 빌려 주었다.

→

(◯ to her)
(✗ for her)

⑥ 너는 나에게 **(to me / for me)** 커피 한 잔을 사 주었다.

→

(◯ for me)
(✗ to me)

⑦ 너는 그에게 **(to him / for him)** 나무 젓가락을 만들어 준다.

→

(◯ for him)
(✗ to him)

⑧ 나는 그에게 **(to him / for him)** 새 휴대폰들을 보여 준다.

→

(◯ to him)
(✗ for him)

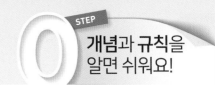
문장구조 5형식

지각동사와 사역동사는 5형식에서 목적어 뒤 목적격 보어 자리에 동사원형을 사용한다.

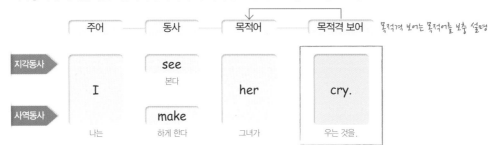

목적격 보어는 목적어를 보충 설명

	주어	동사	목적어	목적격 보어
지각동사	I 나는	see 본다	her 그녀가	cry. 우는 것을.
사역동사		make 하게 한다		

1 지각동사의 목적격 보어

5형식 문장구조와 지각동사

대표적인 5형식 동사인 지각동사는 목적어 뒤 목적격 보어 자리에 **동사원형**을 사용한다.

→ 목적어인 그(him)가 떠나는(leave) 동작을 설명

주어	지각동사	목적어	목적격 보어	
I	saw watched observed	him	leave.	나는 그가 떠나는 것을 봤다.
	heard listened to	you	cry.	나는 네가 우는 것을 들었다.
	felt	the building	shake.	나는 그 건물이 흔들리는 것을 느꼈다.

★ 동작이 진행 중임을 나타낼 때는 목적격 보어 자리에 -ing 형태를 사용한다.

I watched Jessy enter the library.
나는 Jessy가 도서관에 들어가는 것을 보았다.

↓

I watched Jessy entering the library.
나는 Jessy가 도서관에 들어가고 있는 것을 보았다.

● 목적어와 보어의 관계가 수동인 경우, 목적격 보어 자리에 과거분사가 올 수 있다.

지각) I saw a thief arrested.
도둑은 체포되는 대상인 '수동'

사역) I had my hair dyed.
머리카락은 염색되는 대상인 '수동'

2 사역동사의 목적격 보어

5형식 문장구조와 사역동사

대표적인 5형식 동사인 사역동사(~하게 하다)는 목적어 뒤 목적격 보어로 **동사원형**을 사용한다.

주어	사역동사	목적어	목적격 보어	
I	have make let	him	clean there.	나는 그가 그곳을 청소하게 한다.

목적어인 그(him)가 그곳을 청소(clean)하는 동작을 설명

★ help는 목적격 보어로 동사원형과 to부정사를 모두 쓸 수 있다.

She **helps** me paint the wall.
She **helps** me to paint the wall.
그녀는 내가 벽을 칠하는 것을 돕는다.

● get을 사역동사로 쓸 때는 목적격 보어로 to부정사를 쓴다.
→ He gets me to keep a journal.
그는 내가 일기를 쓰도록 한다.

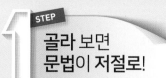

✔ 지각동사의 5형식 문장

우리말에 맞게 고르기

1 I heard [　　　　　] .
네가 우는 것을

☑ you cry   ☐ you cries

2 I watched [　　　　　] .
그가 일하는 것을

☐ him work   ☐ him worked

3 I feel [　　　　　] .
땅이 흔들리는 것을

☐ the ground shook   ☐ the ground shake

4 I see [　　　　　] .
별들이 빛나고 있는 것을

☐ stars shining   ☐ stars shine

5 I listen to [　　　　　] .
그녀가 노래하고 있는 것을

☐ her sing   ☐ her singing

✔ 사역동사의 5형식 문장

우리말에 맞게 고르기

1 너는 나를 웃게 한다.

You make [(me laugh) / me laughed] .

2 너는 내가 이것을 사게 한다.

You make [me buy / me bought] this.

3 나는 그가 내 차를 수리하게 한다.

I have [him repairing / him repair] my car.

4 나는 그가 여기에 오게 한다.

I have [him coming / him come] here.

5 그는 내가 일찍 가게 한다.

He lets [me go / me gone] early.

6 그는 내가 컵들을 가져오게 한다.

He lets [me bring / me brought] cups.

---

saw, I, her,
a die, throw

영문장 → I saw her throw a die.

우리말 → 나는 그녀가 주사위를 던지는 것을 보았다.

---

1 watch, him, I,
cook, in the kitchen

영문장 →

우리말 →

---

2 feels, he, moving,
something

영문장 →

우리말 →

---

3 hear, speaking loudly,
her, I

영문장 →

우리말 →

---

4 feel, I, him,
standing close

영문장 →

우리말 →

---

5 let, my parents, me,
go out, for dinner

영문장 →

우리말 →

---

6 make, we, them,
buy, enough food

영문장 →

우리말 →

---

7 has, move, us,
she, chairs

영문장 →

우리말 →

■ 다음 우리말을 보고 <u>틀린</u> 부분을 고쳐 쓰시오.

✔ 서술형 **기출**문제

> Jena는 그가 소리치는 것을 들었다.
>
> → Jena heard him shouts.

지각동사와 사역동사의
목적격 보어는 동사원형을
사용할 수 있다.

→   Jena heard him shout.

---

① 나는 도둑 한 명이 도망치는 것을 보았다.

I saw a thief ran away.

→   I saw a thief run away.

② 그녀는 그녀의 아이들이 게임을 하는 것을 본다.

She watches her children played games.

→

③ 나는 누군가 내 등을 밀고 있는 것을 느낀다.

I feel someone pushed my back.

→

④ 그는 누군가 그의 이름을 부르고 있는 것을 듣는다.

He hears someone called his name.

→

⑤ 나는 그가 그 행사에 참석하게 했다.

I had him attending the event.

→

⑥ 나는 그녀가 그 제안을 받아들이게 했다.

I made her accepts the offer.

→

⑦ 그녀는 우리가 상황들을 상상하게 한다.

She lets us to imagine situations.

→

복습 프로그램
p. 25, 26, 27에서
배운 문장으로

교과서 **서술형** 끝내기

유형 기본

기본 + 심화 문제

서술형 유형 기본
■ 우리말에 맞게 주어진 단어를 사용하여 문장을 완성하시오.　p.25　STEP 1에 나오는 문장 재확인

| make | see | lets | hear |

① 나는 별들이 빛나고 있는 것을 본다.

→ I ⟦ see ⟧ stars shining.

(◐ 지각동사)
(✗ 사역동사)

② 나는 네가 우는 것을 들었다.

→ I ⟦　　　⟧ you cry.

(◐ 지각동사)
(✗ 사역동사)

③ 그는 내가 일찍 가게 한다.

→ He ⟦　　　⟧ me go early.

(◐ 사역동사)
(✗ 지각동사)

④ 너는 나를 웃게 한다.

→ You ⟦　　　⟧ me laugh.

(◐ 사역동사)
(✗ 지각동사)

서술형 유형 심화
■ 우리말에 맞게 주어진 단어를 활용하여 문장을 완성하시오.　p.26　STEP 2에 나오는 문장 재확인

① 부모님은 내가 저녁을 먹으러 나가게 해 준다. (let, go out)

→

사역동사의 목적격 보어는 동사원형

② 나는 그가 주방에서 요리하는 것을 본다. (watch, cook)

→

지각동사의 목적격 보어는 동사원형

③ 나는 그가 가까이 서 있는 것을 느낀다. (feel, standing close)

→

진행 중인 동작일 때 지각동사의 목적격 보어는 현재분사

④ 그녀는 우리가 의자들을 옮기게 한다. (have, move)

→

사역동사의 목적격 보어는 동사원형

• 사역동사
사역동사는 다른 사람에게 어떤
것을 하게 하는 동사를 말해요.

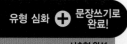

| 서술형 유형 심화 | ■ 우리말에 맞게 고르고 문장을 쓰시오. | p.27 STEP 3에 나오는 문장 재확인 |

① 나는 누군가 내 등을 밀고 있는 것을 **(push / pushing)** 느낀다.

→ I feel someone pushing my back.

(◯ pushing)
(✗ push)

② Jena는 그가 소리치는 것을 **(shout / shouts)** 들었다.

→

(◯ shout)
(✗ shouts)

③ 나는 도둑 한 명이 도망치는 것을 **(run away / ran away)** 보았다.

→

(◯ run away)
(✗ ran away)

④ 그녀는 그녀의 아이들이 게임을 하는 것을 **(plays / play)** 본다.

→

(◯ play)
(✗ plays)

⑤ 그는 누군가 그의 이름을 부르고 있는 것을 **(call / calling)** 듣는다.

→

(◯ calling)
(✗ call)

⑥ 그녀는 우리가 상황들을 상상하게 **(imagine / imagined)** 한다.

→

(◯ imagine)
(✗ imagined)

⑦ 나는 그가 그 행사에 참석하게 **(attend / attending)** 했다.

→

(◯ attend)
(✗ attending)

⑧ 나는 그녀가 그 제안을 받아들이게 **(accept / accepts)** 했다.

→

(◯ accept)
(✗ accepts)

[05-06] 다음 빈칸에 들어갈 말이 순서대로 바르게 짝지어진
것을 고르시오.

5

> • She gives cards _____ me.
> • I make chocolates _____ him.

① of - for   ② to - for   ③ for - to
④ to - to   ⑤ to - of

[01-02] 다음 빈칸에 공통으로 들어갈 말로 알맞지 <u>않은</u> 것
을 고르시오.

1

> • Jenny looks _____ .
> • Susie seems _____ .

① sad   ② happy   ③ tired
④ greatly   ⑤ angry

6

> • He becomes _____ .
> • I hear him _____ .

① sad - cries   ② sadly - cry
③ sad - cry   ④ sadly - crying
⑤ sad - cried

2

> • My father _____ me teddy bears.
> • She _____ me ice cream.

① buys   ② gives   ③ lets
④ gets   ⑤ makes

7 다음을 영어로 바르게 옮긴 것은?

부모님께서 내가 오늘 밤에 극장에 가게 해 주셨다.

① My parents let go to a theater tonight.
② My parents let me to go to a theater tonight.
③ My parents let me go to a theater tonight.
④ I let my parents go to a theater tonight.
⑤ I let my parents to go to a theater tonight.

3 다음 빈칸에 공통으로 들어갈 말로 가장 알맞은 것은?

> • They _____ the violin.
> • They _____ with their friends.

① live   ② do   ③ lend
④ play   ⑤ work

4 다음 문장을 의미가 같도록 바르게 바꿔 쓴 것은?

Bob sends his mom letters.

① Bob sends letters his mom.
② Bob sends letters of his mom.
③ Bob sends letters to his mom.
④ His mom sends Bob letters.
⑤ His mom sends letters to Bob.

8 밑줄 친 단어와 쓰임이 같은 것은?

I <u>make</u> my daughter visit the history museum.

① My teacher <u>makes</u> us cookies.
② I <u>make</u> tomato soup for my friends.
③ They <u>make</u> us buy the white board.
④ We <u>make</u> wooden animals in art class.
⑤ She <u>made</u> me a cup of orange juice.

[09-11] 다음 우리말을 영어로 옮길 때 빈칸에 들어갈 말로 알맞은 것을 고르시오.

09

나는 매주 내 동생이 거실을 청소하게 한다.

→ I _____ my sister clean the living room every week.

① see　　② keep　　③ have
④ stay　　⑤ give

10

우리 엄마는 내가 일찍 일어나게 하셨다.

→ My mom made me _____ up early.

① wake　　② wakes　　③ waking
④ waked　　⑤ to wake

11

나는 그 소녀가 정원에 앉아 있는 것을 보았다.

→ I saw the girl _____ in the garden.

① sits　　② sat　　③ sitting
④ seat　　⑤ to sit

12 다음 빈칸에 들어갈 말이 나머지와 다른 하나는?

① I gave my umbrella _____ him.
② Jason makes soup _____ me.
③ Amy teaches cooking _____ us.
④ They send letters _____ their children.
⑤ He lends his camera _____ them.

13 다음 중 어법상 어색한 문장은?

① Jake plays soccer after school.
② The music sounds strangely.
③ Tim heard someone crying.
④ I watched the man sleep on the bench.
⑤ My brother makes me bring his bag.

[14-15] 다음 주어진 단어들을 이용하여 우리말을 영어로 옮기시오.

14 Jessy는 고양이들에게 물을 조금 가져다준다.
(bring, some water, 4형식으로 쓸 것)

→

15 그들은 아이들이 운동장에서 놀고 있는 것을 본다.
(watch, play)

→

16 다음 대화를 읽고 틀린 부분을 찾아 바르게 고쳐 쓰시오.

Linda: I heard you to cry last night.
Kiho: Did you hear that? I felt sadly.
Linda: Why?
Kiho: My mom made me staying at home. She never lets me gone out after dinner.

(1) _____

(2) _____

(3) _____

(4) _____

17 다음 그림을 보고 주어진 문장을 완성하시오.
(모든 동작은 진행 중입니다.)

smile
raise
sit

(1) I see children _____ on the chairs.

(2) I see children _____ their hands in the classroom.

(3) I see a teacher _____ in front of the children.

한 장의 사진으로 보는
문법이 쓰기다

UNIT 01
1, 2, 3 형식 문장

함께 여행하기.
누군가와 함께 떠나는 여행은
언제나 즐거운 일이죠!

 써 봐!

그들은 여행을 시작한다.

→

 써 봐!

너는 그에게 그 서류를 건네준다.

→

UNIT 02
4형식 문장

누구한테 뭘 해주면 되나요?
조심해요! 내 말을 끝까지 잘 들어야 해요.
엉뚱한 사람에게 주지 않도록!

UNIT 03
5형식 문장

오늘은 대청소를 하자!
다 같이 한다면 금세 끝낼 수 있을 거야.
누가 의자 좀 치워 줄래?

 써 봐!

그녀는 우리가 의자들을 옮기게 한다.

→

정답 **UNIT 01.** They begin a journey.   **UNIT 02.** You hand him documents.   **UNIT 03.** She has us move chairs.

Part 2

시제

어떤 일이 특정 시점에 진행 중인 경우,
혹은 과거에 발생한 일이 현재에도 영향을 미치는 경우의
동사의 형태 변화를 살펴보고 문장을 씁니다.

UNIT 1 진행형

구성	기초 항목	서술형 유형
STEP 1	시제 구별하기	
STEP 2	비교하며 변형하기	.
STEP 3		우리말 영작하기
서술형 끝내기		문장완성, 문장쓰기

UNIT 2 현재완료

구성	기초 항목	서술형 유형
STEP 1	우리말에 맞게 고르기	
STEP 2	비교하며 변형하기	
STEP 3		문장 고쳐 쓰기
서술형 끝내기		문장완성, 문장쓰기

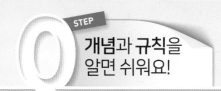

문장구조
be동사 + -ing

진행형은 특정 시점에 진행 중인 것을 나타낼 때 사용하며 [be동사 + -ing] 형태를 갖는다.

→ be동사의 시제로 현재진행형과 과거진행형을 나타낸다.

현재진행		**am making**		**cookies.**
	I	만들고 있는 중이다		
과거진행		**was making**		
	나는	만들고 있는 중이었다		쿠키를.

⊙ 진행형으로 만들 수 없는 상태동사

like 좋아하다	love 사랑하다
own 소유하다	have 소유하다
know 알다	need 필요하다

---

1 현재 vs. 현재진행

현재시제와 현재진행시제의 비교

현재시제는 일반적인 사실, 과학적 사실이나 반복적인 사건을, 현재진행은 지금 진행 중인 것을 나타낸다.

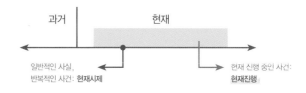

| 현재 | I | **go** | to school | every morning. | 나는 매일 아침 학교에 **간다**. |
| 현재진행 | | **am going** | | now. | 나는 지금 학교에 **가는 중이다**. |

나는 TV로 영화를 **보고 있는 중이다**.   I ~~watch~~ / am watching   a movie on TV.

★ 현재시제와 함께 사용하는 표현

| always 항상 | every 모든, 매 | often 흔히 | usually 보통 | sometimes 가끔 |

He always **tells** the truth.   그는 항상 진실을 **말한다**.

---

2 과거 vs. 과거진행

과거시제와 과거진행시제의 비교

과거시제는 과거에서 이미 끝난 일을, 과거진행은 과거에서 진행 중이었던 것을 나타낸다.

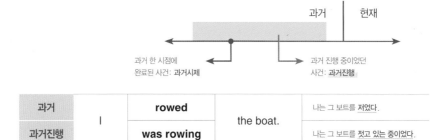

| 과거 | I | **rowed** | the boat. | 나는 그 보트를 **저었다**. |
| 과거진행 | | **was rowing** | | 나는 그 보트를 젓고 있는 중이었다. |

우리 반 친구들이 우리 집에 **오고 있던 중이었다**.   My classmates   ~~came~~ / were coming   to my home.

★ 과거시제와 함께 사용하는 표현

| ago 전에 | last 지난 | yesterday 어제 | in + 과거시점 과거시점에 | then 그때 |

We **drew** our own portraits last week.   우리는 지난 주에 우리 초상화를 **그렸다**.

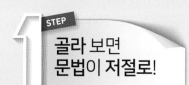

STEP

골라 보면
문법이 저절로!

진행 중인 것을 나타내는 진행형은 현재진행 [am/is/are + -ing]와
과거진행 [was/were + -ing]가 있다.

✔ 현재진행과 현재시제 구별하기

우리말에 맞게 고르기

1 I [   ] him.

| 그를 묘사하고 있는 중이다 | ☑ am describing | ☐ describe |
| 그를 묘사한다 | ☐ am describing | ☑ describe |

2 I [   ] water.

| 물을 붓는다 | ☐ am pouring | ☐ pour |
| 물을 붓고 있는 중이다 | ☐ am pouring | ☐ pour |

3 I [   ] my brother.

| 내 남동생을 찾는다 | ☐ am looking for | ☐ look for |
| 내 남동생을 찾고 있는 중이다 | ☐ am looking for | ☐ look for |

4 I [   ] my homework.

| 과제를 하고 있는 중이다 | ☐ am working on | ☐ work on |
| 과제를 한다 | ☐ am working on | ☐ work on |

✔ 과거진행과 과거시제 구별하기

우리말 고르기

1 He <u>was watching</u> a movie yesterday.
그는 어제 영화를 _____.

☑ 보고 있는 중이었다   ☐ 보았다

2 She <u>created</u> a new character.
그녀는 새로운 캐릭터를 _____.

☐ 창조하고 있는 중이었다   ☐ 창조했다

3 He <u>was making</u> some cookies.
그는 쿠키를 _____.

☐ 만들고 있는 중이었다   ☐ 만들었다

4 They <u>elected</u> a leader.
그들은 지도자를 _____.

☐ 선출하고 있는 중이었다   ☐ 선출했다

5 I <u>was listening to</u> loud music.
나는 시끄러운 음악을 _____.

☐ 듣고 있는 중이었다   ☐ 들었다

6 They <u>were traveling</u> for a month.
그들은 한 달 동안 _____.

☐ 여행하고 있는 중이었다   ☐ 여행했다

boil

물은 / 끓는다 / 100℃에서.

Water | boils | at 100˚C.

물이 / 끓고 있는 중이다 / 그 스토브 위에서.

Water | is boiling | on the stove.

1 melt

그것은 / 녹인다 / 그 얼음을.

It _____ the ice.

그것은 / 녹이고 있는 중이다 / 그 얼음을.

It _____ the ice.

2 flow

물은 / 흘러간다 / 바다로.

Water _____ to the sea.

그 물은 / 흘러가고 있는 중이다 / 그 바다로.

The water _____ to the sea.

3 collect

그는 / 모은다 / 외국 동전들을.

He _____ foreign coins.

그는 / 모으고 있는 중이다 / 외국 동전들을.

He _____ foreign coins.

4 compare

그녀는 / 비교했다 / 두 작품을.

She _____ two works.

그녀는 / 비교하고 있는 중이었다 / 두 작품을.

She _____ two works.

5 shake

그것은 / 흔들렸다 / 10분 동안.

It _____ for 10 minutes.

그것은 / 흔들리고 있는 중이었다 / 10분 동안.

It _____ for 10 minutes.

6 draw

나는 / 그렸다 / 사각형을.

I _____ a square.

나는 / 그리고 있는 중이었다 / 사각형을.

I _____ a square.

7 wash

나는 / 씻었다 / 아빠의 차를.

I _____ my dad's car.

나는 / 씻고 있는 중이었다 / 아빠의 차를.

I _____ my dad's car.

■ 다음 표의 단어를 활용하여 우리말에 맞게 진행형 문장을 쓰시오.

✔ 서술형 **기출**문제

then	now
travel, around the world	listen to, the radio

시제에 따라 동사의 형태가 달라진다.
진행형은 [be동사 + -ing]를 사용한다.

ⓐ 그녀는 그때 세계를 여행하고 있는 중이었다.
She was traveling around the world then.

ⓑ 그녀는 지금 라디오를 듣고 있는 중이다.
She is listening to the radio now.

ⓐ 그는 그때 대피소에서 자원봉사를 하고 있는 중이었다.

1

then	now
volunteer, at a shelter	help, Lisa

→

ⓑ 그는 지금 Lisa를 도와주고 있는 중이다.

ⓐ 그들은 그때 그 여행에 대해 잡담을 하고 있는 중이었다.

2

then	now
chat, about the trip	pack, for vacation

→

ⓑ 그들은 지금 휴가를 가기 위해 짐을 싸고 있는 중이다.

ⓐ 우리는 그때 풀밭 위에서 뛰고 있는 중이었다.

3

then	now
run, on the grass	learn, football

→

ⓑ 우리는 지금 함께 축구를 배우고 있는 중이다.

ⓐ 그녀는 그때 그 박물관에 가고 있는 중이었다.

4

then	now
go, the museum	take part in, a contest

→

ⓑ 그녀는 지금 대회에 참여하고 있는 중이다.

교과서 서술형 끝내기

listen to	watch	describe	look for

① 나는 그를 묘사하고 있는 중이다.

→ I [am describing] him.

(⭕ am describing)
(❌ describe)

② 나는 내 남동생을 찾고 있는 중이다.

→ I [ ] my brother.

(⭕ am looking for)
(❌ look for)

③ 나는 시끄러운 음악을 듣고 있는 중이었다.

→ I [ ] loud music.

(⭕ was listening to)
(❌ listened to)

④ 그는 어제 영화를 보고 있는 중이었다.

→ He [ ] a movie yesterday.

(⭕ was watching)
(❌ watched)

① 나는 아빠의 차를 세차하고 있는 중이었다. (wash, dad's car)

→

(⭕ was washing)
(❌ washed)

② 그는 외국 동전들을 모으고 있는 중이다. (collect, foreign coins)

→

(⭕ is collecting)
(❌ collects)

③ 나는 사각형을 그리고 있는 중이었다. (draw, a square)

→

(⭕ was drawing)
(❌ drew)

④ 물이 그 스토브 위에서 끓고 있는 중이다. (water, boil)

→

(⭕ is boiling)
(❌ boils)

• 진행시제
어떤 시점에서 진행되고 있는
것을 설명해요. be동사로 시제
를 나타낼 수 있어요.

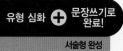

서술형 유형 심화 ■ 주어진 단어를 의미에 맞게 변형하여 문장을 쓰시오. p.37 STEP 3에 나오는 문장 재확인

① 그는 지금 Lisa를 도와 주고 있는 중이다 **(help)** .

→ He is helping Lisa now.

(○ is helping)
(✗ helps)

② 그녀는 그때 세계를 여행하고 있는 중이었다 **(travel)** .

→

(○ was traveling)
(✗ traveled)

③ 그녀는 지금 라디오를 듣고 있는 중이다 **(listen to)** .

→

(○ is listening to)
(✗ listens to)

④ 그녀는 지금 대회에 참여하고 있는 중이다 **(take part in)** .

→

(○ is taking part in)
(✗ takes part in)

⑤ 그는 그때 대피소에서 자원봉사를 하고 있는 중이었다 **(volunteer)** .

→

(○ was volunteering)
(✗ volunteered)

⑥ 우리는 그때 풀밭 위에서 뛰고 있는 중이었다 **(run)** .

→

(○ were running)
(✗ ran)

⑦ 그들은 그때 그 여행에 대해 잡담을 하고 있는 중이었다 **(chat)** .

→

(○ were chatting)
(✗ chatted)

⑧ 그들은 지금 휴가를 가기 위해 짐을 싸고 있는 중이다 **(pack)** .

→

(○ are packing)
(✗ pack)

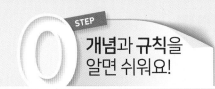
현재완료 vs. 과거

현재완료시제는 과거에 시작된 일이 현재에도 영향을 줄 때 사용하는 시제이다.

과거 → I / stayed 머물렀다 → here 여기 / yesterday. 어제. (어제 종료된 상태)

현재완료 → 나는 / have stayed 머물러왔다 → / since yesterday. 어제부터. (어제부터 지금까지 지속)

1 현재완료의 용법

현재완료의 용법

주어에 따른 현재완료 형태	I / You / 복수 주어	**have + 과거분사**
	He / She / 3인칭 단수 주어	**has + 과거분사**

① 지금 막 완료된 사건

완료	I **have** just **finished** my project.	나는 방금 내 프로젝트를 끝냈다.

→ 아주 가까운 과거에 **완료**되어, 현재 완료된 상태임을 설명
→ already (이미), just (막, 방금), yet (아직) 등의 표현과 함께 사용

② 경험의 유무

경험	I **have been** to Japan once.	나는 일본에 한 번 가 본 적이 있다.

· 이미 일본에서 돌아온 상태로 현재 나의 **경험**을 설명
→ 경험의 유무를 나타내는 once (한 번), ever (경험이 있음), never (경험이 없음)와 함께 사용

③ 행동의 결과

결과	He **has lost** his key.	그는 그의 열쇠를 잃어버렸다.

→ 열쇠를 지금도 잃어버린 상태로 어떤 **행동의 결과**를 설명
→ 동사 lose (잃어버리다), leave (떠나다), go (가다)와 함께 사용

④ 지속되는 동작

계속	She **has worked** here for 4 years.	그녀는 여기에서 4년째 일하고 있다.

→ 4년 전부터 지금까지 일하고 있는 상태로 **지속되고 있는 동작**을 설명
→ [for + 기간], [since + 시점]과 함께 사용

★ 현재완료는 yesterday, last year와 같은 과거시점을 나타내는 어휘와 함께 사용할 수 없다.

Jane   lost / ~~has lost~~   her key **last week**.   Jane은 지난주에 열쇠를 잃어버렸다.

2 현재완료의 의문문과 부정문

현재완료의 의문문과 부정문

의문문 have/has + 주어 + 과거분사	**Have** you **read**	the story?	그 이야기를 읽어본 적이 있니?
부정문 have/has + not + 과거분사	I have **not** read	the story.	나는 그 이야기를 읽어본 적이 없다.

I have = I've
I have not = I haven't
She/He has not = She/He hasn't

Have you heard / ~~Did you hear~~   it before?   그것을 예전에 들어본 적이 있니?
I have not heard / ~~have heard not~~   it.   나는 그것을 들어본 적이 없다.

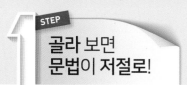

STEP
골라 보면
문법이 저절로!

[have/has + 과거분사] 형태를 갖는 현재완료는
과거에 일어난 사건이 현재까지 영향을 미칠 때 사용한다.

✔ 현재완료와 과거시제 구분하기

우리말에 맞게 고르기

1 I [   ] him <u>once</u>.
한 번

☑ have met   ☐ met

2 I [   ] him <u>two days ago</u>.
이틀 전에

☐ have met   ☐ met

3 I [   ] at the company <u>last year</u>.
작년에

☐ have worked   ☐ worked

4 I [   ] at the company <u>for 3 years</u>.
3년간

☐ have worked   ☐ worked

5 I [   ] just [   ] cleaning my car.
방금

☐ have, finished   ☐ have, finish

✔ 현재완료 의문문과 부정문

알맞은 형태 고르기

1 유럽에 <u>가 본 적이 있니</u>?

Have been you / (Have you been) to Europe?

2 지갑을 <u>잃어버렸니</u>?

Have lost you / Have you lost your wallet?

3 최근에 Jane에게서 (소식을) <u>들은 적이 있니</u>?

Have heard you / Have you heard from Jane recently?

4 나는 유럽에 <u>가 본 적이 없다</u>.

I have not been / have been not to Europe.

5 나는 지갑을 <u>잃어버린 적이 없다</u>.

I have not lost / have lost not my wallet.

6 나는 최근에 Jane에게서 (소식을) <u>들은 적이 없다</u>.

I have not heard / have heard not from Jane recently.

live

나는 / 살았다 / 부산에 / 작년에.
I [lived] in Busan last year.

나는 / 살고 있다 / 부산에 / 작년부터.
I [have lived] in Busan since last year.

1 finish

나는 / 끝냈다 / 숙제를 / 한 시간 전에.
I [　　　] my homework an hour ago.

나는 / 지금 막 / 끝냈다 / 숙제를.
I [　　] just [　　] my homework.

2 learn

나는 / 배웠다 / 중국어를 / 지난 여름에.
I [　　　] Chinese last summer.

나는 / 배우고 있다 / 중국어를 / 지난 여름부터.
I [　　　] Chinese since last summer.

3 play

나는 / 해 본 적이 있다 / 체스를 / 전에.
I [　　　] chess before.

나는 / 해 본 적이 없다 / 체스를 / 전에.
I [　　　　　] chess before.

4 arrive

나는 / 지금 막 / 도착했다 / 그 호텔에.
I [　　] just [　　] at the hotel.

나는 / 도착하지 않았다 / 그 호텔에 / 아직.
I [　　　　　] at the hotel yet.

5 influence

그들은 / 영향을 미치고 있다 / 서로에게 / 그때 이후로.
They [　　　] each other since then.

그들은 / 영향을 미치고 있지 않다 / 서로에게 / 그때 이후로.
They [　　　] each other since then.

6 use

사용해 본 적이 있니 / 나무 젓가락을 / 전에.
[　　　] wooden chopsticks before?

나는 / 사용해 본 적이 없다 / 나무 젓가락을 / 아직.
I [　　　] wooden chopsticks yet.

7 have

먹었니 / 점심을 / 오늘?
[　　　] lunch today?

나는 / 먹지 않았다 / 점심을 / 아직.
I [　　　] lunch yet.

■ 다음 우리말을 보고 **틀린** 부분을 고쳐 쓰시오.

☑ 서술형 **기출**문제

그녀는 4년 동안 우리에게 영어를 가르쳐 주고 있다.

→ She taught English to us for 4 years.

→ 현재완료는 [have + 과거분사] 형태이며, 과거를 나타내는 표현과 함께 사용할 수 없다.

→   She has taught English to us for 4 years.

---

1 나는 어제부터 아프다.

I was sick since yesterday.   →   I have been sick since yesterday.

---

2 나는 3년 동안 서울에서 살고 있다.

I lived in Seoul for 3 years.   →

---

3 그는 프랑스로 떠났다.

He has leave for France.   →

---

4 그 침대 밑은 확인해 보았니?

Have you check under the bed?   →

---

5 너는 전에 한국에 가 본 적이 있니?

Have you ever be to Korea before?   →

---

6 나는 그녀를 전에 만나 본 적이 없다.

I don't have meet her before.   →

---

7 나는 지금까지 내 결정을 바꿔 본 적이 없다.

I have change not my decision so far.   →

교과서 **서술형 끝내기**

서술형 유형 기본
■ 우리말에 맞게 주어진 단어를 활용하여 문장을 완성하시오.

p.41 STEP 1에 나오는 문장 재확인

hear	lost	meet	finish

① 나는 그를 한 번 만난 적이 있다.

→ I [have met] him once.

(◯ have met)
(✗ met)

② 나는 방금 내 차를 씻는 것을 끝냈다.

→ I [ ] just [ ] cleaning my car.

(◯ have, finished)
(✗ have, finish)

③ 최근에 Jane에게서 (소식을) 들은 적이 있니?

→ [ ] from Jane recently?

(◯ Have you heard)
(✗ Have heard you)

④ 나는 지갑을 잃어버린 적이 없다.

→ I [ ] my wallet.

(◯ have not lost)
(✗ have lost not)

서술형 유형 심화
■ 우리말에 맞게 주어진 단어를 활용하여 문장을 완성하시오.

p.42 STEP 2에 나오는 문장 재확인

① 나는 작년부터 부산에 살고 있다. (live, since last year)

→

(◯ have lived)
(✗ lived)

② 나는 지금 막 숙제를 끝냈다. (just, finish)

→

(◯ have just finished)
(✗ just finished)

③ 나는 아직 그 호텔에 도착하지 않았다. (arrive, yet)

→

(◯ have not[haven't] arrived)
(✗ have arrived not)

④ 오늘 점심을 먹었니? (have, today)

→

(◯ Have you had)
(✗ Have had you)

• 동사 have의 쓰임
have breakfast/lunch/dinner
(아침/점심/저녁을 먹다),
have sandwich (샌드위치를 먹다)
와 같이 have는 음식 관련 어휘와
함께 '먹다'라는 의미로 쓰여요.

서술형 유형 심화 ■ 지시에 맞게 바꿔 다시 쓰시오. p.43 **STEP 3에 나오는 문장 재확인**

① I lived in Seoul for 3 years. (→ 현재완료 문장으로)

→ I have lived in Seoul for 3 years.

(○ have lived)
(✗ lived)

② He left for France. (→ 현재완료 문장으로)

→

(○ has left)
(✗ left)

③ I was sick since yesterday. (→ 현재완료 문장으로)

→

(○ have been)
(✗ was)

④ She teaches English to us for 4 years. (→ 현재완료 문장으로)

→

(○ has taught)
(✗ teaches)

⑤ You have ever been to Korea before. (→ 현재완료 의문문으로)

→

(○ Have you ever been)
(✗ Have ever been you)

⑥ You have checked under the bed. (→ 현재완료 의문문으로)

→

(○ Have you checked)
(✗ Have checked you)

⑦ I have changed my decision so far. (→ 현재완료 부정문으로)

→

(○ have not[haven't] changed)
(✗ have changed not)

⑧ I have met her before. (→ 현재완료 부정문으로)

→

(○ have not[haven't] met)
(✗ have met not)

[01-02] 다음 빈칸에 들어갈 말로 알맞은 것을 고르시오.

1

We _____ about our favorite singers last Monday.

① talk   ② talks   ③ talking
④ are talking   ⑤ were talking

2

My parents _____ at the Sunset Hotel since yesterday.

① stay   ② stayed   ③ staying
④ have stayed   ⑤ will stay

3 다음 빈칸에 공통으로 들어갈 말로 알맞은 것은?

• When I came home, they _____ the violin.
• My children _____ with their friends at that time.

① play   ② were play   ③ playing
④ are playing   ⑤ were playing

4 밑줄 친 부분을 바르게 고친 것은?

I ① be writing a letter to Jenny. I ② meet her when I ③ be 10 years old. We ④ know each other for five years. We ⑤ aren't talked much lately.

① be → have   ② meet → has met
③ be → am   ④ know → have known
⑤ aren't → hasn't

[05-06] 다음 빈칸에 들어갈 말이 순서대로 바르게 짝지어진 것을 고르시오.

5

• Have you _____ my cellphone?
• I haven't _____ his name before.

① see - hear   ② seen - hear
③ see - heard   ④ saw - heard
⑤ seen - heard

6

• We have been friends _____ five years.
• She has been sick _____ last Sunday.

① since - before   ② since - for
③ for - since   ④ for - before
⑤ before - for

[07-08] 다음 두 문장을 한 문장으로 만들 때 빈칸에 들어갈 말로 알맞은 것을 고르시오.

7

I lost my room key two days ago.
I still can't find it.
→ I _____ my room key.

① lose   ② losing   ③ have lost
④ had lost   ⑤ will lose

8

Henry left for Germany. He is not here now.
→ Henry _____ for Germany.

① leave   ② leaves   ③ to leave
④ has left   ⑤ was leaving

09 다음 진행시제의 어법상 올바른 것은?

① I am travel around the world now.
② He searching on the Internet then.
③ They were having a party last night.
④ The police officer is find a missing person.
⑤ We are reading a story about a patient yesterday.

[10-11] 다음 중 주어진 문장과 현재완료의 쓰임이 같은 것을 고르시오.

10

We have worked together for many years.

① I have never been to Asia.
② I have already finished cleaning the floor.
③ She has just built a wooden house.
④ They have lived in Canada since last year.
⑤ They have left to buy your presents.

11

I have already washed your car.

① I have just arrived at the airport.
② I have never heard the word.
③ We have been here since last month.
④ We have read the book about flowers once.
⑤ They have never learned how to play the piano.

12 다음 중 어법상 어색한 문장은?

① Matt was listening to the radio.
② Janet and Kate were watching a movie.
③ He hasn't completed the project yet.
④ We have taken a few English classes.
⑤ They have seen me two days ago.

[13-14] 다음 주어진 단어들을 이용하여 우리말을 영어로 옮기시오.

13 너는 최근에 뉴스를 읽은 적이 있니?
(read, the news, lately)

→

14 내 친구들은 공놀이를 하고 있는 중이었다.
(play with a ball)

→

15 다음 글을 읽고, 틀린 문장을 찾아 바르게 고쳐 쓰시오. (총 3문장)

I come to Korea two weeks ago. Mina picked me up at the airport. I have stay at her house for two weeks. I am playing with her sisters. Have you visit Han River Park? I haven't visited there yet.

(1) _____
(2) _____
(3) _____

16 다음 그림을 보고 주어진 동사를 활용하여 문장을 완성하시오.

(1) Bill _____ reading a book an hour ago. (start, 과거)
(2) Bill _____ a book now. (read, 현재진행)
(3) Bill _____ a book for an hour. (read, 현재완료)

한 장의 사진으로 보는
문법이 쓰기다

진행형

 써 봐!

물이 스토브 위에서 끓고 있는 중이다.

→

요리를 할 때는.
요리를 할 때는 뜨거운 물에 데이거나 다치지 않도록 늘 조심해요.

UNIT 02 현재완료

이렇게 날씨 좋은 날!
가족들과 함께 도시락을 들고 밖으로 나가보는 건 어때요?

 써 봐!

오늘 점심을 먹었나요?

→

★ 진행형

세차는 이렇게 하는 거야.
호스를 이렇게 틀면, 워터 파크에 갈 필요가 없다니까.

 써 봐!

나는 아빠의 차를 세차하고 있는 중이었다.

→

Part 3
조동사

조동사는 동사 앞에 동사의 의미를 보충하기 위해 씁니다.
의미에 따라 다양한 조동사를 이해하고 문장에 활용하는 연습을 합니다.

UNIT 1 조동사의 쓰임 1

구성	기초 항목	서술형 유형
STEP 1	쓰임에 맞게 고르기	
STEP 2	문장 배열하기	
STEP 3		우리말 영작하기
서술형 끝내기		문장배열, 문장쓰기

UNIT 2 조동사의 쓰임 2

구성	기초 항목	서술형 유형
STEP 1	형태와 우리말 고르기	
STEP 2	문장 배열하기	
STEP 3		문장 고쳐 쓰기
서술형 끝내기		문장완성, 문장 고쳐 쓰기

조동사의 쓰임 1

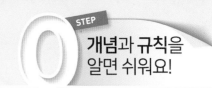

**문장구조
조동사 + 동사원형**

조동사는 동사원형과 함께 쓰이며, 동사의 의미를 보충해준다.

일반동사 → You [use / 사용한다 ↓ can use / 사용할 수 있다] my laptop.
조동사 → 너는 / 내 노트북을.

조동사의 쓰임

can	may	must	have to
능력/가능 ~할 수 있다	**추측**		
	~일지도 모른다		~인 게 분명하다
I can drive a car. 나는 차를 운전할 수 있다.	You may know him. 너는 그를 알지도 모른다.	He must be curious. 그는 궁금한 게 분명하다.	It has to be true. 그것은 사실임이 분명하다.
허락 ~해도 된다		**의무** ~해야 한다	
Can I use it? 그것을 내가 사용해도 되니?	May I use your pen? 네 펜을 사용해도 되니?	You must lock the door. 너는 그 문을 잠가야 한다.	I have to go now. 나는 지금 가야 한다.

★ can은 추측의 의미도 있다

It can be a lie. 그것은 거짓말일 수도 있다.

💬 조동사의 과거형은 더 공손한 의미
Could you pass me the salt?
제게 소금 좀 건네주실래요?

조동사의 부정문

can't	may not	can't
불가능 능력 can의 부정 ~하지 못한다	**부정적 추측**	
	추측 may의 부정 ~ 않을지도 모른다	추측 must의 부정 ~일 리가 없다
I can't speak Spanish. 나는 스페인어를 구사하지 못한다.	He may not come. 그는 오지 않을지도 모른다.	It can't be true. 그것은 사실일 리가 없다.
금지		**must not**
허락 can의 부정 ~하면 안 된다	허락 may의 부정 ~하면 안 된다	**금지** 의무 must의 부정 ~하면 절대 안 된다
She can't go there. 그녀는 거기 가면 안 된다.	You may not do that. 너는 그것을 하면 안 된다.	You must not use it. 너는 그것을 사용하면 절대 안 된다.

★ can't는 부정적 추측의 의미도 있다.

[추측]
It **must** be wrong.
그것은 틀린 게 분명하다.
↕
[부정적 추측]
It **can't** be wrong.
그것은 틀렸을 리가 없다.

★ have to의 의미상 부정은 must not을 사용한다.

[의무]	[금지]	[불필요]
have to ⟷	must not ≠	don't have to
~해야 한다	~하면 절대 안 된다	~할 필요가 없다

You **must not** talk loudly here.
너는 여기에서 시끄럽게 말하면 절대 안 된다.

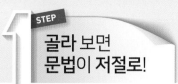

조동사의 쓰임

올바른 쓰임 고르기

1   I <u>can</u> read the Chinese characters.
☑ 능력   ☐ 의무

2   I <u>have to</u> take a Chinese lesson.
☐ 의무   ☐ 추측

3   She <u>may</u> know the Chinese characters.
☐ 추측   ☐ 의무

4   You <u>can</u> borrow my Chinese textbook.
☐ 의무   ☐ 허락

5   He <u>must be</u> Chinese.
☐ 추측   ☐ 능력

6   He <u>must</u> attend a Chinese class.
☐ 능력   ☐ 의무

조동사의 부정문

쓰임에 맞는 우리말 고르기

1   It <u>may not</u> rain in the afternoon. (부정 추측)
☑ 비가 오지 <u>않을지도 모른다</u>
☐ 비가 오지 않아야 한다

2   You <u>can't</u> buy a house. (불가능)
☐ 집을 사지 않아도 된다
☐ 집을 사지 <u>못한다</u>

3   You <u>don't have to</u> wait for me. (불필요)
☐ 나를 기다릴 <u>필요가 없다</u>
☐ 나를 기다려서는 <u>안 된다</u>

4   You <u>must not</u> park here. (금지)
☐ 여기에 주차하지 <u>않았을지도 모른다</u>
☐ 여기에 주차해서는 절대 안 된다

5   You <u>don't have to</u> leave early. (불필요)
☐ 일찍 떠날 <u>필요가 없다</u>
☐ 일찍 떠나서는 <u>안 된다</u>

him, may (추측),
know, you

영문장 → You may know him.

우리말 → 너는 그를 알지도 오른다.

1 join, you, can (허락),
the soccer club

영문장 →

우리말 →

2 every night, practice,
must (의무), I

영문장 →

우리말 →

3 invite, you, them,
have to (의무)

영문장 →

우리말 →

4 can't (금지), you,
these books, borrow

영문장 →

우리말 →

5 enter, must not (금지),
the parking lot, you

영문장 →

우리말 →

6 may not (부정 추측),
interesting, it, look

영문장 →

우리말 →

7 him, money, I, pay,
don't have to (불필요)

영문장 →

우리말 →

STEP 3 써 보면 서술형이 저절로!

우리말에 맞게
주어진 조동사와 적절한 단어를 사용하여 문장을 써 보세요.

■ 다음 우리말에 맞게 문장을 쓰시오.

너는 네 친구들을 도울 수 있다. (can)

> 능력과 허락, 추측의 의미
> 는 can으로 나타낼 수 있다.

→   You can help your friends.

1 너는 그의 이름을 알지도 모른다.
(may)

→   You may know his name.

2 너는 너의 오래된 장난감들을 기부해도 된다.
(can)

→

3 너는 그 주문을 취소해야 한다.
(have to)

→

4 너는 그 유니폼을 가져올 필요가 없다.
(don't have to)

→

5 너는 그의 초대를 받아들이면 절대 안 된다.
(must not)

→

6 너는 내 전화번호를 찾지 못한다.
(can't)

→

7 너는 그의 제안을 거절하면 절대 안 된다.
(must not)

→

복습 프로그램
p. 51, 52, 53에서
배운 문장으로

교과서 **서술형** 끝내기

유형 기본 ⊕
기본 + 심화 문제

서술형 유형 기본

■ 주어진 단어들을 올바른 순서로 배열하시오.

p.51 STEP 1에 나오는 문장 재확인

(1) can, the Chinese characters, read, I

→ I can read the Chinese characters.

능력을 나타내는 조동사 can

(2) a Chinese class, attend, must, he

→

의무를 나타내는 조동사 must

(3) rain, in the afternoon, may, it, not

→

부정적 추측을 나타내는 조동사 may not

(4) buy, you, a house, can't

→

불가능을 나타내는 조동사 can't

(5) for me, you, wait, don't have to

→

불필요를 나타내는 조동사 don't have to

서술형 유형 심화

■ 우리말에 맞게 주어진 단어를 활용하여 문장을 완성하시오.

p.52 STEP 2에 나오는 문장 재확인

(1) 너는 그 축구부에 가입해도 된다. (can, the soccer club)

→

허락을 나타내는 조동사 can

(2) 너는 그들을 초대해야 한다. (have to, them)

→

의무를 나타내는 조동사 have to

(3) 나는 그에게 돈을 지불할 필요가 없다. (don't have to, money)

→

불필요를 나타내는 조동사 don't have to

(4) 너는 그 주차장에 들어가면 절대 안 된다. (must not, the parking lot)

→

금지를 나타내는 조동사 must not

• 동사 enter의 쓰임
enter a parking lot
(주차장에 들어가다),
enter a school (학교에 들어가다)
특정 공간만이 아니라 조직에
들어 간다는 의미도 있어요.

① 너는 네 친구들을 도울 수 있다 **(help / can help)** .

→ You can help your friends.

(◐ can help)
(✘ help)

② 너는 너의 오래된 장난감들을 기부해도 된다 **(donate / can donate)** .

→

(◐ can donate)
(✘ donate)

③ 너는 그의 이름을 알지도 모른다 **(know / may know)** .

→

(◐ may know)
(✘ know)

④ 너는 그 주문을 취소해야 한다 **(cancel / have to cancel)** .

→

(◐ have to cancel)
(✘ cancel)

⑤ 너는 그의 초대를 받아들이면 절대 안 된다 **(accept / must not accept)** .

→

(◐ must not accept)
(✘ accept)

⑥ 너는 내 전화번호를 찾지 못한다 **(can find / can't find)** .

→

(◐ can't find)
(✘ can find)

⑦ 너는 그 유니폼을 가져올 필요가 없다 **(have to bring / don't have to bring)** .

→

(◐ don't have to bring)
(✘ have to bring)

⑧ 너는 그의 제안을 거절하면 절대 안 된다 **(must turn down / must not turn down)** .

→

(◐ must not turn down)
(✘ must turn down)

조동사의 쓰임 2

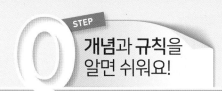

충고나 과거 습관을 나타내는 조동사

조동사는 동사원형과 함께 쓰이며, 동사의 의미를 보충해 준다.

일반동사 ▶

You

| eat |
| 먹는다 |
| ↓ |
| should eat |

healthy food.

조동사 ▶

너는   먹는 게 낫겠다   건강한 음식을.

---

1 충고와 조언

충고와 조언을 나타내는 should, had better

should는 의무의 뜻이지만 had better와 함께 '~하는 게 낫겠다(좋겠다)'의 뜻으로 **충고나 조언**을 할 때도 사용한다.

| ~하는 게 낫겠다
(좋겠다) | You | **should** | take this medicine. | 너는 이 약을 먹는 게 낫겠다. |
| | | **had better** | | |

의무의 should는 must나 have to보다는 약한 의무이다.

You <u>must/have to</u> follow school rules.　> 　You <u>should</u> follow school rules.
너는 학교 규칙을 지켜야만 한다. 　　　　　　　　너는 학교 규칙을 지켜야 한다.

★ should와 had better의 부정문

should not[shouldn't]		had better not
금지 (~해서는 안 된다)	충고나 조언 (~하지 않는 게 낫겠다)	
You **should not** leave. 너는 떠나면 안 된다.	You **should not** sleep. 너는 자지 않는 게 낫겠다.	You **had better not** drive. 너는 운전을 하지 않는 게 낫겠다.

---

2 과거의 습관

과거 습관을 나타내는 would, used to

'~하곤 했다'는 의미로, 과거에 반복적으로 했었지만 현재는 더 이상 하지 않는 **과거 습관**을 나타낸다.

| ~하곤 했다 | She | **would** | keep a diary. | 그녀는 일기를 쓰곤 했다. |
| | | **used to** | | |

> ◉ 함께 사용하는 표현
> would와 used to는 주로 빈도부사 often(종종), sometimes(가끔) 등과 함께 쓴다.

used to는 '~이었다, ~이 있었다'의 의미로 **과거의 상태**를 나타낼 수도 있다.

They would / used to play the piano. 그들은 피아노를 치곤 했다. → 과거의 습관이므로 둘 다 사용 가능
There ~~would~~ / used to be a backyard here. 여기에 뒤뜰이 있었다. → 과거의 상태이므로 used to만 사용

★ used to는 be used to, be used to ~ing와 같은 유사 형태의 표현들과 혼동할 수 있으니 유의한다.

used to	~하곤 했다	I **used to** make a cake.	나는 케이크를 만들곤 했다.
be used to ~ing	~에 익숙하다	I **am used to making** a cake.	나는 케이크를 만드는 데 익숙하다.
be used to	~에 사용되다	It **is used to** make a cake.	그것은 케이크를 만드는 데 사용된다.

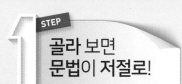

✔ 조동사 should와 had better의 형태

올바른 형태 고르기

1 You [　　　　] your parents.
너는 부모께 말하는 게 낫겠다.

☑ should tell　　　☐ should better tell

2 He [　　　　] a doctor.
그는 병원에 가보는 게 낫겠다.

☐ should had see　　　☐ had better see

3 You [　　　　] the school rules.
너는 학교 규칙을 존중해야 한다.

☐ should respect　　　☐ had respect

4 You [　　　　] a camera.
너는 카메라를 사용하면 안 된다.

☐ should use not　　　☐ should not use

5 You [　　　　] at home now.
너는 지금 집에 있지 않는 게 낫겠다.

☐ had not better stay　　　☐ had better not stay

✔ 조동사 would와 used to의 의미

쓰임에 맞는 우리말 고르기

1 He <u>would read</u> cookbooks.
그는 요리책을 _____ .

☐ 읽었다　　　☑ 읽곤 했다

2 She <u>would go</u> on a picnic.
그녀는 소풍을 _____ .

☐ 가곤 했다　　　☐ 가는 데 익숙하다

3 She <u>used to sing</u> with her classmates.
그녀는 반 학우들과 _____ .

☐ 노래 부르곤 했다　　　☐ 노래 부르는 데 익숙하다

4 The hotel <u>used to be</u> a prison.
그 호텔은 _____ .

☐ 감옥이었다　　　☐ 감옥이곤 했다

5 He <u>is used to getting</u> up early.
그는 _____ .

☐ 일찍 일어나곤 했다　　　☐ 일찍 일어나는 데 익숙하다

should (충고, 조언), we, be,
do this, ready to

영문장 → We should be ready to do this.

우리말 → 우리는 이것을 할 준비가 되어 있는 게 낫겠다.

---

1 protect, should (의무),
we, wild animals

영문장 →

우리말 →

---

2 had better (충고, 조언), you,
take a break

영문장 →

우리말 →

---

3 take, not,
had better (충고, 조언),
you, the medicine

영문장 →

우리말 →

---

4 after school, swim,
we, used to (과거 습관)

영문장 →

우리말 →

---

5 used to (과거 상태), there,
a gas station here, be

영문장 →

우리말 →

---

6 go fishing, we,
on weekends,
would (과거 습관)

영문장 →

우리말 →

---

7 would (과거 습관), they,
take a nap, after school

영문장 →

우리말 →

■ 다음 우리말을 보고 <u>틀린</u> 부분을 고쳐 쓰시오.

✔ 서술형 **기출**문제

> 그녀는 휴대폰을 사용하는 게 낫겠다.
>
> → She would use a cellphone.

→ should와 had better는 충
고나 조언을 나타내는데
should는 의무를 나타낼 수
도 있다.

→   She should/had better use a cellphone.

---

① He used to consider it carefully.   그는 그것을 주의 깊게 고려하는 게 낫겠다.

→ He should/had better consider it carefully.

---

② You would be proud of yourself.   너는 네 스스로에 대해 자부심을 가져야 한다.

→

---

③ You would not take a look at the pictures.   너는 그 사진들을 살펴보지 않는 게 낫겠다.

→

---

④ You should go to church every weekend.   너는 주말마다 교회에 가곤 했다.

→

---

⑤ We are used to spending a lot of time together.   우리는 많은 시간을 함께 보내곤 했다.

→

---

⑥ There would be a playground on the hill.   그 언덕 위에 운동장이 있었다.

→

---

⑦ He used to stay up late at night.   그는 밤 늦게까지 깨어있는 데 익숙하다.

→

복습 프로그램
p. 57, 58, 59에서
배운 문장으로

교과서 **서술형** 끝내기

유형 기본 ⊕
기본 + 심화 문제

서술형 유형 기본 ■우리말에 맞게 주어진 단어를 이용하여 문장을 완성하시오. p.57 STEP 1에 나오는 문장 재확인

should	had better not	would	used to

1 너는 학교 규칙을 존중해야 한다.

→ You [should] respect the school rules.

should는 의무를 나타낼 수 있음

2 너는 집에 있지 않는 게 낫겠다.

→ You [　　　　] stay at home.

had better not은 충고를 나타낼 수 있음

3 그 호텔은 감옥이었다.

→ The hotel [　　　　] be a prison.

used to는 과거의 상태를 나타낼 수 있음

4 그녀는 소풍을 가곤 했다.

→ She [　　　　] go on a picnic.

would는 과거의 습관을 나타낼 수 있음

서술형 유형 심화 ■다음 문장에서 틀린 부분을 고쳐 쓰시오. p.58 STEP 2에 나오는 문장 재확인

1 We should protected wild animals.

→ [　　　　] 우리는 야생동물을 보호해야 한다.

(○ should protect)
(✗ should protected)

2 You had not better take the medicine.

→ [　　　　] 너는 그 약을 먹지 않는 게 낫겠다.

(○ had better not)
(✗ had not better)

3 We used to swimming after school.

→ [　　　　] 우리는 학교가 끝난 후 수영을 하곤 했다.

(○ used to swim)
(✗ used to swimming)

4 We would going fishing on weekends.

→ [　　　　] 우리는 주말에 낚시를 가곤 했다.

(○ would go)
(✗ would going)

* go -ing (~하러 가다)
go swimming (수영하러 가다)
go shopping (쇼핑하러 가다)
go hiking (등산하러 가다)
go camping (캠핑하러 가다)

① 그녀는 휴대폰을 사용하는 게 낫겠다. **(had better, a cellphone)**

→ She had better use a cellphone.

(⭕ had better use)
(❌ had better uses)

② 너는 네 스스로에 대해 자부심을 가져야 한다. **(should, be proud of)**

→

(⭕ should be proud of)
(❌ should proud of)

③ 그는 그것을 주의 깊게 고려하는 게 낫겠다. **(should, consider)**

→

(⭕ should consider)
(❌ should considers)

④ 너는 그 사진들을 살펴보지 않는 게 낫겠다. **(had better, take a look at)**

→

(⭕ had better not)
(❌ had not better)

⑤ 그 언덕 위에 운동장이 있었다. **(used to, a playground, on the hill)**

→

(⭕ used to be)
(❌ is used to be)

⑥ 그는 밤 늦게까지 깨어있는 데 익숙하다. **(be used to, stay up late)**

→

(⭕ be used to staying)
(❌ be used to stay)

⑦ 우리는 많은 시간을 함께 보내곤 했다. **(used to, spend, together)**

→

(⭕ used to spend)
(❌ used to spending)

⑧ 너는 주말마다 교회에 가곤 했다. **(would, every weekend)**

→

(⭕ would go)
(❌ would went)

[01-03] 다음 빈칸에 들어갈 말로 알맞은 것을 고르시오.

1

I _____ drop by your school tomorrow.
나는 내일 너의 학교에 들를 수 있다.

① have to　　② used to　　③ can
④ must　　　⑤ should

2

Packer _____ want to join your movie club.
Packer는 너의 영화 클럽에 가입하고 싶어 할지도 모른다.

① used to　　② have to　　③ must
④ may　　　⑤ should

3

You _____ drive tonight.
너는 오늘 밤에 운전하지 않는 게 낫겠다.

① can't　　　　　② would
③ should　　　　④ had better not
⑤ must not

[04-05] 다음 중 밑줄 친 것과 의미가 동일하도록 바꿔 쓸 수 있는 것을 고르시오.

4

You <u>must</u> answer all the questions.

① can　　　　② have to　　③ used to
④ can't　　　⑤ would

5

I <u>used to</u> play the video game for hours after school.

① must　　　② should　　③ would
④ had better　⑤ might

[06-07] 다음 빈칸에 들어갈 말이 순서대로 바르게 짝지어진 것을 고르시오.

6

Nadia _____ write her name on the paper. Nadia는 종이에 그녀의 이름을 써야 한다.
↔ Nadia _____ write her name on the paper. Nadia는 종이에 그녀의 이름을 써서는 절대 안 된다.

① can - can't　　　　　② has to - must not
③ used to - don't have to　④ may - may not
⑤ had better - had better not

7

• You _____ use a camera in the museum. 너는 박물관에서 카메라를 사용해서는 안 된다.
• Dan _____ be a teacher in the past. Dan은 과거에 교사였다.

① should - would　　② had better - would
③ should - used to　④ should not - used to
⑤ had better not - was used to

[08-09] 다음 중 우리말을 영어로 가장 잘 옮긴 것을 고르시오.

8

너는 지금 도서관을 떠날 필요가 없다.

① You can't leave the library now.
② You shouldn't leave the library now.
③ You must not leave the library now.
④ You don't have to leave the library now.
⑤ You wouldn't leave the library now.

09

그들은 함께 영화를 보곤 했다.

① They would saw a movie together.
② They used to see a movie together.
③ They used to seeing a movie together.
④ They were used to see a movie together.
⑤ They were used to seeing a movie together.

[10-11] 밑줄 친 단어의 의미가 다른 하나를 고르시오.

10

We <u>have to</u> be careful when we drive at night.

① She <u>has to</u> wake up early every morning.
② He <u>must</u> take the medicine three times a day.
③ It <u>must</u> be dangerous to stay here.
④ We <u>must</u> wash our hands before meals.
⑤ They <u>have to</u> follow the traffic rules.

11

He <u>may</u> arrive at the station on time.

① He <u>may</u> remember your name.
② She <u>may</u> know your phone number.
③ <u>May</u> I use your dictionary?
④ We <u>may</u> find something interesting.
⑤ They <u>may</u> like to collect stamps.

12 다음 중 어법상 틀린 것은?

① I can visit your home tonight.
② She must walk to school.
③ You had better wait.
④ He should finish his project by Friday.
⑤ There were used to be beautiful flowers.

서술형 대비 문제

[13-14] 다음 주어진 단어들을 활용하여 우리말을 영어로 옮기시오.

3 너는 제한 속도를 넘어서는 절대 안 된다.
(must, exceed, the speed limit)

→ _____

4 너는 담배를 끊는 게 낫겠다.
(had better, smoking)

→ _____

5 다음 글을 읽고 조동사를 사용하여 우리말에 맞게 문장을 완성하시오.

There was an art gallery on the third floor, but it isn't there now. Lacey visited the art gallery often, but now she doesn't.

(1) 3층에 미술관이 있었다. (지금은 없다.)

_____

_____

(2) Lacey는 그 미술관을 종종 방문하곤 했다.

_____

6 다음 그림을 보고 적절한 동사를 고르고 조동사 must 를 사용하여 문장을 완성하시오.

bring
step
stop
throw away

When you see these signs,
(1) you _____ before continuing.
(2) you _____ trash.
(3) you _____ your pets.
(4) you _____ on the grass.

한 장의 사진으로 보는
문법이 쓰기다

UNIT 01
조동사의 쓰임 1

🖊 써 봐!

너는 그 주차장에 들어가면 절대 안 된다.

→

하면 안 돼!
세상엔 지켜야 규칙이 너무 많아!
하지만 안전을 위해 오늘도 꼭 지켜야지.

UNIT 02
조동사의 쓰임 2

🖊 써 봐!

우리는 주말에 낚시를 가곤 했다.

→

주말에 뭐해요?
가족과 함께 주말을 보낸다는 건 참 멋
진 일이야~
이번 주말에는 또 어디로 갈까?

★
조동사의 쓰임 1

🖊 써 봐!

너는 너의 오래된 장난감들을 기부해도 된다.

→

뭔가 좋은 일을 하고 싶어!
우리 엄마는 매주 자원봉사를 하고 계셔.
내가 할 수 있는 일은 뭐가 있을까?

Part 4
수동태

주어가 어떤 동작을 당하는 상황을 설명하기 위해 수동태를 씁니다.
능동태 문장을 수동태로 바꾸는 규칙을 이해하고
다양한 수동태 문장을 살펴보고 써 봅니다.

UNIT 1 수동태의 형태와 의미

구성	기초 항목	서술형 유형
STEP 1	동사의 태 고르기	
STEP 2	비교하며 변형하기	
STEP 3		문장 전환하기
서술형 끝내기		문장 고쳐 쓰기, 문장완성

UNIT 2 수동태의 시제와 문장의 종류

구성	기초 항목	서술형 유형
STEP 1	형태와 어순 고르기	
STEP 2	비교하며 변형하기	
STEP 3		문장 고쳐 쓰기
서술형 끝내기		문장 고쳐 쓰기, 문장쓰기

UNIT 3 기타 형태의 수동태

구성	기초 항목	서술형 유형
STEP 1	전치사와 형태 고르기	
STEP 2	비교하며 고르기	
STEP 3		우리말 영작하기
서술형 끝내기		문장완성, 문장 고쳐 쓰기

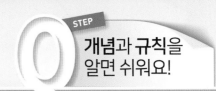

문장구조 be동사 + 과거분사

수동태는 주어가 동작을 하는 것이 아니라 받는 것이다.

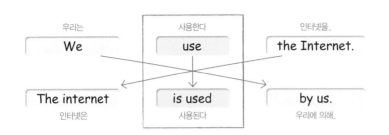

우리는   사용한다   인터넷을.

We   use   the Internet.

The internet   is used   by us.

인터넷은   사용된다   우리에 의해.

✏️ 동사의 세 가지 형태

[원형]	[과거형]	[과거분사형]
work	worked	worked
use	used	used
build	built	built
break	broke	broken
put	put	put

---

1 수동태 형태

수동태의 형태

수동태는 [**be동사 + 과거분사**] 형태로 주어의 수에 따라 be동사가 달라진다.

Children love them.   아이들은 그들을 사랑한다. [**능동**]

↓

They are loved by children.   그들은 아이들에 의해 사랑받는다. [**수동**]

① 능동태의 목적어 → 수동태의 주어

   them (목적어) → They (주어)

② 주어가 복수인 they가 되었으므로, 동사는 [are + 과거분사]를 사용

③ 능동태의 주어 → 전치사 by의 목적어

   Children (주어) → by children (목적어)

✏️ by + 행위자(목적격)

1. by us, by people처럼 행위자가 막연한 일반 사람일 경우 생략 가능

2. by 이외의 다른 전치사 사용 가능
   be interested in ~에 관심이 있다
   be surprised at/by ~에 놀라다

build	능동태	They **build** a house.	집을 **짓다**
	수동태	A house **is built** by them.	집이 **지어지다**
eat	능동태	He **eats** apples every morning.	사과를 **먹다**
	수동태	Apples **are eaten** by him every morning.	사과가 **먹어지다**

---

2 능동태 vs. 수동태 구별하기

동사의 의미에 따라 능동태와 수동태 구별하기

주어가 직접 하는 동작이면 능동태이고, **주어가 동작을 받을 때는 수동태**를 쓴다.

use	사용하다	We **use** energy.	능동
	사용되다	Energy **is used** by us.	수동
make	만들다	He **makes** a cake every day.	능동
	만들어지다	A cake **is made** by him every day.	수동

★ 수동일 경우 동사 다음에 목적어(~을/를)를 쓰지 않고, 능동일 경우 동사 다음에 목적어를 쓴다.

초대받다   Jeremy   ~~invites~~ / is invited   by Mable. → 수동
                                 목적어 ×

초대하다   Mable   invites / ~~is invited~~   Jeremy. → 능동
                                     목적어

✏️ 수동태로 사용할 수 없는 동사들

1, 2형식 동사	go, seem
감각동사	feel, look
상태동사	have, exist

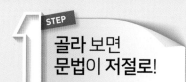

수동태의 형태

1 War [   ] by soldiers.

2 English [   ] by many people.

3 A president [   ] by some members.

4 We [   ] by them.

5 They [   ] by many customers.

우리말에 맞는 형태 고르기

이기다	☐ is win	☑ is won
끝나다	☑ is finished	☐ is finish
사용되다	☐ is used	☐ is use
말해지다	☐ is speak	☐ is spoken
지지받다	☐ is supported	☐ is support
신뢰받다	☐ is trust	☐ is trusted
길러지다	☐ are raised	☐ are raise
보호되다	☐ are protect	☐ are protected
구매되다	☐ are bought	☐ are buy
설계되다	☐ are design	☐ are designed

능동태와 수동태 구별하기

동사의 태 고르기

1 그는 그녀를 <u>존경한다</u>.

He [(respects) / is respected by] her.

2 그는 그녀에 의해 <u>존경을 받는다</u>.

He [respects / is respected by] her.

3 그녀는 그를 <u>지켜본다</u>.

She [watches / is watched by] him.

4 그녀는 그에 의해 <u>지켜보아진다</u>.

She [watches / is watched by] him.

5 그들은 그를 <u>용서한다</u>.

They [forgive / are forgiven by] him.

6 그들은 그에 의해 <u>용서를 받는다</u>.

They [forgive / are forgiven by] him.

build

그 건물은 / 지어진다 / 그들에 의해.

The building is built by them.

그 건물들은 / 지어진다 / 그들에 의해.

The buildings are built by them.

① plant

꽃은 / 심어진다 / 정원사들에 의해.

A flower _____ gardeners.

꽃들은 / 심어진다 / 정원사들에 의해.

Flowers _____ gardeners.

② send

편지는 / 보내진다 / 내 친구에 의해.

A letter _____ my friend.

편지들은 / 보내진다 / 내 친구들에 의해.

Letters _____ my friends.

③ deliver

상자는 / 배달된다 / 우체부들에 의해.

A box _____ mailmen.

상자들은 / 배달된다 / 우체부들에 의해.

Boxes _____ mailmen.

④ guide

선생님들은 / 지도한다 / 학생들을.

Teachers _____ students.

학생들은 / 지도 받는다 / 선생님들에 의해.

Students _____ teachers.

⑤ catch

경찰들은 / 잡는다 / 도둑들을.

Policemen _____ thieves.

도둑들은 / 잡힌다 / 경찰들에 의해.

Thieves _____ policemen.

⑥ fix

수리공들은 / 수리한다 / 컴퓨터들을.

Repairmen _____ computers.

컴퓨터들은 / 수리된다 / 수리공들에 의해.

Computers _____ repairmen.

⑦ buy

관광객들은 / 구매한다 / 배낭들을.

Tourists _____ backpacks.

배낭들은 / 구매된다 / 관광객들에 의해.

Backpacks _____ tourists.

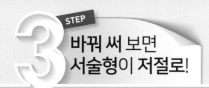
■ 다음 문장이 수동태가 되도록 주어진 조건에 맞게 다시 쓰시오.

✔ 서술형 **기출**문제

> I wash my car every Sunday. (my car를 주어로)

→ 수동태는 [be동사 + 과거 분사 + by + 목적격] 형태 이다. be동사를 고를 때 주 어의 수에 주의한다.

→   My car is washed by me every Sunday.

①▸ I draw many drawings at school. (many drawings를 주어로)

→ Many drawings are drawn by me at school.

②▸ Chefs find good restaurants. (good restaurants를 주어로)

→

③▸ A salesman shows many cellphones. (many cellphones를 주어로)

→

④▸ An expert discovers many problems. (many problems를 주어로)

→

⑤▸ A lot of students trust teachers. (teachers를 주어로)

→

⑥▸ A tour guide introduces well-known places. (well-known places를 주어로)

→

⑦▸ An author creates many characters. (many characters를 주어로)

→

■ 마무리 해석확인

[보기] 나는 매주 일요일에 내 차를 닦는다. / 내 차는 매주 일요일에 나에 의해 닦여진다.   ① 나는 학교에서 많은 그림을 그린다. / 많은 그림들은 학교에서 나에 의해 그려진다.
② 요리사들은 좋은 레스토랑들을 찾는다. / 좋은 레스토랑들은 요리사들에 의해 찾아진다.   ③ 판매원이 많은 휴대폰들을 보여준다 / 많은 휴대폰들은 판매원에 의해 보여진다.
④ 전문가가 많은 문제들을 발견한다. / 많은 문제들은 전문가에 의해 발견된다.   ⑤ 많은 학생들이 선생님들을 신뢰한다. / 선생님들은 많은 학생들에 의해 신뢰받는다.
⑥ 여행 가이드는 유명한 장소들을 소개한다. / 유명한 장소들은 여행 가이드에 의해 소개된다.   ⑦ 작가는 많은 캐릭터들을 만든다. / 많은 캐릭터들이 작가에 의해 만들어진다.

문법이 쓰기다

복습 프로그램
p. 67, 68, 69에서
배운 문장으로

교과서 **서술형 끝내기**

유형 기본 ➕
기본 + 심화 문제

서술형 유형 기본
■ 다음 문장에서 틀린 부분을 고쳐 쓰시오.
p.67 STEP 1에 나오는 문장 재확인

① We are raise by them.

→ We are raised by them.

우리는 그들에 의해 길러진다.

(⭕ are raised)
(❌ are raise)

② English is speak by many people.

→

영어는 많은 사람들에 의해 말해진다.

(⭕ is spoken)
(❌ is speak)

③ They are buy by many customers.

→

그것들은 많은 고객들에 의해 구매된다.

(⭕ are bought)
(❌ are buy)

④ He is respect by her.

→

그는 그녀에 의해 존경을 받는다.

(⭕ is respected)
(❌ is respect)

⑤ They are forgive by him.

→

그들은 그에 의해 용서를 받는다.

(⭕ are forgiven)
(❌ are forgive)

서술형 유형 심화
■ 우리말에 맞게 주어진 단어를 활용하여 문장을 완성하시오.
p.68 STEP 2에 나오는 문장 재확인

① 꽃들은 정원사들에 의해 심어진다. (flowers, plant)

→

(⭕ are planted by)
(❌ plant)

② 편지들은 내 친구들에 의해 보내진다. (letters, send)

→

(⭕ are sent by)
(❌ send)

③ 도둑들은 경찰들에 의해 잡힌다. (thieves, catch)

→

(⭕ are caught by)
(❌ catch)

④ 컴퓨터들은 수리공들에 의해 수리된다. (computers, fix)

→

(⭕ are fixed by)
(❌ fix)

• 동작의 주체를 나타내는 by
능동문의 주어가 수동문에서
[by + 목적격]이 되어 동사 뒤에
와요.

서술형 유형 심화 ■ 우리말에 맞게 고르고 문장을 쓰시오. p.69 **STEP 3**에 나오는 문장 재확인

① 선생님들은 많은 학생들에 의해 신뢰받는다 **(trust / are trusted)** .

→ Teachers are trusted by a lot of students.

(◐ are trusted)
(✘ trust)

② 유명한 장소들은 여행 가이드에 의해 소개된다 **(introduce / are introduced)** .

→

(◐ are introduced)
(✘ introduce)

③ 많은 휴대폰들은 판매원에 의해 보여진다 **(show / are shown)** .

→

(◐ are shown)
(✘ show)

④ 좋은 레스토랑들은 요리사들에 의해 찾아진다 **(find / are found)** .

→

(◐ are found)
(✘ find)

⑤ 많은 그림들은 학교에서 나에 의해 그려진다 **(draw / are drawn)** .

→

(◐ are drawn)
(✘ draw)

⑥ 내 차는 매주 일요일에 나에 의해 닦아진다 **(wash / is washed)** .

→

(◐ is washed)
(✘ wash)

⑦ 많은 캐릭터들이 작가에 의해 만들어진다 **(create / are created)** .

→

(◐ are created)
(✘ create)

⑧ 많은 문제들은 전문가에 의해 발견된다 **(discover / are discovered)** .

→

(◐ are discovered)
(✘ discover)

수동태의 시제와 문장의 종류

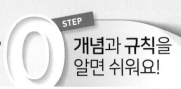

STEP
개념과 규칙을
알면 쉬워요!

수동태의 형태 변화

수동태는 시제의 변화와 부정, 의문을 나타낼 수 있다.

| 주어 | be + 과거분사 | by + 행위자 |

현재수동

It
그것은

is written
쓰여진다

by many people.
많은 사람들에 의해.

과거수동

was written
쓰여졌다

---

1 시제의 변화

수동태의 시제

be동사의 변화로 주어의 수와 시제를 나타낸다. 현재수동은 am, are, is 과거수동은 was, were를 사용한다.

repair	현재	A car **is repaired** by engineers.	차가 수리되다
	과거	A car **was repaired** by engineers.	차가 수리되었다
select	현재	Items **are selected** by them.	상품들이 선택되다
	과거	Items **were selected** by them.	상품들이 선택되었다

★ 수동태의 미래표현은 [will be + 과거분사]를 사용한다.

My sister will draw a map.　→　A map will be drawn by my sister.
　　　　　그릴 것이다　　　　　　　　　　　　　　　그려질 것이다

---

2 부정문과 의문문 만들기

수동태의 부정문과 의문문

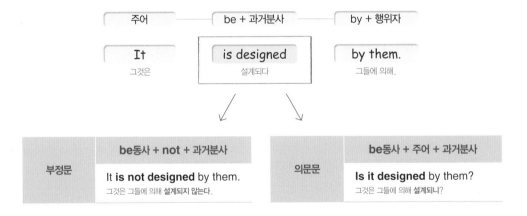

| 주어 | be + 과거분사 | by + 행위자 |

It
그것은

is designed
설계되다

by them.
그들에 의해.

	be동사 + not + 과거분사		be동사 + 주어 + 과거분사
부정문	It **is not designed** by them. 그것은 그들에 의해 설계되지 않는다.	의문문	**Is it designed** by them? 그것은 그들에 의해 설계되니?

★ 시제와 주어의 수에 따라 다른 be동사를 사용한다.

It was bought by him.　　　그것은 그에 의해 구매되었다.

부정문 → It was not bought by him.　　그것은 그에 의해 구매되지 않았다.

의문문 → Was it bought by him?　　그것은 그에 의해 구매되었니?

주어가 복수인 경우 → They were bought by him.　　그것들은 그에 의해 구매되었다.

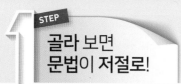

✔ 수동태의 시제 구별하기

① The plan [   ].

② The test [   ].

③ The dolls [   ].

④ The songs [   ].

⑤ The wall [   ].

우리말에 맞는 형태 고르기

취소되다	☑ is canceled	☐ was canceled
취소되었다	☐ is canceled	☑ was canceled
끝나다	☐ is finished	☐ was finished
끝났다	☐ is finished	☐ was finished
만들어지다	☐ were made	☐ are made
만들어졌다	☐ are made	☐ were made
반복되다	☐ are repeated	☐ were repeated
반복되었다	☐ are repeated	☐ were repeated
칠해지다	☐ is painted	☐ was painted
칠해졌다	☐ was painted	☐ is painted

✔ 수동태의 부정문과 의문문

올바른 어순 고르기

① The paper [   ] by this machine.
그 종이는 이 기계에 의해 복사되지 않는다.

☑ is not copied   ☐ not is copied

② They [   ] by us.
그것들은 우리에 의해 쓰여지지 않는다.

☐ not are written   ☐ are not written

③ [   ] by policemen?
차는 경찰들에 의해 멈춰지니?

☐ Is a car stopped   ☐ Is stopped a car

④ [   ] by Lindsay?
그것은 Lindsay에 의해 완성되니?

☐ Is it completed   ☐ Is completed it

⑤ [   ] by her?
그것들은 그녀에 의해 사용되니?

☐ Are used they   ☐ Are they used

use

동전들은 / 사용된다 / 한국에서.

Coins [are used] in Korea.

동전들은 / 사용되었다 / 한국에서.

Coins [were used] in Korea.

---

1 **take**

사진은 / 찍힌다 / 사진사에 의해.

A photo [ ] by a photographer.

그 사진은 / 찍혔다 / 그녀에 의해.

The photo [ ] by her.

---

2 **move**

벽돌은 / 옮겨진다 / 일꾼에 의해.

A brick [ ] by a worker.

벽돌은 / 옮겨졌다 / 그에 의해.

A brick [ ] by him.

---

3 **wrap**

선물들이 / 포장된다 / 박스에.

Presents [ ] in a box.

그 선물들이 / 포장되었다 / 박스에.

The presents [ ] in a box.

---

4 **protect**

야생 동물들은 / 보호받는다 / 많은 사람들에 의해.

Wild animals [ ] by many people.

야생 동물들은 / 보호받지 않는다 / 많은 사람들에 의해.

Wild animals [ ] by many people.

---

5 **break**

그 창문은 / 깨졌다 / Matt에 의해.

The window [ ] by Matt.

그 창문은 / 깨지지 않았다 / Matt에 의해.

The window [ ] by Matt.

---

6 **put**

그 병들은 / 놓아졌다 / 그 선반들 위에.

The bottles [ ] on the shelves.

그 병들은 / 놓아졌니 / 그 선반들 위에?

[ ] on the shelves?

---

7 **celebrate**

우승자는 / 축하받는다 / 많은 사람들에 의해.

A champion [ ] by many people.

우승자는 / 축하받니 / 많은 사람들에 의해?

[ ] by many people?

■ 다음 우리말을 보고 **틀린** 부분을 고쳐 쓰시오.

✔ 서술형 **기출**문제

이 사진들은 우리 엄마에 의해 찍혔다.

→ These pictures were take by my mother.

→ 수동태의 형태와 주어의 수, 시제에 맞는 be동사를 사용했는지 확인한다.

→   These pictures were taken by my mother.

---

① The item was invent in Korea 20 years ago.   그 상품은 20년 전에 한국에서 발명되었다.

→   The item was invented in Korea 20 years ago.

---

② Many accidents caused by mistakes.   많은 사고들이 실수로 일어났다.

→

---

③ Shelters are damaged by floods.   대피소들은 홍수에 의해 손상되지 않는다.

→

---

④ The car was examined regularly.   그 차는 정기적으로 점검을 받지 않았다.

→

---

⑤ They taught by my teacher.   그들은 내 선생님에 의해 가르쳐지지 않았다.

→

---

⑥ Is he admire by many people?   그는 많은 사람들에 의해 존경을 받니?

→

---

⑦ Was the problem solve by him?   그 문제는 그에 의해서 해결되었니?

→

서술형 유형 기본

■ 다음 문장에서 틀린 부분을 고쳐 쓰시오.   p.73 **STEP 1에 나오는 문장 재확인**

① The plan was cancel.

→ The plan was canceled.   그 계획은 취소되었다.

과거시제 수동태 [was/were + 과거분사]

② The songs are repeated.

→   그 노래들은 반복되었다.

과거시제 수동태 [was/were + 과거분사]

③ The paper not copied by this machine.

→   그 종이는 이 기계에 의해 복사되지 않는다.

수동태 부정문 [be동사 + not + 과거분사]

④ Is it complete by Lindsay?

→   그것은 Lindsay에 의해 완성되니?

수동태 의문문 [be동사 + 주어 + 과거분사]

⑤ Are they use by her?

→   그것들은 그녀에 의해 사용되니?

수동태 의문문 [be동사 + 주어 + 과거분사]

서술형 유형 심화

■ 우리말에 맞게 주어진 단어를 활용하여 문장을 완성하시오.   p.74 **STEP 2에 나오는 문장 재확인**

① 동전들은 한국에서 사용되었다. (coins, use, Korea)

→

(⭕ were used)
(❌ are used)

② 그 창문은 Matt에 의해 깨지지 않았다. (the window, break)

→

(⭕ was not broken)
(❌ not was broken)

③ 야생 동물들은 많은 사람들에 의해 보호받지 않는다. (wild animals, protect)

→

(⭕ are not protected)
(❌ not are protected)

④ 그 병들은 선반들 위에 놓아졌니? (the bottles, put, on the shelves)

→

(⭕ Were the bottles put)
(❌ Were put the bottles)

• 과거분사의 형태에 주의
put은 동사원형과 과거, 과거분사
의 형태가 모두 동일한 동사예요.

서술형 유형 심화

■ 지시에 맞게 바꿔 다시 쓰시오.   p.75 STEP 3에 나오는 문장 재확인

① Many accidents are caused by mistakes. (→ 과거시제로)

→ Many accidents were caused by mistakes.

(𝟢 were caused)
(✗ are caused)

② The item is invented in Korea 20 years ago. (→ 과거시제로)

→

(𝟢 was invented)
(✗ is invented)

③ These pictures are taken by my mother. (→ 과거시제로)

→

(𝟢 were taken)
(✗ are taken)

④ The car was examined regularly. (→ 부정문으로)

→

(𝟢 was not examined)
(✗ was examined not)

⑤ They were taught by my teacher. (→ 부정문으로)

→

(𝟢 were not taught)
(✗ were taught not)

⑥ Shelters are damaged by floods. (→ 부정문으로)

→

(𝟢 are not damaged)
(✗ are damaged not)

⑦ He is admired by many people. (→ 의문문으로)

→

(𝟢 Is he admired)
(✗ Is he admire)

⑧ The problem was solved by him. (→ 의문문으로)

→

(𝟢 Was the problem solved)
(✗ Was the problem solve)

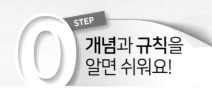

STEP **0** 개념과 규칙을 알면 쉬워요!

수동태 형태 변화

수동태는 by외의 전치사를 사용하거나 조동사를 함께 사용하기도 한다.

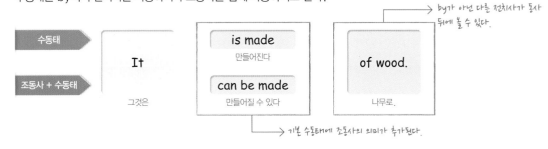

수동태   It   **is made** 만들어진다   **of wood.** 나무로.

조동사 + 수동태   그것은   **can be made** 만들어질 수 있다

→ by가 아닌 다른 전치사가 동사 뒤에 올 수 있다.

→ 기본 수동태에 조동사의 의미가 추가된다.

---

1 다른 전치사를 사용하는 수동태

다른 전치사를 사용하는 수동태

be동사 + 과거분사 + by 외의 전치사				
He	is interested	in	the work.	그 일에 관심이 있다
	is involved	in		그 일과 관련이 있다
	is tired	of		그 일에 싫증이 나다
She	is surprised	at	the results.	그 결과에 놀라다
	is worried	about		그 결과를 걱정하다
It	is covered	with	sand.	모래로 덮여있다
	is filled	with		모래로 가득 차 있다

💡 ~으로 만들어지다

made of
모양은 변해도 성질은 그대로인 경우

made from
성질이 변하거나 원래의 형태를 찾아보기 어려운 경우

전치사에 따라 그 의미가 달라지기도 한다.

be동사 + 과거분사 + by 외의 전치사				
This city 이 도시는	is known	as	~으로 알려져 있다	the hottest place. 가장 더운 곳
		for	~로 유명하다	its hot weather. 더운 날씨
		to	~에게 알려져 있다	many people. 많은 사람들

---

2 조동사가 있는 수동태

조동사가 있는 수동태

조동사 + be + 과거분사			
Everything 모든 것들은	can	be delivered.	배달될 수 있다 가능
	may		배달될지 모른다 추측
	must		배달되어야 한다 의무
	has to		

★ 조동사가 있는 수동태의 부정문은 조동사 뒤에 not을 사용한다.

It may not be / ~~may be not~~ used in the future.   그것은 미래에 사용되지 **않을지도 모른다**.

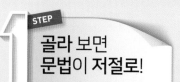

STEP

골라 보면
문법이 저절로!

by가 아닌 다른 전치사와 함께 쓰이는 수동태 표현들이 있다.
조동사는 수동태 앞에서 사용되어 의미를 보충해주기도 한다.

다른 전치사를 사용하는 수동태

올바른 전치사 고르기

1 He is [　　　　] the accident.
그는 그 사고와 관련이 있다.

☐ involved for　　☑ involved in

2 The chair is [　　　　] dust.
그 의자는 먼지로 덮여 있다.

☐ covered with　　☐ covered about

3 The shelf is [　　　　] books.
그 책장은 책으로 가득 차 있다.

☐ filled with　　☐ filled by

4 He was [　　　　] the results.
그는 그 결과에 놀랐다.

☐ surprised as　　☐ surprised at

5 He is [　　　　] a politician.
그는 정치인으로 알려져 있다.

☐ known as　　☐ known with

조동사가 있는 수동태

의미에 맞는 형태 고르기

1 It [　　　　] easily.
그것은 쉽게 요리될 수 있다.

☑ can be cooked　　☐ be cooked

2 It [　　　　] often.
그것은 자주 청소될지도 모른다.

☐ may be cleaned　　☐ be cleaned

3 It [　　　　] before Monday.
그것은 월요일 전에 고려되어야 한다.

☐ must be considered　　☐ be considered

4 It [　　　　] in the price.
그것은 그 가격에 포함되어야 한다.

☐ be included　　☐ has to be included

5 It [　　　　] in the future.
그것은 미래에 사용될지도 모른다.

☐ be used　　☐ may be used

1

나는 / 관심이 있다 / 그 실험에.

I am interested in / am involved in the experiment.

나는 / 관련이 있다 / 그 실험과.

I am interested in / am involved in the experiment.

2

나는 / 놀란다 / 그 결과에.

I am surprised at / am worried about the results.

나는 / 걱정한다 / 그 결과를.

I am surprised at / am worried about the results.

3

그 케이크는 / 덮여 있다 / 초콜릿으로.

The cake is covered with / is filled with chocolate.

그 케이크는 / 가득 차 있다 / 초콜릿크림으로.

The cake is covered with / is filled with chocolate cream.

4

그녀는 / ~으로 유명하다 / 수영을 가르치는 것으로.

She is tired of / is known for teaching swimming.

그녀는 / 싫증이 난다 / 수영을 가르치는 것에.

She is tired of / is known for teaching swimming.

5

그 신용카드들은 / 사용된다 / 우리에 의해.

The credit cards are used / can be used by us.

그 신용카드들은 / 사용될 수 있다 / 우리에 의해.

The credit cards are used / can be used by us.

6

그 문은 / 잠긴다 / 그에 의해.

The door is locked / must be locked by him.

그 문은 / 잠겨져야 한다 / 그에 의해.

The door is locked / must be locked by him.

7

그것은 / 바뀐다 / 그들에 의해.

It is changed / may be changed by them.

그것은 / 바뀔지도 모른다 / 그들에 의해.

It is changed / may be changed by them.

8

그것들은 / 수입된다 / 많은 사람들에 의해.

They are imported / have to be imported by many people.

그것들은 / 수입되어야 한다 / 많은 사람들에 의해.

They are imported / have to be imported by many people.

■ 다음 우리말과 같은 뜻이 되도록 문장을 쓰시오.

✔ 서술형 **기출**문제

> 그는 자연에 관심이 있다. (be interested in)

→ 　He is interested in nature.

by 이외의 전치사를 사용
하는 수동표현은 의미에 따
라 암기하는 것이 좋다.

1 나는 내 친구가 걱정된다.
(be worried about)
→ I am worried about my friend.

2 그 나라는 신선한 과일로 유명하다.
(be known for)
→

3 그 장소는 모래로 덮여 있다.
(be covered with)
→

4 그는 그녀에 의해 용서받을지도 모른다.
(may, forgive)
→

5 그는 그들에 의해 보호받을 수 있다.
(can, protect)
→

6 그 상자들은 나에 의해 치워져야 한다.
(must, remove)
→

7 그 차는 우리에 의해 칠해져야 한다.
(have to, paint)
→

복습 프로그램
p. 79, 80, 81에서
배운 문장으로

교과서 **서술형 끝내기**

유형 기본 ➕
기본 + 심화 문제

서술형 유형 기본

■ 우리말에 맞게 주어진 단어를 활용하여 문장을 완성하시오.

p.79 ▶ STEP 1에 나오는 문장 재확인

| be involved in | be filled with | may be used | can be cooked |

① 그 책장은 책으로 가득 차 있다.

→ The shelf [is filled with] books.

be filled with는 '~으로 가득 차 있다'는 의미

② 그는 그 사고와 관련이 있다.

→ He [   ] the accident.

be involved in은 '~와 관련이 있다'는 의미

③ 그것은 쉽게 요리될 수 있다.

→ It [   ] easily.

[조동사 + be동사 + 과거분사]에서 조동사가 수동태의 의미를 보충

④ 그것은 미래에 사용될지도 모른다.

→ It [   ] in the future.

[조동사 + be동사 + 과거분사]에서 조동사가 수동태의 의미를 보충

서술형 유형 심화

■ 다음 문장에서 틀린 부분을 고쳐 쓰시오.

p.80 ▶ STEP 2에 나오는 문장 재확인

① I am interest the experiment.

→ [   ]

나는 그 실험에 관심이 있다.

(◐ am interested in)
(✗ am interest)

② The cake covers chocolate.

→ [   ]

그 케이크는 초콜릿으로 덮여 있다.

(◐ is covered with)
(✗ covers)

③ They have to imported by many people.

→ [   ]

그것들은 많은 사람들에 의해 수입되어야 한다.

(◐ have to be imported)
(✗ have to imported)

④ The door must locked by him.

→ [   ]

그 문은 그에 의해 잠겨져야 한다.

(◐ must be locked)
(✗ must locked)

• [조동사 + 수동태]의 형태
조동사을 포함한 수동태에서
be동사는 항상 원형인 be를
사용해요.

정답과 해설 p.12

서술형 유형 심화 ■ 우리말에 맞게 고르고 문장을 쓰시오. p.81 STEP 3에 나오는 문장 재확인

1 나는 내 친구가 걱정된다 **(worried about / worried with)** .

→ I am worried about my friend.

(Ｏ worried about)
(✗ worried with)

2 그는 자연에 관심이 있다 **(interested as / interested in)** .

→

(Ｏ interested in)
(✗ interested as)

3 그 나라는 신선한 과일로 유명하다 **(known for / known to)** .

→

(Ｏ known for)
(✗ known to)

4 그 장소는 모래로 덮여 있다 **(covered about / covered with)** .

→

(Ｏ covered with)
(✗ covered about)

5 그는 그들에 의해 보호받을 수 있다 **(is protected / can be protected)** .

→

(Ｏ can be protected)
(✗ is protected)

6 그는 그녀에 의해 용서받을지도 모른다 **(is forgiven / may be forgiven)** .

→

(Ｏ may be forgiven)
(✗ is forgiven)

7 그 차는 우리에 의해 칠해져야 한다 **(is painted / has to be painted)** .

→

(Ｏ has to be painted)
(✗ is painted)

8 그 상자들은 나에 의해 치워져야 한다 **(is removed / must be removed)** .

→

(Ｏ must be removed)
(✗ is removed)

[01-03] 다음 빈칸에 들어갈 말이 순서대로 바르게 짝지어진 것을 고르시오.

1

> • He _____ a lot of letters to me.
> • The accident _____ by him.

① write - cause
② writes - causes
③ write - caused
④ writes - was caused
⑤ is written - is caused

2

> • My computer _____ by Liam yesterday.
> • Ethan _____ a chocolate cake for me two days ago.

① break - made
② broke - is made
③ is broken - made
④ was broken - made
⑤ was broken - was made

3

> • The light _____ by you.
> 그 불은 너에 의해 꺼져야 한다.
> • The light _____ by you yesterday.
> 그 불은 너에 의해 어제 꺼졌다.

① must turn off - turn off
② must turned off - turned off
③ must turned off - is turned off
④ must be turned off - is turned off
⑤ must be turned off - was turned off

4 다음 중 능동태를 수동태로 바꾼 문장 중 옳지 않은 것은?

① We decorated a Christmas tree.
→ A Christmas tree was decorated by us.
② She can make a wooden spoon.
→ A wooden spoon can make by her.
③ The power plant produced electricity.
→ Electricity was produced by the power plant.
④ He borrowed a book from the library.
→ A book was borrowed by him from the library.
⑤ Emma brought some blankets.
→ Some blankets were brought by Emma.

[05-06] 다음 중 우리말을 영어로 가장 잘 옮긴 것을 고르시오.

5

> 그 일은 자정까지 완료될 수 있다.

① The work is finished by midnight.
② The work was finished by midnight.
③ The work can finish by midnight.
④ The work can be finished by midnight.
⑤ The work must be finished by midnight.

6

> 그 축구장은 녹색 풀로 덮여 있었다.

① The soccer field was covered green grass.
② The soccer field was covered at green grass.
③ The soccer field was covered with green grass.
④ The soccer field was cover by green grass.
⑤ The soccer field was covered about green grass.

7 빈칸에 주어진 문장과 같은 단어가 들어갈 문장은?

> She is involved _____ destroying it.

① I was worried _____ writing a letter.
② She is surprised _____ my idea.
③ He is tired _____ her.
④ We were interested _____ the event.
⑤ The place is known _____ many people.

[08-10] 다음 중 어법상 **틀린** 것을 고르시오.

08

① This machine must be checked for safety.
② His birthday party was prepared by me.
③ Were those boxes wrapped by you?
④ A glass jar is filled with cookies and candies.
⑤ The center was built the government.

09

① We are surprised at his sudden decision.
② Our new product can be bought by anyone.
③ This paper is use to wrap the dishes.
④ They were guided by a teacher into the hall.
⑤ Those thieves were arrested at once.

10

① My classmates are worried about the test.
② The pizza may be eat by my brother.
③ The flight was delayed by bad weather.
④ Your cellphone was not fixed by Jason.
⑤ Were these flowers delivered by you?

11 다음 빈칸에 들어갈 말이 바르게 짝지어진 것은?

• I am tired _____ waiting for my sister.
• The area is known _____ cold weather.

① to - with ② by - in ③ for - at
④ as - to ⑤ of - for

12 빈칸 ⓐ~ⓒ에 들어갈 말이 바르게 짝지어진 것은?

• The woman ___ⓐ___ as our president last year.
• A toy truck may ___ⓑ___ by my dog.
• Was the text message ___ⓒ___ by you?

① elect - is buried - send
② elected - buried - sent
③ is elected - be buried - sent
④ was elected - be buried - sent
⑤ was elected - be buried - be sent

서술형 대비 문제

[13-14] 다음 문장을 수동태로 바꿔 써 보시오.

13 Matt invited me to the party yesterday.

→

14 The police officer announced the cause of the accident.

→

15 다음 글을 읽고 주어진 주어를 이용하여 수동태 문장을 완성하시오.

We can find hundreds of blogs on the Internet. Many people visit blogs. Those blogs cover many subjects. Operating a blog is easy. How about starting your own blog?

(1) Hundreds of blogs _____
_____

(2) Blogs _____

(3) Many subjects _____

16 다음 그림을 보고 주어진 단어를 사용하여 문장을 완성하시오.

break
drop
repair
exchange

(1) I _____ my cellphone on the floor yesterday.

(2) My cellphone _____ at that time.

(3) My cellphone couldn't _____ for free.

(4) My cellphone can _____ an engineer.

한 장의 사진으로 보는
문법이 쓰기다

UNIT 01
수동태의 형태와 의미

또 고장 났어?
서비스 센터에 다녀온 지 한 달도 안 되었는데
내 컴퓨터에 도대체 무슨 일이 생긴 거야?

✎ 써 봐!

컴퓨터들은 수리공들에 의해 수리된다.

→

UNIT 02
수동태의 시제와 문장의 종류

✎ 써 봐!

그 병들은 선반 위에 놓아졌니?

→

나란히 나란히.
마트에 가면 뭐든지 색깔 별로
나란히 세워져 있지.
누가 내 방도 좀 정리해 줘요.

UNIT 03
기타 형태의 수동태

외출하기 전에 확인할 것들!
휴대폰, 지갑은 잘 챙겼고, 방에 불도 껐어.
아차차! 열쇠를 챙겨야지.

✎ 써 봐!

그 문은 그에 의해 잠겨야 한다.

→

Part 5
to부정사

to부정사의 명사, 형용사, 부사적 용법을 살펴봅니다.
그리고 그 외에 의문사 + to부정사, too ~ to와 enough to의
여러 가지 to부정사 쓰임을 배우고, 문장을 정확히 씁니다.

UNIT 1 to부정사의 명사와 형용사적 용법

구성	기초 항목	서술형 유형
STEP 1	우리말과 어순 고르기	
STEP 2	문장 배열하기	
STEP 3		우리말 영작하기
서술형 끝내기		문장 완성, 문장 고쳐 쓰기

UNIT 2 to부정사의 부사적 용법

구성	기초 항목	서술형 유형
STEP 1	쓰임과 우리말 고르기	
STEP 2	문장 배열하기	
STEP 3		우리말 영작하기
서술형 끝내기		문장 완성, 문장 쓰기

UNIT 3 to부정사의 활용

구성	기초 항목	서술형 유형
STEP 1	형태와 의미 고르기	
STEP 2	비교하며 고르기	
STEP 3		문장 바꿔 쓰기
서술형 끝내기		문장 완성, 문장 고쳐 쓰기

to부정사의 명사와 형용사적 용법

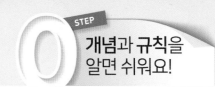

to부정사의 형태와 쓰임

to부정사는 [to + 동사원형] 형태로 명사, 형용사, 부사로 쓰인다.

| provide | *동사: 제공하다 | → | to provide | *명사: 제공하는 것
*형용사: 제공할
*부사: 제공하기 위해서 |

1 to부정사의 명사적 용법

to부정사의 명사적 용법: 주어, 보어, 목적어 역할

'~하는 것'이라는 의미의 **명사**로 쓸 수 있으며, 문장 내에서 주어나 보어, 목적어 역할을 한다.

to design 디자인하는 것	① 주어	**To design** my own bags is interesting. **It** is interesting **to design** my own bags. 가주어　　　　　　　　　진주어	내 가방을 디자인하는 것은 재미있다.
	② 보어	My dream is **to design** my own bags.	내 꿈은 내 가방을 디자인하는 것이다.
	③ 목적어	I like **to design** my own bags.	나는 내 가방을 디자인하는 것을 좋아한다.

★ to부정사를 목적어로 취하는 동사들이 있다.

want(원하다), hope(희망하다), decide(결정하다), choose(선택하다), plan(계획하다), need(필요하다), expect(예상하다)…

| **to buy** the house
그 집을 사는 것을 |

★ 의미상의 주어: it 가주어 문장에서 to부정사의 주체가 필요할 때, 형용사와 to부정사 사이에 쓴다.

for + 목적격	of + 목적격
It is **difficult for her** to volunteer here. 그녀가 여기서 자원봉사하는 것은 어렵다.	It is **nice of her** to volunteer here. 그녀가 여기서 자원봉사를 하다니 착하다.
대부분의 형용사 difficult, easy, dangerous… + for + 목적격	사람의 성격, 태도를 나타내는 형용사 nice, polite, generous… + of + 목적격

2 to부정사의 형용사적 용법

to부정사의 형용사적 용법

'~할'이라는 뜻으로, 앞에 있는 명사나 대명사를 뒤에서 수식하는 **형용사**로 쓰인다.

| homework | to complete |
| 숙제 | 끝마쳐야 할 |

끝마쳐야 할 숙제

○ -thing, -one, -body로 끝나는 부정대명사를 to부정사가 뒤에서 수식

something　to drink
(어떤) 것　　마실

마실 것

★ -thing /-one /-body + 형용사 + to부정사

something warm　→　something warm to drink
따뜻한 것　　　　　　　마실 따뜻한 것

to부정사의 명사적 용법

쓰임에 맞는 우리말 고르기

1 <u>To decorate</u> my room is difficult.
☑ 장식하는 것은 ☐ 장식하는 것을

2 My dream is <u>to publish</u> my own book.
☐ 발행하는 것을 ☐ 발행하는 것이다

3 He started <u>to grow</u> rice.
☐ 재배하는 것이다 ☐ 재배하는 것을

4 <u>To set</u> a goal is necessary.
☐ 세우는 것은 ☐ 세우는 것이다

5 I need <u>to feed</u> the horse.
☐ 먹이를 주는 것이다 ☐ 먹이를 주는 것을

6 My hobby is <u>to collect</u> stamps.
☐ 수집하는 것은 ☐ 수집하는 것이다

to부정사의 형용사적 용법

올바른 어순 고르기

1 청소할 방이 많다.
There are [to clean many rooms / (many rooms to clean)] .

2 나는 나눌 약간의 음식이 있다.
I have [some food to share / to share some food] .

3 그는 입을 옷이 없다.
He doesn't have [clothes to wear / to wear clothes] .

4 나는 마실 것이 필요하다.
I need [something drink / something to drink] .

5 이곳을 방문할 누군가가 있다.
There is [somebody to visit / to visit somebody] here.

6 나는 이야기할 누군가가 필요하다.
I need [someone to talk to / to talk to someone] .

the project, to finish,
important, it is

영문장 → It is important to finish the project.

우리말 → 그 프로젝트를 끝내는 것이 중요하다.

1 someone, urgent,
to hire, it is

영문장 →

우리말 →

2 her advice is, a budget,
to make

영문장 →

우리말 →

3 his job is, books,
to edit

영문장 →

우리말 →

4 to provide, I,
the information, plan

영문장 →

우리말 →

5 expect, I, to fail,
the exam

영문장 →

우리말 →

6 to help me,
somebody, is, there

영문장 →

우리말 →

7 to ask, you,
something, me, have

영문장 →

우리말 →

■ 주어진 단어를 활용하여 다음 우리말에 맞는 to부정사 문장을 쓰시오.

✔ **서술형 기출문제**

> 여기에 터널을 세우는 것은 위험하다. (it, build, a tunnel)

→ It is dangerous to build a tunnel here.

명사적 용법으로 주어, 보어, 목적어 자리에 to부정사가 온다. 형용사적 용법으로 명사를 수식하기도 한다.

① 다른 사람을 존중하는 것은 중요하다.
(it, important, respect)

→ It is important to respect others.

② 그녀의 꿈은 식당을 소유하는 것이다.
(own, a restaurant)

→

③ 내 꿈은 은행원이 되는 것이다.
(a bank teller)

→

④ 나는 네게 진실을 말하기로 결정했다.
(decide, tell you the truth)

→

⑤ 나는 조종사가 되는 것을 희망한다.
(hope, be, a pilot)

→

⑥ 나는 돈을 절약할 계획을 세웠다.
(make a plan, save)

→

⑦ 나는 팔 오래된 차가 있다.
(an old car, sell)

→

복습 프로그램
p. 89, 90, 91에서
배운 문장으로

교과서 **서술형** 끝내기

유형 기본
기본 + 심화 문제

서술형 유형 기본　　　■ 우리말에 맞게 주어진 단어를 활용하여 문장을 완성하시오.　p.89　**STEP 1에 나오는 문장 재확인**

| share | grow | decorate | visit |

1 ▶ 그는 쌀을 재배하는 것을 시작했다.

→ He started [to grow] rice.

(◐ 명사적 용법)
(✗ 형용사적 용법)

2 ▶ 내 방을 장식하는 것은 어렵다.

→ [   ] my room is difficult.

(◐ 명사적 용법)
(✗ 형용사적 용법)

3 ▶ 나는 나눌 약간의 음식이 있다.

→ I have some food [   ].

(◐ 형용사적 용법)
(✗ 명사적 용법)

4 ▶ 이곳을 방문할 누군가가 있다.

→ There is somebody [   ] here.

(◐ 형용사적 용법)
(✗ 명사적 용법)

서술형 유형 심화　　　■ 다음 문장에서 틀린 부분을 고쳐 쓰시오.　p.90　**STEP 2에 나오는 문장 재확인**

1 ▶ There is somebody help me.

→ [   ] 나를 도와줄 누군가가 있다.

(◐ 형용사적 용법)
(✗ 명사적 용법)

2 ▶ I plan to providing the information.

→ [   ] 나는 그 정보를 제공하는 것을 계획한다.

명사적 용법:
(◐ 목적어)　(✗ 주어)　(✗ 보어)

3 ▶ It is urgent hire someone.

→ [   ] 누군가를 고용하는 것이 시급하다.

명사적 용법:
(◐ 주어)　(✗ 보어)　(✗ 목적어)

4 ▶ His job is to edited books.

→ [   ] 그의 직업은 책을 편집하는 것이다.

명사적 용법:
(◐ 보어)　(✗ 주어)　(✗ 목적어)

• 책과 함께 쓰이는 동사들을 기억
하세요!
publish(출판하다),
look through, skim(대충 훑어보다),
copy(복사하다)

서술형 유형 심화　　　　　■ 우리말에 맞게 고르고 문장을 쓰시오.　　p.91　STEP 3에 나오는 문장 재확인

① 다른 사람을 존중하는 것은 **(respected / to respect)** 중요하다.

→ It is important to respect others.

(⭕ to respect)
(❌ respected)

② 내 꿈은 은행원이 되는 것이다 **(to is / to be)** .

→

(⭕ to be)
(❌ to is)

③ 나는 네게 진실을 말하기로 **(telling / to tell)** 결정했다.

→

(⭕ to tell)
(❌ telling)

④ 나는 팔 **(selling / to sell)** 오래된 차가 있다.

→

(⭕ to sell)
(❌ selling)

⑤ 여기에 터널을 세우는 것은 **(to build / build)** 위험하다.

→

(⭕ to build)
(❌ build)

⑥ 그녀의 꿈은 식당을 소유하는 것이다 **(own / to own)** .

→

(⭕ to own)
(❌ own)

⑦ 나는 조종사가 되는 것을 **(to be / be)** 희망한다.

→

(⭕ to be)
(❌ be)

⑧ 나는 돈을 절약할 **(to save / saved)** 계획을 세웠다.

→

(⭕ to save)
(❌ saved)

to부정사의 부사적 용법

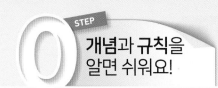

**to부정사의
부사적 용법**

부사 역할을 하는 to부정사는 목적, 감정의 원인, 판단의 근거, 결과의 의미를 나타낸다.

목적	감정의 원인	판단의 근거	결과
study **to be** a pilot	pleased **to be** a pilot	must be smart **to be** a pilot	grow up **to be** a pilot
조종사가 되기 위해 공부하다	조종사가 되어서 기쁜	조종사가 되다니 영리한 게 틀림없다	자라서 조종사가 되다

**목적 /
감정의 원인**

to부정사의 부사적 용법: 목적, 감정의 원인

① **목적**: '~하기 위해'의 의미로 목적을 나타내는 부사로 쓰인다.

She went to Australia **to study** art.	그녀는 예술을 공부하기 위해 호주에 갔다.

✹ 목적을 나타내는 to부정사는 [in order to부정사], [so as to부정사]로 바꿔 쓸 수 있다.

I need a dictionary <u>to learn</u> new words. 나는 새 단어들을 배우기 위해 사전이 필요하다.
= I need a dictionary <u>in order to learn</u> new words.
= I need a dictionary <u>so as to learn</u> new words.

② **감정의 원인**: '~해서'라고 해석하며, [감정 형용사 + to부정사]로 감정의 원인을 나타낸다.

I am pleased **to work** with you.	나는 너와 함께 되어서 기쁘다.

✹ 교과서에서 자주 나오는 감정 형용사

pleased, glad(기쁜), excited(신이 난), shocked(충격을 받은),
disappointed(실망한), upset(화가 난)… + **to hear** that
그것을 들어서

**판단의 근거 /
결과**

to부정사의 부사적 용법: 판단의 근거, 결과

③ **판단의 근거**: '~하다니'의 의미로 주로 조동사 must '~임에 틀림없다'와 함께 쓰인다.

She must be kind **to say** so.	그녀는 그렇게 말하다니 친절한 게 틀림없다.

They must be thirsty **to drink** water often. 그들은 물을 자주 마시다니 목이 마른 게 틀림없다.

④ **결과**: '결국 ~하다(되다)'의 의미로 결과를 나타낸다.

She grew up **to be** a singer.	그녀는 자라서 가수가 되었다.

✹ 결과를 나타내는 to부정사는 주로 grow up, live, wake up과 함께 쓴다.

He <u>lived</u> **to be** eighty. 그는 80세까지 살았다.
He <u>woke up</u> **to find** he was alone. 그는 일어나보니 혼자라는 걸 알았다.

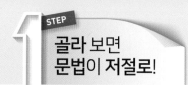

✓ to부정사의 부사적 용법: 목적과 감정의 원인

쓰임 구분하기

1 I bought candles <u>to decorate</u> my room.　☑ 목적　☐ 감정의 원인

2 I feel sad <u>to leave</u> this school.　☐ 목적　☐ 감정의 원인

3 I brought a paintbrush <u>to draw</u> drawings.　☐ 목적　☐ 감정의 원인

4 I'm glad <u>to talk</u> with you.　☐ 목적　☐ 감정의 원인

5 I am pleased <u>to stay</u> in this hotel.　☐ 목적　☐ 감정의 원인

6 I visited the office <u>to join</u> the club.　☐ 목적　☐ 감정의 원인

✓ to부정사의 부사적 용법: 판단의 근거와 결과

쓰임에 맞는 우리말 고르기

1 He must be tired <u>to sleep</u> this early.　☑ 자다니　☐ 자게 되다

2 She grew up <u>to be</u> a doctor.　☐ 되다니　☐ 되다

3 You must be rich <u>to buy</u> it.　☐ 사게 되다　☐ 사다니

4 He lived <u>to be</u> ninety.　☐ 되다　☐ 되다니

5 He woke up <u>to find</u> he was sick.　☐ 알게 되다　☐ 알다니

6 Min must be brave <u>to call</u> Layla.　☐ 전화하다니　☐ 전화하게 되다

they, to discover, came here, the truth

영문장 → They came here to discover the truth.

우리말 → 그들은 진실을 알아내기 위해 이곳에 왔다.

---

1 plant trees, to protect, we, the environment

영문장 →

우리말 →

---

2 I'm, to hear, surprised, the news

영문장 →

우리말 →

---

3 I'm, your test score, to see, disappointed

영문장 →

우리말 →

---

4 must be, she, to say so, rude

영문장 →

우리말 →

---

5 diligent, must be, you, to work that hard

영문장 →

우리말 →

---

6 she, to be, lived, seventy

영문장 →

우리말 →

---

7 I, to be, grew up, a scientist

영문장 →

우리말 →

■ 주어진 단어를 활용하여 다음 우리말에 맞는 to부정사 문장을 쓰시오.

✔ 서술형 **기출**문제

> 나는 너와 일하게 되어서 기쁘다. (glad, work)

→   I'm glad to work with you.

↪ to부정사는 목적, 감정의 원인, 판단의 근거, 결과를 나타내는 부사의 역할을 할 수 있다.

① 나는 너와 결혼해서 기쁘다. (happy, marry)

⟶ I am happy to marry you.

② 나는 책들을 나르기 위해 가방이 필요하다. (a backpack, carry)

→

③ 그는 노트북을 사기 위해 돈을 모은다. (save, a laptop, buy)

→

④ 나를 도와주다니 그녀는 친절한 게 틀림없다. (kind, help)

→

⑤ 그녀는 잠을 너무 많이 자다니 게으른 게 틀림없다. (lazy, sleep too much)

→

⑥ 나는 자고 일어나서 내 스스로가 유명해진 걸 알았다. (wake up, find myself famous)

→

⑦ 나는 자라서 소방관이 되었다. (grow up, a firefighter)

→

서술형 유형 기본
■ 우리말에 맞게 문장을 완성하시오.　p.95　**STEP 1에 나오는 문장 재확인**

①▶ 나는 그 동아리에 들기 위해 그 사무실을 방문했다.

→ I visited the office 〔　　　　to join　　　　〕 the club.

(◐ 목적)
(✘ 감정의 원인)

②▶ 이 호텔에서 머물다니 나는 기쁘다.

→ I am pleased 〔　　　　　　　　　〕 in this hotel.

(◐ 감정의 원인)
(✘ 목적)

③▶ 그것을 사다니 너는 부유한 게 틀림없다.

→ You must be rich 〔　　　　　　　　〕 it.

(◐ 판단의 근거)
(✘ 결과)

④▶ 그는 90세까지 살았다.

→ He lived 〔　　　　　　　　　〕 ninety.

(◐ 결과)
(✘ 감정의 원인)

⑤▶ 그녀는 자라서 의사가 되었다.

→ She grew up 〔　　　　　　　　〕 a doctor.

(◐ 결과)
(✘ 판단의 근거)

서술형 유형 심화
■ 우리말에 맞게 주어진 단어를 활용하여 문장을 완성하시오.　p.96　**STEP 2에 나오는 문장 재확인**

①▶ 우리는 환경을 보호하기 위해 나무를 심는다. (protect, the environment)

→ 〔　　　　　　　　　　　　　　　〕

(◐ 목적)　(✘ 판단의 근거)　(✘ 결과)

②▶ 나는 그 소식을 들어서 놀랍다. (surprised, the news)

→ 〔　　　　　　　　　　　　　　　〕

(◐ 감정의 원인)　(✘ 결과)　(✘ 목적)

③▶ 너는 일을 그렇게나 열심히 하다니 성실한 게 틀림없다. (diligent, work that hard)

→ 〔　　　　　　　　　　　　　　　〕

(◐ 판단의 근거)　(✘ 목적)　(✘ 결과)

④▶ 나는 자라서 과학자가 되었다. (grow up, scientist)

→ 〔　　　　　　　　　　　　　　　〕

(◐ 결과)　(✘ 감정의 원인)　(✘ 목적)

• 과학 시간에 쓰는 영어 단어를
기억해요!
실험실(laboratory),
비커(beaker),
현미경(microscope), 저울(scale) …

① 그는 노트북을 사기 위해 돈을 모은다 **(buying / to buy)** .

→ He saves money to buy a laptop.

(○ to buy)
(✗ buying)

② 나는 너와 결혼해서 **(to marry / marry)** 기쁘다.

→

(○ to marry)
(✗ marry)

③ 그녀는 나를 도와주다니 **(helped / to help)** 친절한 게 틀림없다.

→

(○ to help)
(✗ helped)

④ 나는 자고 일어나서 내 스스로가 유명해진 걸 알았다 **(to find / find)** .

→

(○ to find)
(✗ find)

⑤ 나는 책들을 나르기 위해 **(carried / to carry)** 가방이 필요하다.

→

(○ to carry)
(✗ carried)

⑥ 나는 너와 일하게 되어서 **(to work / work)** 기쁘다.

→

(○ to work)
(✗ work)

⑦ 그녀는 잠을 너무 많이 자다니 **(sleeping / to sleep)** 게으른 게 틀림없다.

→

(○ to sleep)
(✗ sleeping)

⑧ 나는 자라서 소방관이 되었다 **(be / to be)** .

→

(○ to be)
(✗ be)

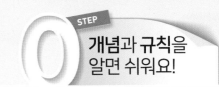

STEP
0 개념과 규칙을
알면 쉬워요!

to부정사의 여러 쓰임

to부정사는 의문사나 too, enough와 함께 여러 의미로 쓰일 수 있다.

to부정사	to swim	수영을 하는 것
의문사 + to부정사	how to swim	어떻게 수영을 할지
too ~ to부정사	too young	to swim	수영을 하기에 너무 어린

1 의문사 + to부정사

의문사 + to부정사

'~할지'의 의미로 명사처럼 쓰이며, 주어나 보어, 특히 동사의 목적어 자리에서 주로 쓰인다.

I don't know 나는 모른다	**what/which to** help.	무엇을 도와야 할지	← 행위
	when to help.	언제 도와야 할지	← 때
	where to help.	어디에서 도와야 할지	← 장소
	how to help.	어떻게 도와야 할지(돕는 방법을)	← 방법

✹ [의문사 + 주어 + should + 동사원형]으로 바꿔 쓸 수 있다.

Tell me how to get there. 거기에 제가 어떻게 가야 할지 말해 주세요.
= Tell me **how I should get** there.

2 too ~ to, enough to

too ~ to, enough to

too ~ to는 **부정**의 의미를, enough to는 **긍정**의 의미를 나타낸다.

🖉 [so that + 주어 + can]은 '~하기 위해서'의 뜻이다.
= [in order to + 동사원형]

① **too ~ to** …하기에 너무 ~한		too + 형용사/부사	to부정사
	She is 그녀는	**too** weak 너무 약하다	**to carry** the bag. 그 가방을 나르기에.
② **enough to** …하기에 충분히 ~한		형용사/부사 + enough	to부정사
	He is 그는	strong **enough** 충분히 강하다	**to lift** the boxes. 그 박스들을 들어 올리기에.

① too ~ to는 [so + 형용사/부사 + that + 주어 + can't ~]으로 바꿔 쓸 수 있다.
I am <u>too</u> short <u>to</u> reach there.   나는 거기에 닿기에는 너무 키가 작다.
= I am <u>so</u> short <u>that</u> I <u>can't</u> reach there. 나는 키가 작아서 거기에 닿을 수 없다.

② enough to는 [so + 형용사/부사 + that + 주어 + can ~]으로 바꿔 쓸 수 있다.
I am old <u>enough to</u> drive a car.   나는 운전을 하기에 충분히 나이가 들었다.
= I am <u>so</u> old <u>that</u> I can drive a car. 나는 나이가 들어서 운전할 수 있다.

STEP

**골라 보면
문법이 저절로!**

to부정사는 의문사와 함께 주어, 보어, 목적어 자리에서 쓰인다.
too ~ to는 부정의 의미, enough to은 긍정의 의미를 나타낸다.

✔ 의문사 + to부정사 형태

우리말에 맞게 고르기

1 무엇을 쓸지

I don't know ⟨what to write⟩ / when to write here.

2 언제 시작할지

Tell me when to begin / how to begin exercise.

3 어떻게 향상시킬지

She explains how to improve / what to improve the skill.

4 어떻게 사과할지

I don't know where to apologize / how to apologize to you.

5 어디로 갈지

Let me know where to go / when to go tonight.

6 언제 떠날지

I don't know what to leave / when to leave here.

✔ too ~ to, enough to의 의미

문맥에 맞는 의미 고르기

1 He is too old <u>to drive</u> a car.

☐ 운전할 수 있다   ☑ 운전할 수 없다

2 He is old enough <u>to drive</u> a car.

☐ 운전할 수 있다   ☐ 운전할 수 없다

3 She is too tall <u>to wear</u> this dress.

☐ 입을 수 있다   ☐ 입을 수 없다

4 She is tall enough <u>to wear</u> this dress.

☐ 입을 수 있다   ☐ 입을 수 없다

5 I am too big <u>to sit</u> on this chair.

☐ 앉을 수 있다   ☐ 앉을 수 없다

6 I am big enough <u>to sit</u> on this chair.

☐ 앉을 수 있다   ☐ 앉을 수 없다

sleep

나는 모른다 / 언제 잘지 / 오늘 밤에.

I don't know [when to sleep] tonight.

나는 모른다 / 어디서 잘지 / 오늘 밤에.

I don't know [where to sleep] tonight.

1 solve

내게 말해줘 / 어떻게 풀지 / 이 문제를.

Tell me [　　　　] this problem.

내게 말해줘 / 언제 풀지 / 이 문제를.

Tell me [　　　　] this problem.

2 explain

나는 결정할 수 없다 / 어떻게 설명할지.

I can't decide [　　　　] .

나는 결정할 수 없다 / 무엇을 설명할지.

I can't decide [　　　　] .

3 meet

나는 모른다 / 어디서 만날지 / 그녀를.

I don't know [　　　　] her.

나는 모른다 / 언제 만날지 / 그녀를.

I don't know [　　　　] her.

4 park

내게 말해줘 / 언제 주차할지 / 네 차를.

Tell me [　　　　] your car.

내게 말해줘 / 어디에 주차할지 / 네 차를.

Tell me [　　　　] your car.

5 begin

그는 내게 말했다 / 어떻게 시작할지 / 그것을.

He told me [　　　　] it.

그는 내게 말했다 / 언제 시작할지 / 그것을.

He told me [　　　　] it.

6 fix

내게 보여줘 / 어떻게 고치는지 / 이 전화기를.

Show me [　　　　] this phone.

내게 보여줘 / 어디서 고치는지 / 이 전화기를.

Show me [　　　　] this phone.

7 order

나는 안다 / 언제 주문할지 / 그 음식을.

I know [　　　　] the food.

나는 안다 / 어디서 주문할지 / 그 음식을.

I know [　　　　] the food.

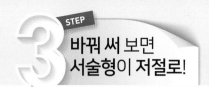

■ 다음 문장이 too나 enough가 들어간 문장이 되도록 바꿔 쓰시오.

> He is **so** weak **that** he **can't** walk.

→ 　　He is too weak to walk.

too ~ to, enough to를 이용하여 부정이나 긍정 의미를 나타내는 문장을 만들 수 있다.

① They are **so** young **that** they **can't** watch the film.

→ 　They are too young to watch the film.

② She is **so** upset **that** she **can't** talk to me.

→

③ I am **so** nervous **that** I **can't** be alone.

→

④ She is **so** smart **that** she **can** be a doctor.

→

⑤ This site is **so** large **that** it **can** hold many animals.

→

⑥ The car is **so** big **that** it **can** carry many people.

→

⑦ She is **so** clever **that** she **can** win the prize.

→

■ 마무리 해석확인

[보기] 그는 약해서 걸을 수 없다. / 그는 걷기에 너무 약하다.　① 그들은 어려서 그 영화를 볼 수 없다. / 그들은 그 영화를 보기에는 너무 어리다.　② 그녀는 화가 나서 나에게 말할 수 없다. / 그녀는 나에게 말하기에 너무 화가 나 있다.　③ 나는 초조해서 혼자 있을 수 없다. / 나는 혼자 있기에 너무 초조하다.　④ 그녀는 똑똑해서 의사가 될 수 있다. / 그녀는 의사가 되기에 충분히 똑똑하다.　⑤ 이 장소는 넓어서 많은 동물들을 수용할 수 있다. / 이 장소는 많은 동물들을 수용하기에 충분히 넓다.　⑥ 그 차는 커서 많은 사람들을 태울 수 있다. / 그 차는 많은 사람들을 태우기에 충분히 크다.　⑦ 그녀는 똑똑해서 그 상을 수상할 수 있다. / 그녀는 그 상을 수상하기에 충분히 똑똑하다.

서술형 유형 기본

■ 우리말에 맞게 주어진 단어를 활용하여 문장을 완성하시오.

p.101 **STEP 1**에 나오는 문장 재확인

① 나는 여기에 무엇을 쓸지 모른다. (write)

→ I don't know [what to write] here.

무엇을 쓸지
(○ what to write)
(✗ where to write)

② 그녀는 그 능력을 어떻게 향상시킬지 설명한다. (improve)

→ She explains [ ] the skill.

어떻게 향상시킬지
(○ how to improve)
(✗ who(m) to improve)

③ 오늘 밤 어디로 갈지 내게 알려줘. (go)

→ Let me know [ ] tonight.

어디로 갈지
(○ where to go)
(✗ when to go)

④ 운동을 언제 시작할지 내게 말해줘. (begin)

→ Tell me [ ] exercise.

언제 시작할지
(○ when to begin)
(✗ what to begin)

⑤ 나는 여기를 언제 떠날지 모른다. (leave)

→ I don't know [ ] here.

언제 떠날지
(○ when to leave)
(✗ what to leave)

서술형 유형 심화

■ 우리말에 맞게 다음 문장에서 틀린 부분을 고쳐 쓰시오.

p.102 **STEP 2**에 나오는 문장 재확인

① Tell me how to solve this problem.

→ [ ]

이 문제를 언제 풀지 내게 말해줘.

'언제'는 when을 씀

② I know whom to order the food.

→ [ ]

나는 그 음식을 어디서 주문할지 안다.

'어디서'는 where를 씀

③ I can't decide why to explain.

→ [ ]

나는 무엇을 설명할지 결정할 수 없다.

'무엇을'은 what을 씀

④ Show me where to fix this phone.

→ [ ]

이 전화기를 어떻게 고치는지 내게 보여줘.

'어떻게'는 how를 씀

• 전화와 관련된 단어들을 기억하세요!
전화를 걸다(make a phone call, give ~ a ring)
전화를 끊다(hang up the phone)
전화 요금(a phone bill)

① 그들은 그 영화를 보기에는 너무 어리다 **(too young to / young enough to)** .

→ They are too young to watch the film.

(◯ too young to)
(✘ young enough to)

② 그녀는 그 상을 수상하기에 충분히 똑똑하다 **(too clever to / clever enough to)** .

→

(◯ clever enough to)
(✘ too clever to)

③ 나는 혼자 있기에 너무 초조하다 **(too nervous to / nervous enough to)** .

→

(◯ too nervous to)
(✘ nervous enough to)

④ 이 장소는 많은 동물들을 수용하기에 충분히 넓다 **(too large to / large enough to)** .

→

(◯ large enough to)
(✘ too large to)

⑤ 그는 걷기에 너무 약하다 **(too weak to / weak enough to)** .

→

(◯ too weak to)
(✘ weak enough to)

⑥ 그 차는 많은 사람들을 태우기에 충분히 크다 **(too big to / big enough to)** .

→

(◯ big enough to)
(✘ too big to)

⑦ 그녀는 나에게 말하기에 너무 화가 나 있다 **(too upset to / upset enough to)** .

→

(◯ too upset to)
(✘ upset enough to)

⑧ 그녀는 의사가 되기에 충분히 똑똑하다 **(too smart to / smart enough to)** .

→

(◯ smart enough to)
(✘ too smart to)

[01-02] 다음 빈칸에 들어갈 알맞은 말을 고르시오.

1

> I chose _____ the laptop.

① being buy   ② buying   ③ bought
④ to buy   ⑤ to buying

2

> My dream is _____ an author.

① be   ② to be   ③ to being
④ to been   ⑤ been

[03-04] 다음 빈칸에 들어갈 말이 순서대로 바르게 짝지어진 것을 고르시오.

3

> • I don't know _____ turn on the heater.
> • The area is huge _____ to hold many students.

① what to - enough   ② whom to - too
③ how to - too   ④ whom to - enough
⑤ how to - enough

4

> • _____ is difficult to solve this problem.
> • _____ a bicycle is fun.

① That - To ride   ② That - To riding
③ It - To ride   ④ It - Being ride
⑤ To - To ride

[05-06] 다음 중 우리말을 영어로 가장 잘 옮긴 것을 고르시오.

5

> 나는 더 이상 일하기에는 너무 피곤하다.

① I'm too tired to work anymore.
② I'm tired enough to work anymore.
③ I'm too tired enough to work anymore.
④ I'm enough tired to work anymore.
⑤ I'm too enough tired to work anymore.

6

> 언제 잘지 내게 말해줘.

① Tell me what to sleep.
② Tell me when to sleep.
③ Tell me who to sleep.
④ Tell me where to sleep.
⑤ Tell me whom to sleep.

[07-08] 다음을 올바르게 배열한 문장을 고르시오.

7

> important, to make, it, good friends, is, for you

① For you, it is to make good friends important.
② It is important to make for you good friends.
③ It is important for you to make good friends.
④ It is good friends important for you to make.
⑤ To make good friends for you is it important.

8

> have, something, to wear, warm, I

① I warm have something to wear.
② I have something to wear warm.
③ I have to wear warm something.
④ I have warm something to wear.
⑤ I have something warm to wear.

[09-10] 다음 중 to부정사의 용법이 <u>다른</u> 문장을 고르시오.

9

① <u>To exercise</u> is necessary.
② It is nice <u>to see</u> the night view.
③ I need <u>to get</u> more sleep.
④ My hobby is <u>to chat</u> with my friends.
⑤ I need someone <u>to talk</u> to.

10

① He must be excited <u>to meet</u> you.
② I plan <u>to visit</u> my relatives in Japan.
③ It is dangerous <u>to be</u> outside late at night.
④ <u>To write</u> my own books is interesting.
⑤ My dream is <u>to be</u> a successful businessman.

11 다음 중 보기의 to부정사와 용법이 같은 것은?

I bought vegetables <u>to make</u> salad.

① My dog lived <u>to be</u> twenty.
② I'm glad <u>to have</u> dinner with you.
③ He grew up <u>to be</u> a director.
④ I will take a flight <u>to go</u> to Europe.
⑤ She must be shocked <u>to hear</u> the news.

[12-13] 다음 중 어법상 틀린 것을 고르시오.

12

① It is difficult to be a famous actor.
② We have something to talk about.
③ I have homework to finish.
④ I want to discuss it with them.
⑤ His goal to finish his work by tomorrow.

13

① I don't know how to use it.
② Keep a diary is a good habit.
③ He was disappointed to see the result.
④ My brother is too short to ride a bicycle.
⑤ She is smart enough to handle this problem.

서술형 대비 문제

[14-15] 다음 문장을 조건에 맞게 바꿔 쓰시오.

14 It is necessary to bring your own water bottle. (to부정사로 시작하는 문장으로 바꾸시오.)

→

15 I am so strong that I can move the furniture. (enough가 들어가는 문장으로 바꾸시오.)

→

16 우리말을 영어로 옮기시오.

A: Are you thirsty?
B: Yes. (나는 마실 차가운 게 필요해.)

→

17 다음 글을 읽고 틀린 부분을 찾아 고쳐 쓰시오.

Many students wonder when to do in the future. It is necessary of teachers to give them guidance. Also, students plan finding their talent. To get a job they want is important.

(1) Many students _____

_____

(2) It is necessary _____

_____

(3) Also, students _____

18 다음 그림을 보고 주어진 단어를 사용하여 문장을 완성하시오.

study
pass
read
smart enough

(1) She studies hard _____ the exam.
(2) It is important _____ hard.
(3) She needs _____ the textbook.
(4) She is _____ to understand the book.

한 장의 사진으로 보는
문법이 쓰기다

UNIT 01
to부정사의 명사와 형용사적 용법

책을 편집해요!
이 쪽에 사진을 넣어볼까?
글씨를 크게 해 볼까?
책을 더 잘 만들기 위해 교재 편집자는 늘 고민해요~

 써 봐!

그의 일은 책을 편집하는 것이다.

→

UNIT 02
to부정사의 부사적 용법

써 봐!

나는 자라서 과학자가 되었다.

→

내 꿈은 과학자!
꿈이 있는 건 중요한 거예요~
하지만 그 꿈을 위해
열심히 노력하는 게 더 중요해요!

UNIT 03
to부정사의 활용

내 전화기가 고장 났어!
아악! 왜 문자 전송이 안되지?
왜 통화 연결이 안 되는 거지?

써 봐!

이 전화기를 어떻게 고치는지 내게 보여줘.

→

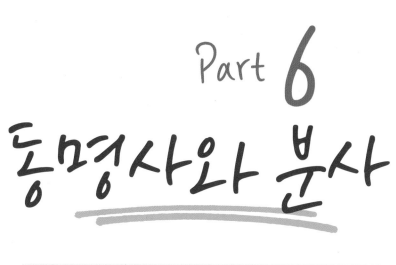

Part 6
동명사와 분사

동명사의 형태와 역할을 살펴보고, 목적어 자리에서의 to부정사와 구별합니다.
또한, 분사의 형태와 역할을 배우고, 현재분사와 과거분사를 구별해 문장을 씁니다.

UNIT 1 동명사의 역할과 쓰임

구성	기초 항목	서술형 유형
STEP 1	형태와 동사 고르기	
STEP 2	문장 배열하기	
STEP 3		우리말 영작하기
서술형 끝내기		문장 완성, 문장 고쳐 쓰기

UNIT 2 동명사의 활용

구성	기초 항목	서술형 유형
STEP 1	우리말에 맞게 고르기, 올바른 사용 여부 고르기	
STEP 2	비교하며 변형하기	
STEP 3		문장 고쳐 쓰기
서술형 끝내기		문장 완성, 문장 고쳐 쓰기

UNIT 3 분사의 역할과 쓰임

구성	기초 항목	서술형 유형
STEP 1	우리말에 맞게 고르기, 역할 고르기	
STEP 2	문장 배열하기	
STEP 3		우리말 영작하기
서술형 끝내기		문장 완성, 문장 고쳐 쓰기

UNIT 4 감정분사와 분사구문

구성	기초 항목	서술형 유형
STEP 1	형태와 올바른 사용 여부 고르기	
STEP 2	비교하며 고르기	
STEP 3		문장 바꿔 쓰기
서술형 끝내기		문장 완성, 문장 고쳐 쓰기

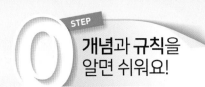
동사의 명사 형태인 동명사

동명사는 동사원형에 -ing를 붙여 만든 명사로, '~하는 것, ~하기'라고 해석한다.

동사 ▶ I 나는

동명사 ▶ My hobby is ~이다
내 취미는

swim 수영한다.
↓
swimming. 수영하는 것.

동명사의 주어, 보어 역할

동명사의 주어와 보어 역할

| playing 하는 것 | ① 주어 | **Playing** tennis is interesting. | 테니스를 하는 것은 재미있다. |
| | ② 보어 | My hobby is **playing** tennis. | 내 취미는 테니스를 하는 것이다. |

★ 동명사의 부정형은 동명사 앞에 not을 쓴다.

Not teaching English is a bad idea. 영어를 **가르치지 않는 것**은 좋지 않은 생각이다.

★ 동명사가 주어 자리에 오면 동사는 3인칭 단수동사를 쓴다.

Going shopping is / ~~are~~ interesting. 쇼핑 가는 것은 재미있다.

동명사의 목적어 역할

동명사의 목적어 역할

동명사는 **동사의 목적어**로 사용된다.

동명사만 목적어로 취하는 동사		③ 동사의 목적어
enjoy	즐기다	
practice	연습하다	
avoid	피하다	
give up	포기하다	**skating** 스케이트 타는 것을
suggest	제안하다	
finish	끝내다	
dislike	싫어하다	
mind	꺼리다	

to부정사만 목적어로 취하는 동사

want	원하다
need	필요하다
decide	결정하다
hope	희망하다

I avoid ~~contact~~ / ~~to contact~~ / contacting her. 나는 그녀에게 연락하는 것을 피한다.

동명사는 **전치사의 목적어**로도 쓰인다.

		④ 전치사의 목적어
am good **at**	~을 잘하다	
am worried **about**	~에 대해 걱정하다	
think **of/about**	~을/~에 대해 생각하다	**developing** a new menu 새 메뉴를 개발하는 것을
talk **about**	~에 대해 말하다	
look forward **to**	~을 고대하다	

STEP

**골라 보면
문법이 저절로!**

동명사는 [동사 + ing] 형태이며 쓰임은 동사가 아니라 명사이다.
문장 안에서 주어, 보어, 목적어의 역할을 한다.

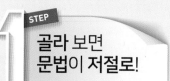

✔ 주어와 보어 역할을 하는 동명사

역할에 맞는 형태 고르기

1. [　　　　] is fun.
   - ☐ Sing ☑ Singing

2. [　　　　] food online is easy.
   - ☐ Ordering ☐ Ordered

3. [　　　　] a festival is interesting.
   - ☐ Attending ☐ To attending

4. Today's plan is [　　　　] stamps.
   - ☐ being buy ☐ buying

5. My hobby is [　　　　] the radio.
   - ☐ being listened to ☐ listening to

6. My dream is [　　　　] an inventor.
   - ☐ be ☐ being

✔ 목적어 역할을 하는 동명사

동명사를 목적어로 취하는 동사 고르기

1. I [　　　　] playing the cello.
   - ☑ enjoy ☐ want

2. They [　　　　] beginning the project.
   - ☐ hope ☐ suggest

3. I [　　　　] trying foreign foods.
   - ☐ choose ☐ avoid

4. I [　　　　] preparing for the exam.
   - ☐ finished ☐ expected

5. I don't [　　　　] climbing the mountain.
   - ☐ plan ☐ mind

6. I [　　　　] making a budget.
   - ☐ gave up ☐ decided

sweep, is,
boring, floors

영문장 → Sweeping floors is boring.

우리말 → 바닥을 쓰는 것은 지겹다.

---

1 poems, interesting,
is, write

영문장 →

우리말 →

---

2 of sunflowers,
my hobby is, take pictures

영문장 →

우리말 →

---

3 we, celebrate,
suggested, her birthday

영문장 →

우리말 →

---

4 I, keep, enjoy,
a diary

영문장 →

우리말 →

---

5 gave up, they,
butterflies, catch

영문장 →

우리말 →

---

6 talked about, the curtains,
we, change

영문장 →

우리말 →

---

7 his own business,
thinks about, Min, run

영문장 →

우리말 →

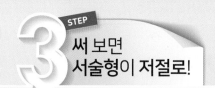

STEP 3 써 보면
서술형이 저절로!

우리말에 맞게 올바른 동명사 형태로 변형하여 써 보세요.

■ 주어진 단어를 활용하여 다음 우리말에 맞는 동명사 문장을 쓰시오.

☑ 서술형 **기출**문제

> 쿠키를 굽는 것은 어렵다. (bake, difficult)

⟹ 동명사는 동사의 -ing형태로 주어, 보어, 목적어 역할을 한다.

→ Baking cookies is difficult.

1 내 목표를 세우는 것은 중요하다.
(set, my goal)

→ Setting my goal is important.

2 내 꿈은 아프리카에서 자원봉사를 하는 것이다.
(volunteer)

→

3 내 취미는 영화를 보는 것이다.
(hobby, watch movies)

→

4 내 기쁨은 네게 선물을 주는 것이다.
(my pleasure, presents)

→

5 우리는 음식을 나누는 것을 제안한다.
(suggest, share food)

→

6 나는 새 친구를 사귀는 것에 대해 걱정한다.
(be worried about, make new friends)

→

7 나는 유럽에서 일하기를 고대한다.
(look forward to, work)

→

서술형 유형 기본
■ 우리말에 맞게 주어진 단어를 활용하여 문장을 완성하시오.   p.111 **STEP 1에 나오는 문장 재확인**

> listen to   sing   make   begin

① 노래하는 것은 재미있다.

→   *Singing*   a song is fun.

(◯ 주어 역할)
(✘ 보어 역할)

② 내 취미는 라디오를 듣는 것이다.

→ My hobby is   the radio.

(◯ 보어 역할)
(✘ 목적어 역할)

③ 그들은 그 프로젝트를 시작하는 것을 제안한다.

→ They suggest   the project.

(◯ 목적어 역할)
(✘ 주어 역할)

④ 나는 예산 세우는 것을 포기했다.

→ I gave up   a budget.

(◯ 목적어 역할)
(✘ 보어 역할)

서술형 유형 심화
■ 다음 문장에서 틀린 부분을 고쳐 쓰시오.   p.112 **STEP 2에 나오는 문장 재확인**

① Sweep floors is boring.

→

바닥을 쓰는 것은 지겹다.

주어 역할을 하는 동명사로 바꿈

② My hobby is took pictures of sunflowers.

→

내 취미는 해바라기 사진을 찍는 것이다.

보어 자리에 동사 과거형 대신 동명사가 옴

③ I enjoy to keep a diary.

→

나는 일기를 쓰는 것을 즐긴다.

enjoy는 동명사만을 목적어로 취함

④ We talked about to change the curtains.

→

우리는 그 커튼을 바꾸는 것에 대해 이야기했다.

전치사 about의 목적어로 동명사를 씀

• 커튼과 함께 쓰이는 동사을
기억하세요!
(커튼을) 달다: hang up, install
(커튼을) 치다: close, draw
(커튼을) 걷다: open, draw back

서술형 유형 심화
■ 우리말에 맞게 고르고 문장을 쓰시오.
p.113 **STEP 3**에 나오는 문장 재확인

① 나는 유럽에서 일하기를 **(working / work)** 고대한다.

→ I look forward to working in Europe.

(⭕ working)
(❌ work)

② 쿠키를 굽는 것은 **(Baked / Baking)** 어렵다.

→

(⭕ Baking)
(❌ Baked)

③ 내 꿈은 아프리카에서 자원봉사를 하는 것이다 **(volunteering / volunteer)** .

→

(⭕ volunteering)
(❌ volunteer)

④ 내 기쁨은 네게 선물을 주는 것이다 **(giving / to giving)** .

→

(⭕ giving)
(❌ to giving)

⑤ 내 목표를 세우는 것은 **(Setting / Set)** 중요하다.

→

(⭕ Setting)
(❌ Set)

⑥ 나는 새 친구를 사귀는 것에 대해 **(to make / making)** 걱정한다.

→

(⭕ making)
(❌ to make)

⑦ 우리는 음식을 나누는 것을 **(sharing / share)** 제안한다.

→

(⭕ sharing)
(❌ share)

⑧ 내 취미는 영화를 보는 것이다 **(watched / watching)** .

→

(⭕ watching)
(❌ watched)

동명사의 활용

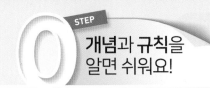
동명사의 쓰임

동명사와 to부정사를 함께 목적어로 쓰는 동사들이 있다. 동명사는 관용적인 표현으로 쓰이기도 한다.

I	like
나는	좋아한다

playing soccer.

to play soccer.
축구하는 것을.

1 동명사와 to부정사를 목적어로 취하는 동사

동명사와 to부정사를 목적어로 취하는 동사

① **동명사나 to부정사만 목적어**로 취하는 동사들이 있다.

동명사만 취하는 동사	to부정사만 취하는 동사
enjoy, finish, mind, avoid, stop, keep, practice, give up	want, need, decide, hope, learn, plan, promise, wish, would like

② **동명사와 to부정사 모두 목적어**로 취하는 동사들이 있다.

like(좋아하다), love(좋아하다), hate(싫어하다), begin(시작하다), start(시작하다)… + | reading 읽는 것을 |
| to read |

✖ 동명사와 to부정사를 목적어로 취하되 목적어에 따라 의미가 달라지는 동사들이 있다.

remember	buying	샀던 것을 [과거]	headphones	헤드폰을 샀던 것을 기억하다
	to buy	살 것을 [미래]		헤드폰을 살 것을 기억하다
forget	bringing	가져 갔던 것을 [과거]	my umbrella	내 우산을 가져 갔던 것을 잊다
	to bring	가져 갈 것을 [미래]		내 우산을 가져갈 것을 잊다
try	opening	(한번) 열어보는 것을 [시도]	the door	그 문을 (한번) 열어 보는 것을 시도하다
	to open	열기 위해 [노력]		그 문을 열기 위해 노력하다

✖ stop은 동명사를 목적어로, to부정사를 부사적용법으로 취한다.

stop + 동명사: '~하는 것을 멈추다'   I stopped looking for it. 나는 그것을 찾는 것을 멈췄다.

stop + to부정사: '~하기 위해 멈추다'   I stopped to look for it. 나는 그것을 찾기 위해 멈췄다.

2 동명사의 관용표현

동명사의 관용표현

	go	~하러 가다	
I 나는	look forward to	~을 고대하다	shopping. 쇼핑하는 것(을).
	am busy	~하느라 바쁘다	
	feel like	~하고 싶다	
	have difficulty/trouble	~하는 데 어려움을 겪다	
	How/What about	~하는 게 어때?	

✓ 동명사 vs. to부정사

우리말에 맞게 고르기

1 I avoid [   ] the fruits.

사는 것을 피하다	☑ buying	☐ to buy
먹는 것을 피하다	☑ eating	☐ to eat

2 I enjoy [   ] with her.

이야기하는 것을 즐기다	☐ talking	☐ to talk
요리하는 것을 즐기다	☐ cooking	☐ to cook

3 I tried [   ] my friend.

전화하는 것을 시도했다	☐ calling	☐ to call
전화하기 위해 노력했다	☐ calling	☐ to call

4 I stopped [   ] the furniture.

옮기기 위해 멈췄다	☐ moving	☐ to move
옮기는 것을 멈췄다	☐ moving	☐ to move

✓ 동명사의 관용표현

올바른 사용 여부 고르기

1 I look forward to [see] you.
나는 너를 보기를 고대한다.
☐ O   ☑ X

2 We go [fish].
우리는 낚시하러 간다.
☐ O   ☐ X

3 I am busy [doing] my schoolwork.
나는 학교 공부하느라 바쁘다.
☐ O   ☐ X

4 I have difficulty [draw] my portrait.
나는 내 초상화를 그리는 데 어려움을 겪는다.
☐ O   ☐ X

5 How about [sweeping] the floor?
그 바닥을 쓰는 게 어때?
☐ O   ☐ X

6 I feel like [riding] a motorcycle.
나는 오토바이를 타고 싶다.
☐ O   ☐ X

exercise

그는 / 포기했다 / 운동하는 것을 / 그녀와.

He gave up [exercising] with her.

그는 / 계획했다 / 운동하는 것을 / 그녀와.

He planned [to exercise] with her.

1 bring

나는 / 꺼렸다 / 가지고 오는 것을 / 사진을.

I minded [   ] a photograph.

나는 / 약속했다 / 가지고 올 것을 / 사진을.

I promised [   ] a photograph.

2 open

나는 / 시도했다 / 그 문을 여는 것을.

I tried [   ] the door.

나는 / 노력했다 / 그 문을 열기 위해.

I tried [   ] the door.

3 turn off

Janet은 / 잊었다 / 불을 껐던 것을 / 어젯밤에.

Janet forgot [   ] the light last night.

잊지 말아라 / 불을 끌 것을.

Don't forget [   ] the light.

4 decorate

Layla는 / 꾸미고 싶다 / 그녀의 방을.

Layla [   ] her room.

Layla는 / 꾸미느라 바쁘다 / 그녀의 방을.

Layla [   ] her room.

5 hike

나는 / 하이킹하는 것을 고대하다.

I [   ] .

나는 / 하이킹을 하러 가다 / 매주.

I [   ] every week.

6 post

우리는 / 부치는 데 어려움을 겪다 / 그 편지들을.

We [   ] the letters.

부치러 가는 게 어때 / 그 편지들을?

[   ] the letters?

7 accept

받아 들이는 게 어때 / 그 제안을?

[   ] the offer?

그녀는 / 받아 들이는 데 어려움을 겪다 / 그 제안을.

She [   ] the offer.

■ 다음 우리말을 보고 **틀린** 부분을 고쳐 쓰시오.

✔ 서술형 **기출**문제

나는 그 질문을 할 것을 잊어버렸다.

→ I forgot asking the question.

↪ 목적어 자리에 동명사가
오는지 to부정사가 오는지
에 따라 의미가 달라질 수
있다.

→   I forgot to ask the question.

① 오늘밤 이 약을 먹을 것을 기억해라.

Remember taking this medicine tonight.

→ Remember to take this medicine tonight.

② 나는 내 스스로를 자제하기 위해 노력했다.

I tried controlling myself.

→

③ 나는 그 휴대폰을 사용하는 것을 시도했다.

I tried use the cellphone.

→

④ 그녀는 그 영화를 보고 싶다.

She feels like watch the film.

→

⑤ 그들은 그 서비스를 제공하는 데 어려움을 겪는다.

They have trouble provide the service.

→

⑥ 어두운 색의 옷을 입는 게 어때?

What about wear dark clothes?

→

⑦ 나는 새 신발을 사러 쇼핑을 갔다.

I went shop to buy new shoes.

→

복습 프로그램

p. 117, 118, 119에서
배운 문장으로

교과서 서술형 끝내기

유형 기본 ➕

기본 + 심화 문제

서술형 유형 기본　　　　　　　　　　■ 우리말에 맞게 문장을 완성하시오.　　p.117 STEP 1에 나오는 문장 재확인

① 나는 그 과일을 먹는 것을 피한다.

→ I avoid [eating] the fruits.

[avoid + 동명사] '~하는 것을 피하다'
(O eating)
(✗ to eat)

② 나는 내 친구에게 전화하는 것을 시도했다.

→ I tried [ ] my friend.

[try + 동명사]
(O ~하는 것을 시도하다)
(✗ ~ 하기 위해 노력하다)

③ 나는 오토바이를 타고 싶다.

→ I feel like [ ] a motorcycle.

[feel like + 동명사] '~하고 싶다'

④ 그 바닥을 쓰는 게 어때?

→ How about [ ] the floor?

[How about + 동명사] '~하는 게 어때'

⑤ 나는 너를 보기를 고대한다.

→ I look forward to [ ] you.

[look forward to + 동명사] '~을 고대하다'

서술형 유형 심화　　　　　　　　　　■ 다음 문장에서 틀린 부분을 고쳐 쓰시오.　　p.118 STEP 2에 나오는 문장 재확인

① I minded to bring a photograph.

→ [ ]　　나는 사진을 가지고 오는 것을 꺼렸다.

[mind + 동명사] '~하는 것을 꺼리다'

② I tried to open the door.

→ [ ]　　나는 그 문을 여는 것을 시도했다.

[try + 동명사] '~하는 것을 시도하다'

③ Layla is busy decorate her room.

→ [ ]　　Layla는 그녀의 방을 꾸미느라 바쁘다.

[be busy + 동명사] '~하느라 바쁘다'

④ We have trouble to post the letters.

→ [ ]　　우리는 그 편지들을 부치는 데 어려움을 겪는다.

[have trouble + 동명사] '~하는데 어려움을 겪다'

• 편지의 종류를 알아보아요!
　감사 편지: a thank-you letter
　업무 편지: a business letter
　항의 편지: a letter of complaint

서술형 유형 심화

■ 우리말에 맞게 고르고 문장을 쓰시오.

p.119 STEP 3에 나오는 문장 재확인

① 오늘밤 이 약을 먹을 것을 **(to take / taking)** 기억해라.

→ Remember to take this medicine tonight.

(✓ to take)
(✗ taking)

② 나는 새 신발을 사러 쇼핑을 갔다 **(shopping / shop)** .

→

(✓ shopping)
(✗ shop)

③ 그녀는 그 영화를 보고 **(to watch / watching)** 싶다.

→

(✓ watching)
(✗ to watch)

④ 나는 내 스스로를 자제하기 위해 노력했다 **(to control / controlling)** .

→

(✓ to control)
(✗ controlling)

⑤ 그들은 그 서비스를 제공하는 데 **(to provide / providing)** 어려움을 겪는다.

→

(✓ providing)
(✗ to provide)

⑥ 나는 그 휴대폰을 사용하는 것을 시도했다 **(tried to use / tried using)** .

→

(✓ tried using)
(✗ tried to use)

⑦ 어두운 색의 옷을 입는 게 **(wear / wearing)** 어때?

→

(✓ wearing)
(✗ wear)

⑧ 나는 그 질문을 할 것을 **(to ask / asking)** 잊어버렸다.

→

(✓ to ask)
(✗ asking)

분사의 역할과 쓰임

분사의 개념

분사는 동사원형에 -ing를 붙이거나(현재분사) -ed를 붙여(과거분사) 동사의 모양을 바꾼 형태이다.

동사		break	the window	그 창문을 깨뜨리다
현재분사	He is	breaking	the window.	그는 그 창문을 깨뜨리고 있다.
과거분사	the	broken	window	그 깨진 창문

분사의 의미와 형태

분사의 의미와 형태

[현재분사] 진행, 능동	[과거분사] 완료, 수동
동사원형 + ing	동사원형 + -ed 또는 불규칙 과거분사 형
fall 떨어지다 ↓ **falling** leaves 떨어지고 있는	fall 떨어지다 ↓ **fallen** leaves 떨어진

현재분사 vs. 동명사

현재분사	동명사
형용사 역할	명사 역할
~하는	~하는 것 ~하기 위한 (용도)
a sleeping baby (자고 있는 아기)	a sleeping bag (침낭)

역할1: 명사를 수식하는 분사

분사의 역할 1: 명사수식

분사는 형용사처럼 명사를 수식한다.

[현재분사]	**boring** <u>stories</u>	지루한 이야기들
[과거분사]	**bored** <u>students</u>	지루해진 학생들

★ 분사는 주로 명사 앞에서 명사를 수식하지만, 길이가 긴 분사구일 때는 명사의 뒤에서 수식한다.
This is the <u>onion</u> **fried by my dad**. 이것은 우리 아빠에 의해 튀겨진 양파이다.
→ 명사를 꾸며주는 분사구가 길기 때문에 명사 뒤에서 수식

역할2: 보어로 쓰이는 분사

분사의 역할 2: 보어로 쓰임

분사는 형용사처럼 주격보어와 목적격 보어로 쓰인다.

주격보어	주어 상태 설명	You	look	**bored.**	너는 지루해 보인다. → 주어 you가 지루한 상태
	주어 행위 설명		are	**cooking.**	너는 요리하고 있다. → 주어 you가 요리하는 행위
목적격 보어	목적어 상태 설명	I	hear	**my name**	**called.**	나는 내 이름이 불리는 것을 듣는다. → 목적어 my name이 불리는 상태
	목적어 행위 설명		see	**the boy**	**sleeping.**	나는 그 소년이 자고 있는 것을 본다. → 목적어 the boy가 자는 상태

→ 분사는 명사를 수식할 때와 목적격 보어로 쓰일 때, 그 해석이 달라진다.
I see the sleeping boy. 나는 자고 있는 그 소년을 본다. [명사 수식]

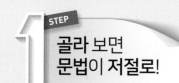

STEP 1

골라 보면 문법이 저절로!

-ing형태의 현재분사와 -ed형태의 과거분사가 형용사의 역할을 하여 명사를 수식하거나 보어로 쓰인다.

✓ 현재분사 vs. 과거분사

우리말에 맞는 분사 고르기

1 내 딸은 <u>춤추고 있는</u> 그 광대를 좋아한다.

My daughter likes the 〔 **dancing** / danced 〕 clown.

2 <u>자라는</u> 저 식물을 봐라.

Look at the 〔 growing / grown 〕 plants.

3 나는 <u>도난당한</u> 지갑을 찾고 있다.

I am looking for the 〔 stealing / stolen 〕 wallet.

4 나는 <u>수영하고 있는</u> 돌고래를 본다.

I see the 〔 swimming / swum 〕 dolphin.

5 이것은 우리 아빠에 의해 <u>구워진</u> 빵이다.

This is the bread 〔 baking / baked 〕 by my dad.

6 <u>삶아진</u> 그 계란을 먹어라.

Eat the 〔 boiling / boiled 〕 eggs.

✓ 분사의 역할

분사의 역할 고르기

1 I see the <u>running</u> rabbit. ☑ 명사수식 ☐ 보어로 쓰임

2 The lady is <u>pushing</u> the chair. ☐ 명사수식 ☐ 보어로 쓰임

3 I see them <u>jumping</u>. ☐ 명사수식 ☐ 보어로 쓰임

4 Look at the <u>singing</u> boy. ☐ 명사수식 ☐ 보어로 쓰임

5 Listen to the <u>following</u> question. ☐ 명사수식 ☐ 보어로 쓰임

6 I hear the students <u>screaming</u>. ☐ 명사수식 ☐ 보어로 쓰임

is my dad, man,
the working

영문장 → The working man is my dad.

우리말 → 일하고 있는 그 남자는 우리 아빠다.

1

see,
the standing lady, I

영문장 →

우리말 →

2

received, written by Min,
the letter, I, yesterday

영문장 →

우리말 →

3

we, dinner, had,
cooked by my mom

영문장 →

우리말 →

4

you, dinner,
are, making

영문장 →

우리말 →

5

My grandfather,
fishing, is

영문장 →

우리말 →

6

see, Jacob, I,
the sandwiches, eating

영문장 →

우리말 →

7

I, the children,
hear, crying

영문장 →

우리말 →

■ 주어진 단어를 활용하여 다음 우리말에 맞는 분사 문장을 쓰시오.

☑ 서술형 **기출**문제

> 인쇄된 그 종이를 봐라. (print, paper)

→ 분사는 -ing나 -ed, 또는 불규칙 과거분사 형태로, 명사를 수식하거나 보어로 쓰인다.

→   Look at the printed paper.

① 떨어지고 있는 저 나뭇잎들을 봐라.

(fall, those leaves)

→ Look at those falling leaves.

② 울리고 있는 그 전화기는 내 것이다.

(ring, phone)

→

③ 나는 수리된 자전거를 타고 있는 중이다.

(ride, fix)

→

④ 그는 편지를 쓰고 있는 중이다.

(write, a letter)

→

⑤ 나는 풍선을 불고 있는 중이다.

(blow up, a balloon)

→

⑥ 나는 그 사람들이 기다리고 있는 것을 본다.

(the people, wait)

→

⑦ 그들은 그 독수리가 날아가고 있는 것을 본다.

(the eagle, fly)

→

복습 프로그램
p. 123, 124, 125에서
배운 문장으로

교과서 **서술형 끝내기**

유형 기본 ➕

기본 + 심화 문제

서술형 유형 기본

■ 우리말에 맞게 문장을 완성하시오.　　p.123 **STEP 1**에 나오는 문장 재확인

① ▸ 이것은 우리 아빠에 의해 구워진 빵이다.

→ This is the bread [baked] by my dad.

(◌ 과거분사)
(✗ 현재분사)

② ▸ 삶아진 그 계란을 먹어라.

→ Eat the [　　　　　　　] eggs.

(◌ 과거분사)
(✗ 현재분사)

③ ▸ 내 딸은 춤추고 있는 그 광대를 좋아한다.

→ My daughter likes the [　　　　　　　] clown.

(◌ 현재분사)
(✗ 과거분사)

④ ▸ 나는 달리고 있는 그 토끼를 본다.

→ I see the [　　　　　　　] rabbit.

(◌ 현재분사)
(✗ 과거분사)

⑤ ▸ 학생들이 소리 지르고 있는 것을 듣는다.

→ I hear the students [　　　　　　　].

(◌ 현재분사)
(✗ 과거분사)

서술형 유형 심화

■ 다음 문장에서 틀린 부분을 고쳐 쓰시오.　　p.124 **STEP 2**에 나오는 문장 재확인

① The work man is my dad.

→ [　　　　　　　] 일하고 있는 그 남자는 우리 아빠다.

명사를 수식하는 현재분사 working

② I received the letter writing by Min yesterday.

→ [　　　　　　　] 나는 어제 Min에 의해 쓰여진 그 편지를 받았다.

명사를 수식하는 과거분사 written

③ My grandfather is fished.

→ [　　　　　　　] 우리 할아버지는 낚시하고 있는 중이다.

주격 보어로 쓰인 현재분사 fishing

④ I see Jacob ate the sandwiches.

→ [　　　　　　　] 나는 Jacob이 그 샌드위치를 먹고 있는 것을 본다.

목적격 보어로 쓰인 현재분사 eating

• 샌드위치 재료 단어를 알아봐요!
샌드위치에는 상추(lettuce),
베이컨(bacon), 올리브(olive),
소스(dressing) 등을 넣어요.

① 나는 수리된 **(fixing / fixed)** 자전거를 타고 있는 중이다.

→ I am riding a fixed bicycle.

(◐ fixed)
(✘ fixing)

② 그들은 그 독수리가 날아가고 있는 것을 **(flying / flied)** 본다.

→

(◐ flying)
(✘ flied)

③ 그는 편지를 쓰고 있는 중이다 **(writing / written)** .

→

(◐ writing)
(✘ written)

④ 울리고 있는 **(ringing / rung)** 그 전화기는 내 것이다.

→

(◐ ringing)
(✘ rung)

⑤ 나는 그 사람들이 기다리고 있는 것을 **(waiting / waited)** 본다.

→

(◐ waiting)
(✘ waited)

⑥ 떨어지고 있는 **(falling / fallen)** 저 나뭇잎들을 봐라.

→

(◐ falling)
(✘ fallen)

⑦ 인쇄된 **(printing / printed)** 그 종이를 봐라.

→

(◐ printed)
(✘ printing)

⑧ 나는 풍선을 불고 있는 중이다 **(blowing up / blown up)** .

→

(◐ blowing up)
(✘ blown up)

감정분사와 분사구문

분사의 쓰임

현재분사와 과거분사는 감정의 유발이나 상태를 나타낼 때 쓰인다.

| 현재분사 | The movie | is | boring. | 그 영화는 지루하다(지루하게 만든다). |
| 과거분사 | I | am | bored. | 나는 지루하다(지루하게 느낀다). |

1 **감정분사**

감정분사

감정 유발 또는 **상태**에 따라 보통 **주어**가 **사물**이면 **현재분사**를, **사람**이면 **과거분사**를 보어로 쓴다.

현재분사 감정 유발 '~을 느끼게 만드는'		과거분사 감정 상태 '~을 느끼는'	
	confusing. 혼란스럽게 만드는		confused. 혼란스럽게 느끼는
	boring. 지루하게 만드는		bored. 지루하게 느끼는
	satisfying. 만족하게 만드는		satisfied. 만족스럽게 느끼는
	shocking. 충격적으로 만드는		shocked. 충격적으로 느끼는
Your story is 네 이야기는	surprising. 놀라게 만드는	**You** are 너는	surprised. 놀랍게 느끼는
	pleasing. 기쁘게 만드는		pleased. 기쁘게 느끼는
	exciting. 재미있게 만드는		excited. 재미있게 느끼는
	touching. 감동적으로 만드는		touched. 감동적으로 느끼는
	disappointing. 실망하게 만드는		disappointed. 실망스럽게 느끼는
	amazing. 놀라게 만드는		amazed. 놀랍게 느끼는

2 **분사구문**

분사구문

분사를 사용하여 접속사가 포함된 부사절을 부사구로 바꿀 수 있으며, 이를 분사구문이라고 한다.

When I watched TV , I fell asleep.	
~~When~~ I watched TV, I fell asleep.	① 접속사 When 생략
~~I~~ watched TV, I fell asleep.	② 부사절의 주어 I 생략 (주절의 주어와 같을 경우)
Watching TV , I fell asleep. [분사구문] TV를 볼 때, 나는 잠이 들었다.	③ 부사절의 동사를 -ing(현재분사) 형태로 바꾸기

● [being + 과거분사]에서 being 생략 가능
~~As I was~~ (Being) Depressed, I cried.
우울해서, 나는 울었다.

★ 접속사의 종류에 따라 시간, 이유 등의 다양한 의미가 있다.

시간: when, while, as... / 이유: because, since... / 양보: if...

→ ~~When I~~ Sleeping deeply, I heard someone yelling.
곤히 자고 있을 때, 나는 누군가 소리치고 있는 것을 들었다.

STEP 1

골라 보면 문법이 저절로!

감정분사는 감정을 유발하는지 느끼는지에 따라 현재분사와 과거분사가 구별된다.
부사절을 간소화한 분사구문을 이해한다.

감정분사

현재분사와 과거분사 고르기

1	나는 혼란스러웠다.	I was confusing / (confused) .

2 그 축구 경기는 재미있었다.　　The soccer match was   exciting / excited .

3 그 영화는 감동적이었다.　　The movie was   touching / touched .

4 그녀는 실망했다.　　She was   disappointing / disappointed .

5 나는 매우 지루했다.　　I was very   boring / bored .

6 그 행사는 만족스러웠다.　　The event was   satisfying / satisfied .

분사구문

올바른 사용 여부 고르기

1 　Watched　 TV, I fell asleep.　　☐ O　　☑ X

2 　Turn　 to the right, you will find the bookstore.　　☐ O　　☐ X

3 　Singing　 pop songs, she jogs.　　☐ O　　☐ X

4 　Wait　 for his child, he was at home.　　☐ O　　☐ X

5 　Driving　 my car, I listen to the music.　　☐ O　　☐ X

6 　Talk　 to each other, we had snacks.　　☐ O　　☐ X

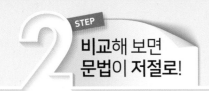
네 이야기는 / 이다 / <u>충격적으로 만드는</u>.

Your story is ~~shocking~~ / shocked .

1

너는 / 이다 / <u>충격적으로 느끼는</u>.

You are shocking / ~~shocked~~ .

나는 / 이다 / <u>감동적으로 느끼는</u>.

I am touching / touched .

2

그 책은 / 이다 / <u>감동적으로 만드는</u>.

The book is touching / touched .

우리는 / 이다 / <u>만족스럽게 느끼는</u>.

We are satisfying / satisfied .

3

그 서비스는 / 이다 / <u>만족하게 만드는</u>.

The service is satisfying / satisfied .

그녀는 / 이다 / <u>혼란스럽게 느끼는</u>.

She is confusing / confused .

4

그 질문은 / 이다 / <u>혼란스럽게 만드는</u>.

The question is confusing / confused .

그 수업은 / 이다 / <u>지루하게 만드는</u>.

The class is boring / bored .

5

나는 / 이다 / <u>지루하게 느끼는</u>.

I am boring / bored .

그 소식은 / 이다 / <u>놀라게 만드는</u>.

The news is surprising / surprised .

6

그들은 / 이다 / <u>놀랍게 느끼는</u>.

They are surprising / surprised .

그들은 / 이다 / <u>기쁘게 느끼는</u>.

They are pleasing / pleased .

7

그 선물들은 / 이다 / <u>기쁘게 만드는</u>.

The presents are pleasing / pleased .

그 풍경은 / 이다 / <u>놀라게 만드는</u>.

The view is amazing / amazed .

8

나는 / 이다 / <u>놀랍게 느끼는</u>.

I am amazing / amazed .

우리는 / 이다 / <u>실망스럽게 느끼는</u>.

We are disappointing / disappointed .

9

그것은 / 이다 / <u>실망하게 만드는</u>.

It is disappointing / disappointed .

그 게임은 / 이다 / <u>재미있게 만드는</u>.

The game is exciting / excited .

10

그는 / 이다 / <u>재미있게 느끼는</u>.

He is exciting / excited .

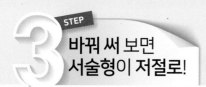

■ 다음 문장을 분사구문으로 바꿔 쓰시오.

☑ 서술형 **기출**문제

> As she called my name, she smiled at me.

→ ➡ 분사구문은 접속사와 부사절
주어를 생략하고, 부사절
동사를 현재분사 형태로
바꾼 구문이다.

→   Calling my name, she smiled at me.

① When I cleaned my room, I found a pen.

→ Cleaning my room, I found a pen.

② When I changed my clothes, I listened to the radio.

→

③ When we choose something, we have to consider.

→

④ When I am sick, I want to sleep a lot.

→

⑤ As we walked along the street, we found the restaurant.

→

⑥ When I rode a bike, I felt the fresh air.

→

⑦ As I ate ice cream, I watched TV.

→

■ 마무리 해석확인

[보기] 내 이름을 부르면서, 그녀는 내게 웃어 주었다.   ① 내 방을 청소했을 때, 나는 펜 하나를 찾았다.   ② 옷을 갈아 입고 있을 때, 나는 라디오를 들었다.   ③ 무언가를 선택할 때, 우리는 심사숙고를 해야 한다.   ④ 아플 때, 나는 잠을 많이 자고 싶다.   ⑤ 길을 걸어가면서, 우리는 그 음식점을 찾았다.   ⑥ 자전거를 탈 때, 나는 신선한 공기를 느꼈다.   ⑦ 아이스크림을 먹으면서, 나는 TV를 봤다.

교과서 **서술형 끝내기**

서술형 유형 기본

■ 우리말에 맞게 문장을 완성하시오.   p.129 **STEP 1에 나오는 문장 재확인**

① 나는 혼란스러웠다.

→ I was [confused] .

(○ 감정 상태)
(✗ 감정 유발)

② 그 행사는 만족스러웠다.

→ The event was [   ] .

(○ 감정 유발)
(✗ 감정 상태)

③ 그녀는 실망했다.

→ She was [   ] .

(○ 감정 상태)
(✗ 감정 유발)

④ 그 축구 경기는 재미있었다.

→ The soccer match was [   ] .

(○ 감정 유발)
(✗ 감정 상태)

⑤ 나는 매우 지루했다.

→ I was very [   ] .

(○ 감정 상태)
(✗ 감정 유발)

서술형 유형 심화

■ 다음 문장에서 틀린 부분을 고쳐 쓰시오.   p.130 **STEP 2에 나오는 문장 재확인**

① The book is touched.

→ [   ]   그 책은 감동적이다.

그 책이 감동을 주므로 현재분사를 씀

② We are satisfying.

→ [   ]   우리는 만족한다.

사람이 만족을 느끼므로 과거분사를 씀

③ It is disappointed.

→ [   ]   그것은 실망스럽다.

그것이 실망하게 하므로 현재분사를 씀

④ The view is amazed.

→ [   ]   그 풍경은 놀랍다.

그 풍경이 놀라게 하므로 현재분사를 씀

• view의 여러 뜻을 살펴봐요!
풍경, 사진, 관점, 의견,
보다 등 여러 뜻이 있네요!

서술형 유형 심화 　　■ 우리말에 맞게 고르고 분사구문 문장을 쓰시오. 　p.131 STEP 3에 나오는 문장 재확인

① 길을 걸어가면서 **(Walking / Walked)** , 우리는 그 음식점을 찾았다.

→ Walking along the street, we found the restaurant.

(◯ Walking)
(✘ Walked)

② 옷을 갈아 입고 있을 때 **(Being change / Changing)** , 나는 라디오를 들었다.

→

(◯ Changing)
(✘ Being change)

③ 아플 때 **(Sicking / Being sick)** , 나는 잠을 많이 자고 싶다.

→

(◯ Being sick)
(✘ Sicking)

④ 아이스크림을 먹으면서 **(Eating / Eat)** , 나는 TV를 봤다.

→

(◯ Eating)
(✘ Eat)

⑤ 내 이름을 부르면서 **(Being called / Calling)** , 그녀는 내게 웃어 주었다.

→

(◯ Calling)
(✘ Being called)

⑥ 무언가를 선택할 때 **(Choose / Choosing)** , 우리는 심사숙고를 해야 한다.

→

(◯ Choosing)
(✘ Choose)

⑦ 자전거를 탈 때 **(To ride / Riding)** , 나는 신선한 공기를 느꼈다.

→

(◯ Riding)
(✘ To ride)

⑧ 내 방을 청소했을 때 **(Cleaning / To cleaning)** , 나는 펜 하나를 찾았다.

→

(◯ Cleaning)
(✘ To cleaning)

[01-02] 다음 빈칸에 알맞은 말을 고르시오.

1

| I avoid _____ chopsticks. |

① used   ② to using   ③ using
④ to use   ⑤ being used

2

| Look at the _____ picture frame. |

① broke   ② broken   ③ to breaking
④ being break ⑤ break

[03-04] 다음 빈칸에 공통으로 들어갈 말을 고르시오.

3

• I avoid _____ my blanket here.
 (나는 여기에 내 담요를 가져오는 것을 피한다.)
• I had difficulty _____ my cat here.
 (나는 내 고양이를 여기에 데려오는 데 어려움을 겪었다.)

① bringing   ② bring   ③ brought
④ to bring   ⑤ being brought

4

• The _____ kangaroo is cute.
• I see my brother _____.

① jumped   ② jump   ③ to jump
④ jumping   ⑤ jumpped

[05-06] 다음 중 어법상 **틀린** 것을 고르시오.

5

① I practice ski.
② My job is teaching math.
③ I am busy working hard.
④ Going shopping with her is fun.
⑤ I suggest starting a new project.

6

① This is a fried egg.
② I watch him swimming.
③ I hear the students screaming.
④ Look at the barbecued meat.
⑤ This is the bread baking by my dad.

7 다음 중 우리말을 영어로 가장 잘 옮긴 것은?

그 결과가 만족스럽다.

① The result is satisfy.
② The result is satisfied.
③ The result is satisfying.
④ The result is being satisfied.
⑤ The result is to satisfy.

[08-10] 다음 중 쓰임이 **다른** 문장을 고르시오.

8

① They enjoy <u>exercising</u>.
② She dislikes <u>getting up</u> early.
③ I avoid <u>smoking</u>.
④ <u>Making</u> a plan is important.
⑤ I finished <u>doing</u> my homework.

9

① She is good at <u>designing</u> shoes.
② My dream is <u>driving</u> a sports car.
③ He is thinking of <u>buying</u> me a present.
④ We talked about <u>getting</u> married.
⑤ I look forward to <u>hearing</u> from you.

10

① I watched my friend <u>taking</u> a picture.

② They are <u>dancing</u>.

③ I see my husband <u>cooking</u>.

④ You look <u>surprised</u>.

⑤ I am looking for my <u>stolen</u> wallet.

11 빈칸 ⓐ~ⓒ에 들어갈 말이 바르게 짝지어진 것은?

- I ___ⓐ___ a dessert.
  (나는 디저트를 먹고 싶다.)
- I ___ⓑ___ the furniture.
  (나는 그 가구를 옮기기 위해 노력했다.)
- The TV show is ___ⓒ___ .
  (그 TV쇼는 지루하다.)

① feel like have - tried - bored

② feel like to have - tried to move - boring

③ feel like having - tried to move - boring

④ feel like having - tried moving - bored

⑤ fee like to have - tried moving - bored

[12-13] 다음 문장을 분사구문으로 바르게 바꾼 것을 고르시오.

12

As I drank water, I talked on the phone.
(물을 마시면서, 나는 전화 통화를 했다.)

① I was drinking water, I talked on the phone.

② Was drinking water, I talked on the phone.

③ Drinking water, I talked on the phone.

④ As I was drinking water, talked on the phone.

⑤ As I was drinking water, talking on the phone.

13

When I took the train, I found her.
(그 기차를 탔을 때, 나는 그녀를 발견했다.)

① When took the train, I found her.

② Took the train, I found her.

③ I taking the train, I found her.

④ Taking the train, I found her.

⑤ Taken the train, I found her.

서술형 대비 문제

[14-15] 다음 문장을 우리말에 맞게 쓰시오.

14

A: What do you want to eat?

B: Why don't we have pasta?
　(나는 파스타를 먹고 싶어.)

→

15

A: Did you hear the news?

B: Yes. (나는 충격을 받았어.)

→

16 다음 글을 읽고 틀린 부분을 찾아 고쳐 쓰시오.

I decided playing with her at the amusement park. She looked exciting to go there. The place was amazed. I enjoyed to take many pictures.

(1) I decided _____

_____

(2) She _____

(3) The place _____

(4) I enjoyed _____

17 다음 그림을 보고 주어진 단어들을 사용하여 동명사나 분사 문장을 완성하시오.

- be interested in, buy stamps
- collect stamps
- look forward to, collect
- bring, from France

(1) My hobby is _____ .

(2) I _____ .

(3) This is my favorite stamp _____

_____ .

(4) I _____ more stamps.

한 장의 사진으로 보는
문법이 쓰기다

 써 봐!

우리는 그 커튼을 교체하는 것에 대해 이야기했다.

→

UNIT 01 동명사의 역할과 쓰임

커튼을 쳐요!
햇살이 너무 눈부시네요.
커튼을 치니까
따뜻하고 조용하기까지 하네요!

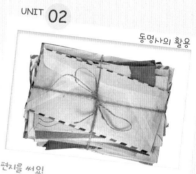

 써 봐!

우리는 편지들을 부치는 데 어려움을 겪는다.

→

UNIT 02 동명사의 활용

편지를 써요!
메일이나 문자를 보내느라 손편지를 안 쓰진 않나요?
지금 당장 소중한 사람에게 손편지 한 장 어떠세요?

UNIT 03 분사의 역할과 쓰임

샌드위치 좀 먹을래?
출출할 땐 샌드위치가 딱이죠! 참치 샌드위치,
감자 샌드위치… 어떤 샌드위치를 좋아하나요?

 써 봐!

나는 Jacob이 그 샌드위치를 먹고 있는 것을 본다.

→

UNIT 04 감정분사와 분사구문

야야! 뭐가 보여?
우와~ 망원경으로 보는 저 풍경이 굉장하다!
저 멀리 초원에서 말들이 풀을 뜯어 먹고 있어!

써 봐!

그 풍경은 놀랍다.

→

정답 **UNIT 01.** We talked about changing the curtains.　　**UNIT 02.** We have trouble posting the letters.
UNIT 03. I see Jacob eating the sandwiches.　　**UNIT 04.** The view is amazing.

Part 7

비교급과 최상급

형용사와 부사의 용법과 역할을 살펴봅니다.

그리고 형용사와 부사의 원급이나 비교급, 최상급을 활용하여,

두 가지 대상을 비교하거나 최상의 의미를 표현하는 문장을 정확히 씁니다.

UNIT 1 형용사와 부사

구성	기초 항목	서술형 유형
STEP 1	조건과 우리말에 맞게 고르기	
STEP 2	비교하며 고르기	
STEP 3		문장 고쳐 쓰기
서술형 끝내기		문장 완성, 문장 고쳐 쓰기

UNIT 2 비교급 표현

구성	기초 항목	서술형 유형
STEP 1	형태와 올바른 사용 여부 고르기	
STEP 2	비교하며 고르기	
STEP 3		우리말 영작하기
서술형 끝내기		문장 완성, 문장 고쳐 쓰기

UNIT 3 최상급 표현

구성	기초 항목	서술형 유형
STEP 1	올바른 사용 여부와 형태 고르기	
STEP 2	비교하며 고르기	
STEP 3		우리말 영작하기
서술형 끝내기		문장 완성, 문장 고쳐 쓰기

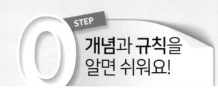

형용사와 부사의 개념

형용사는 명사를 수식하거나 주어, 목적어를 보충 설명하고, 부사는 동사, 형용사, 다른 부사, 문장 전체를 수식한다.

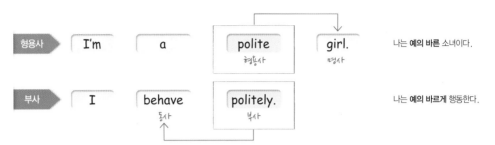

| 형용사 | I'm | a | polite 형용사 | girl. 명사 | 나는 **예의 바른** 소녀이다. |

| 부사 | I | behave 동사 | politely. 부사 | 나는 **예의 바르게** 행동한다. |

1 형용사의 용법

형용사의 용법

한정적 용법: 명사 수식	① 명사 앞에서 수식	Tell me the **important** information. 명사	중요한 정보를 내게 말해줘.
	② 명사 뒤에서 수식	Tell me the information **important for you**. 명사	네게 중요한 정보를 내게 말해줘.
서술적 용법: 주어나 목적어를 보충 설명	③ 주격보어 (주어 설명)	The performance is **amazing**. 주어(명사)	그 무대는 놀랍다.
	④ 목적격 보어 (목적어 설명)	He makes me **happy**. 목적어(대명사)	그는 나를 행복하게 만든다.

2 부사의 역할

부사의 역할

① 동사 수식	I touch this **softly**. 동사 나는 이것을 부드럽게 만진다.	③ 다른 부사 수식	I sleep **very** early. 부사 나는 매우 빨리 잔다.
② 형용사 수식	I'm **really** upset. 형용사 나는 매우 화가 난다.	④ 문장 전체 수식	**Sadly**, I failed the exam. 문장 전체 슬프게도, 나는 그 시험에서 떨어졌다.

3 형용사와 부사

형용사와 부사

형용사와 부사의 형태가 같은 단어가 있다. 이 형용사와 부사에 -ly를 붙여 만든 부사의 뜻이 달라질 수 있다.

late	[형] 늦은	I was late for school.	나는 학교에 늦었다.
	[부] 늦게	She came home late.	그녀는 집에 늦게 왔다.
lately	[부] 최근에	It's cold lately.	최근에 날씨가 춥다.
hard	[형] 열심인	I am a hard worker.	나는 열심히 일하는 사람이다.
	[부] 열심히	I study hard.	나는 열심히 공부를 한다.
hardly	[부] 거의 ~ 않다	He can hardly walk well.	그는 거의 잘 걸을 수 없다.
high	[형] 높은	I wear high heels.	나는 굽이 높은 신발을 신는다.
	[부] 높이	I can jump high.	나는 높이 점프할 수 있다.
highly	[부] 매우	She is highly intelligent.	그녀는 매우 똑똑하다.

✔ 형용사의 용법과 부사의 역할

조건에 맞는 대상 고르기

1 Give me something <u>delicious</u>. (수식하는 대상)

내게 맛있는 것을 줘. ⟶ -thing, -one, -body로 끝나는
(대)명사는 형용사가 뒤에서 수식한다.

☐ me   ☑ something

2 This book is <u>useful</u>. (설명하는 대상)

이 책은 유용하다.

☐ This book   ☐ is

3 She made me <u>disappointed</u>. (설명하는 대상)

그녀는 나를 실망하게 만들었다.

☐ She   ☐ me

4 I am <u>terribly</u> sorry. (수식하는 대상)

나는 아주 미안하다.

☐ I   ☐ sorry

5 It shines <u>very</u> brightly. (수식하는 대상)

그것은 매우 밝게 빛난다.

☐ shines   ☐ brightly

✔ 형용사와 부사

우리말에 맞게 고르기

1 그 기차가 <u>늦었다</u>.

The train was [late / lately] .

2 그 서점은 <u>늦게</u> 열었다.

The bookstore opened [late / lately] .

3 그 가격이 <u>최근에</u> 올랐다.

The price has risen [late / lately] .

4 저 <u>높은</u> 산을 봐라.

Look at the [high / highly] mountain.

5 그녀는 <u>열심히</u> 일한다.

She works [hard / hardly] .

6 나는 <u>거의 울지 않는다</u>.

I [hard / hardly] cry.

1

그녀는 / 했다 / <u>긴급한</u> 전화를.

She made the (urgent) / urgently call.

그녀는 / 했다 / 전화를 / <u>긴급하게</u>.

She made the call urgent / (urgently) .

2

그 침대는 / 이다 / <u>편안한</u>.

The bed is comfortable / comfortably .

누워라 / 침대에 / <u>편안하게</u>.

Lie in the bed comfortable / comfortably .

3

그것은 / 움직인다 / <u>매끄럽게</u>.

It moves smooth / smoothly .

그것은 / 보여준다 / <u>매끄러운</u> 움직임을.

It shows smooth / smoothly moves.

4

그것은 / 설명한다 / 문법을 / <u>간단하게</u>.

It explains grammar simple / simply .

그것은 / 설명한다 / <u>간단한</u> 문법을.

It explains simple / simply grammar.

5

나는 / 들었다 / <u>시끄러운</u> 비명을.

I heard the loud / loudly scream.

나는 / 들었다 / 그들이 비명지르는 것을 / <u>시끄럽게</u>.

I heard them scream loud / loudly .

6

그녀의 시험 점수는 / 이다 / <u>높은</u>.

Her test score is high / highly .

그 뜨거운 냄비는 / 이다 / <u>매우</u> / 위험한.

The hot pot is high / highly dangerous.

7

그녀는 / 였다 / <u>늦은</u>.

She was late / lately .

그녀는 / 잤다 / <u>늦게</u>.

She slept late / lately .

8

그녀는 / 공부한다 / <u>열심히</u>.

She studies hard / hardly .

그녀는 / <u>거의 ~ 않다</u> / 공부한다.

She hard / hardly studies.

9

이다 / 추운 / <u>최근에</u>.

It's freezing late / lately .

눈이 / 내렸다 / <u>늦게</u> / 밤에.

Snow fell late / lately at night.

10

그들은 / 운동한다 / <u>열심히</u>.

They exercise hard / hardly .

그들은 / <u>거의 ~ 않다</u> / 운동한다.

They hard / hardly exercise.

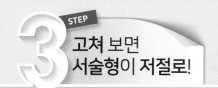

■ 다음 우리말을 보고 **틀린** 부분을 고쳐 쓰시오.

☑ 서술형 **기출**문제

그녀는 쉽게 화가 난다.

→ She becomes upset easy.

형용사와 부사 형태가 같은 단어가 있으며, 이 형용사와 부사에 -ly를 붙여 만든 부사의 뜻이 달라질 수 있다.

→   She becomes upset easily.

---

1 그 영화는 나를 슬프게 만든다.

The movie makes me sadly.

→ The movie makes me sad.

2 나는 이상한 사람을 봤다.

I saw someone strangely.

→

3 나는 네게 진심으로 사과한다.

I true apologize to you.

→

4 비가 정말 많이 온다.

It rains very heavy.

→

5 갑자기, 그녀는 집을 나갔다.

Sudden, she left home.

→

6 나는 거의 컴퓨터 게임을 하지 않는다.

I hard play computer games.

→

7 내 남동생이 학교에 늦었다.

My brother was lately for school.

→

문법이 쓰기다

복습 프로그램
p. 139, 140, 141에서
배운 문장으로

교과서 서술형 끝내기

유형 기본 ⊕
기본 + 심화 문제

서술형 유형 기본

■ 우리말에 맞게 문장을 완성하시오.　　p.139　**STEP 1**에 나오는 문장 재확인

① 이 책은 유용하다.

→ This book is [useful] .

주어 this book을 보충 설명하는 형용사
useful

② 그녀는 나를 실망하게 만들었다.

→ She made me [ ] .

목적어 me를 보충 설명하는 형용사
disappointed

③ 내게 맛있는 것을 줘.

→ Give me something [ ] .

명사 something을 수식하는 형용사
delicious

④ 나는 아주 미안하다.

→ I am [ ] sorry.

형용사 sorry를 수식하는 부사 terribly

⑤ 그것은 매우 밝게 빛난다.

→ It shines [ ] brightly.

부사 brightly를 수식하는 부사 very

서술형 유형 심화

■ 다음 문장에서 틀린 부분을 고쳐 쓰시오.　　p.140　**STEP 2**에 나오는 문장 재확인

① It moves smooth.

→ [ ]　　그것은 매끄럽게 움직인다.

부사 smoothly '매끄럽게'

② I heard the loudly scream.

→ [ ]　　나는 시끄러운 비명을 들었다.

형용사 loud '시끄러운'

③ She studies hardly.

→ [ ]　　그녀는 열심히 공부한다.

부사 hard '열심히'

④ The hot pot is high dangerous.

→ [ ]　　그 뜨거운 냄비는 매우 위험하다.

부사 highly '매우'

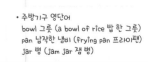

• 주방기구 영단어
bowl 그릇 (a bowl of rice 밥 한 그릇)
pan 납작한 냄비 (frying pan 프라이팬)
jar 병 (jam jar 잼 병)

| 서술형 유형 심화 | ■ 우리말에 맞게 고르고 형용사나 부사가 들어가는 문장을 쓰시오. | p.141 STEP 3에 나오는 문장 재확인 |

① 나는 이상한 **(strange / strangely)** 사람을 봤다.

→ I saw someone strange.

(◑ strange)
(✘ strangely)

② 그 영화는 나를 슬프게 **(sad / sadly)** 만든다.

→

(◑ sad)
(✘ sadly)

③ 갑자기 **(Sudden / Suddenly)**, 그녀는 집을 나갔다.

→

(◑ Suddenly)
(✘ Sudden)

④ 비가 정말 많이 **(heavy / heavily)** 온다.

→

(◑ heavily)
(✘ heavy)

⑤ 내 남동생이 학교에 늦었다 **(late / lately)**.

→

(◑ late)
(✘ lately)

⑥ 그녀는 쉽게 **(easy / easily)** 화가 난다.

→

(◑ easily)
(✘ easy)

⑦ 나는 네게 진심으로 **(true / truly)** 사과한다.

→

(◑ truly)
(✘ true)

⑧ 나는 거의 **(hard / hardly)** 컴퓨터 게임을 하지 않는다.

→

(◑ hardly)
(✘ hard)

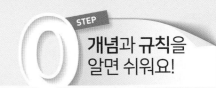

비교급과 원급을 이용한 비교급 표현

비교급과 원급을 이용해서 두 대상을 비교할 수 있다.

| 비교급 이용 | She is | more beautiful than | you. | 그녀는 너보다 더 아름답다. |
| 원급 이용 | | as beautiful as | | 그녀는 너만큼 아름답다. |

---

1 비교급을 이용한 비교급 표현

비교급 이용

[비교급 + than]을 이용해서 두 대상을 비교하는 '~**보다** ···**한**'이라는 의미의 비교급 문장을 만들 수 있다.

	형용사/부사 비교급	than		
She is	**more diligent**	**than**	you.	그녀는 너보다 더 부지런하다.

★ 비교 대상은 서로 같은 형태나 성격이어야 한다.

My score is better than yours / ~~you~~ . 내 점수는 네 것보다 더 낫다.

★ 비교급 앞에 much, far, a lot을 붙이면 '훨씬 더 ~한'이라는 뜻이 되며, 비교급을 강조한다.

He is much / far / a lot stronger than her. 그는 그녀보다 훨씬 더 강하다.

---

2 원급을 이용한 비교급 표현

원급을 이용

as와 원급을 이용해서 두 대상을 비교하는 '~**만큼** ···**한/하지 않은**'이라는 의미의 비교급 문장을 만들 수 있다.

		형용사/부사 원급			
긍정문	He is	**as**			그는 너만큼 유명하다.
			famous	**as** you.	
부정문		**not** **as/so**			그는 너만큼 유명하지 않다.

★ 동사가 be동사이면 as/so와 as 사이에 형용사를, 일반동사이면 부사를 취한다.

This sofa is as comfortable as / ~~as comfortably as~~ that sofa. 이 소파는 저 소파만큼 편안하다.

I can't speak many languages ~~so good as~~ / so well as him. 나는 그만큼 많은 언어를 잘 구사할 수 없다.

★ [as ~ as + 주어 + can]은 '~가 할 수 있는 한'이라는 뜻으로 [as ~ as possible]로 바꿀 수 있다.

I will swim as fast as I can. 나는 내가 할 수 있는 한 빠르게 수영할 것이다.
= I will swim as fast as possible.

🔖 **원급 비교 관용 표현**
as ~ as possible 가능한 ~하게
as early as possible 가능한 일찍
as quickly as possible 가능한 빨리

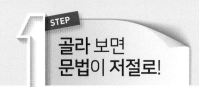

비교급을 이용한 비교급 문장

알맞은 비교급 형태 고르기

1 Your bed is ⬚⬚⬚⬚⬚ mine.

네 침대는 내 것보다 더 편하다.

☑ more comfortable than

☐ comfortable than

2 This book is ⬚⬚⬚⬚⬚ that book.

이 책은 저 책보다 더 유용하다.

☐ useful than

☐ more useful than

3 A program is ⬚⬚⬚⬚⬚ B program.

A 프로그램이 B 프로그램보다 더 도움이 된다.

☐ helpful than

☐ more helpful than

4 My boyfriend is ⬚⬚⬚⬚⬚ yours.

내 남자친구는 네 남자친구보다 훨씬 더 잘생겼다.

☐ much more handsome than

☐ many more handsome than

5 He is ⬚⬚⬚⬚⬚ her.

그는 그녀보다 훨씬 더 상냥하다.

☐ each friendlier than

☐ much friendlier than

원급을 이용한 비교급 문장

올바른 사용 여부 고르기

1 He can speak English <u>as fluently as</u> I.

☑ O   ☐ X

2 He is <u>so serious as</u> my mom.

☐ O   ☐ X

3 She wakes up <u>early as</u> I.

☐ O   ☐ X

4 My grandmother <u>isn't as healthier as</u> me.

☐ O   ☐ X

5 Your cake is <u>not as sweet as</u> mine.

☐ O   ☐ X

6 I can't ride a motorcycle <u>well as</u> you.

☐ O   ☐ X

interesting

이 TV쇼는 / 이다 / 재미있는.

This TV show is [interesting].

이 TV쇼는 / 이다 / 더 재미있는 / 그 책보다.

This TV show is
[more interesting than] that the book.

---

1 scary

그 영화는 / 이다 / 무서운.

The movie is [   ].

저 영화는 / 이다 / 더 무서운 / 이 이야기보다.

That movie is [   ] this story.

---

2 creative

그녀는 / 이다 / 창의적인.

She is [   ].

그녀는 / 이다 / 더 창의적인 / 그보다.

She is [   ] him.

---

3 deep

그 바다는 / 이다 / 깊은.

The sea is [   ].

그 바다는 / 이다 / 더 깊은 / 그 연못보다.

The sea is [   ] the pond.

---

4 fast

나는 / 달릴 수 있다 / 빠르게.

I can run [   ].

나는 / 달릴 수 있다 / 빠르게 / 너만큼.

I can run [   ] you.

---

5 cheap

이 드레스는 / 이다 / 싼.

This dress is [   ].

이 드레스는 / 이다 / 싼 / 저 모자만큼.

This dress is [   ] that hat.

---

6 busy

오늘은 / ~가 아니다 / 바쁜.

Today is not [   ].

오늘은 / ~가 아니다 / 바쁜 / 어제만큼.

Today is not [   ] yesterday.

---

7 expensive

내 차는 / ~가 아니다 / 비싼.

My car isn't [   ].

내 차는 / ~가 아니다 / 비싼 / 네 것만큼.

My car isn't [   ] yours.

■ 주어진 단어를 활용하여 다음 우리말에 맞는 비교급 문장을 쓰시오.

☑ 서술형 **기출**문제

아프리카는 한국보다 더 덥다. (Africa, hot)

→ 비교급과 원급을 이용해서 두 대상을 비교하는 비교급 문장을 만들 수 있다.

→   Africa is hotter than Korea.

① 네 점수가 내 것보다 더 안 좋다. (your score, bad, mine)

→ Your score is worse than mine.

② 우리 학교는 네 학교보다 더 오래되었다. (our school, old)

→

③ 내 가방이 네 가방보다 훨씬 더 가볍다. (light)

→

④ 코끼리는 병아리보다 훨씬 더 무겁다. (elephants, heavy, chicks)

→

⑤ 나는 비틀즈만큼 노래를 잘 부른다. (sing, the Beatles)

→

⑥ 나는 컴퓨터만큼 빨리 계산할 수 있다. (calculate, a computer)

→

⑦ 그 여배우는 나만큼 귀엽지 않다. (the actress, cute)

→

서술형 유형 기본

■ 우리말에 맞게 주어진 단어를 이용하여 문장을 완성하시오.

p.145 **STEP 1에 나오는 문장 재확인**

| serious | friendly | comfortable | healthy |

① 네 침대는 내 것보다 더 편하다.

→ Your bed is [more comfortable than] mine.

[비교급 + than]

② 그는 그녀보다 훨씬 더 상냥하다.

→ He is [   ] her.

[much/far/a lot + 비교급 + than]

③ 그는 우리 엄마만큼 진지하다.

→ He is [   ] my mom.

[as + 형용사/부사 + as]

④ 우리 할머니는 나만큼 건강하지 않으시다.

→ My grandmother isn't [   ] me.

[not + as/so + 형용사/부사 + as]

서술형 유형 심화

■ 다음 문장에서 틀린 부분을 고쳐 쓰시오.

p.146 **STEP 2에 나오는 문장 재확인**

① She is creative than him.

→ [   ]   그녀는 그보다 더 창의적이다.

creative의 비교급 형태인 more creative를 씀

② I can run as fastly as you.

→ [   ]   나는 너만큼 빠르게 달릴 수 있다.

일반동사가 오면 as와 as 사이에 부사가 옴

③ This dress is so cheap as that hat.

→ [   ]   이 드레스는 저 모자만큼 싸다.

긍정문은 [as ~ as]를 씀

④ The sea is deep than the pond.

→ [   ]   그 바다는 그 연못보다 더 깊다.

deep의 비교급 형태인 deeper를 씀

• 물과 관련된 영단어
stream 개울
river 강
valley 계곡
flow 흐르다

서술형 유형 심화 ■ 우리말에 맞게 고르고 비교급 문장을 쓰시오. p.147 **STEP 3에 나오는 문장 재확인**

① 네 점수가 내 것보다 더 안 좋다 **(bad / worse than)** .

→ Your score is worse than mine.

(◯ worse than)
(✗ bad)

② 나는 컴퓨터만큼 빨리 **(as fast as / so fast as)** 계산할 수 있다.

→

(◯ as fast as)
(✗ so fast as)

③ 내 가방이 네 가방보다 훨씬 더 가볍다 **(much lighter than / very lighter than)** .

→

(◯ much lighter than)
(✗ very lighter than)

④ 아프리카는 한국보다 더 덥다 **(hot / hotter than)** .

→

(◯ hotter than)
(✗ hot)

⑤ 나는 비틀즈만큼 노래를 잘 **(as good as / as well as)** 부른다.

→

(◯ as well as)
(✗ as good as)

⑥ 코끼리는 병아리보다 훨씬 더 무겁다 **(many heavier than / a lot heavier than)** .

→

(◯ a lot heavier than)
(✗ many heavier than)

⑦ 우리 학교는 네 학교보다 더 오래되었다 **(old / older than)** .

→

(◯ older than)
(✗ old)

⑧ 그 여배우는 나만큼 귀엽지 않다 **(not as cute as / not cute as)** .

→

(◯ not as cute as)
(✗ not cute as)

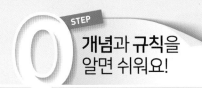

최상급과 비교급을
이용한 **최상급 표현**

최상급과 비교급을 이용해서 최상 의미를 나타내는 문장을 만들 수 있다.

최상급 이용

1 최상급을 이용한
최상급 표현

[the + 최상급]이나 [one of the + 최상급]으로 최상급 문장을 만들 수 있다.

	the	최상급 (+ 단수명사)		그는 이 반에서 **가장 똑똑하다.** (그는 이 반에서 가장 똑똑한 학생이다.)
He is	the	smartest (student)	in this class.	
	one of the	**최상급 + 복수명사**		그는 이 반에서 **가장 키가 큰 학생들 중 한 명이다.**
	one of the	tallest students		

He is ~~healthier~~ / the healthiest man in my family.
그는 우리 가족 중에서 가장 건강한 사람이다.

→ '가장 ~인 것'은 하나로 정해져 있기 때문에 최상급 앞에 the를 쓴다.

She is one of the most popular singers / ~~one of the most popular singer~~ in Korea.
그녀는 한국에서 가장 유명한 가수들 중 한 명이다.

→ [one of the + 최상급] 다음에 복수명사가 와서 '가장 ~한 것들 중 하나'의 뜻을 나타낸다.

★ [in/among/of + 부사구]를 써서 최상의 의미를 한정한다.

in + 장소, 소속: ~(안)에서	in Korea 한국에서
among/of + 복수명사: ~ 중에서	of Koreans 한국 사람들 중에서

비교급을 이용

2 비교급을 이용한
최상급 표현

[비교급 + than any other + 단수명사]를 이용해도 '다른 어느 ~보다 더 …한'의 최상급 문장이 된다.

	비교급	**than any other** + 단수명사		
It is	longer	than any other river	in Korea.	그것은 한국에서 다른 어느 강보다 더 길다.

→ [than all the other + 복수명사]로도 표현할 수 있음

★ than any other 최상급 문장에서는 최상급이 아닌 비교급을 사용함에 유의하자.

This is <u>sweeter than any other chocolate</u> in this shop. 이것은 이 가게에서 다른 어느 초콜릿보다 더 달다.
= This is the sweetest chocolate in this shop. 이것은 이 가게에서 가장 단 초콜릿이다.

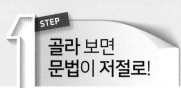

STEP

골라 보면 문법이 저절로!

최상급과 비교급을 이용해서 최상급 문장을 만들 수 있다.

✔ 최상급을 이용한 최상급 문장

올바른 사용 여부 고르기

1 She is <u>the more famous player</u> in Australia. ☐ O ☑ X

2 He is the heaviest person <u>among my family members</u>. ☐ O ☐ X

3 I'm the tallest <u>among the people here</u>. ☐ O ☐ X

4 He is <u>one of the strongest students</u> in this school. ☐ O ☐ X

5 Seoul is <u>one of the most beautiful cities</u> in the world. ☐ O ☐ X

6 The dress is <u>one of the more expensive items</u> in the store. ☐ O ☐ X

✔ 비교급을 이용한 최상급 문장

올바른 형태 고르기

1 A diamond is [   ] in the world.
다이아몬드는 세계에서 다른 어느 보석보다 더 강하다.

☐ strongest than any other jewel
☑ stronger than any other jewel

2 This river is [   ] in Korea.
이 강은 한국에서 다른 어느 강보다 더 좁다.

☐ narrow than any other river
☐ narrower than any other river

3 The book is [   ] in the library.
그 책은 그 도서관에서 다른 어느 책보다 더 얇다.

☐ thinner than any other book
☐ thinnest than any other book

4 The bag is [   ] in my room.
그 가방은 내 방에서 다른 어느 가방보다 더 가볍다.

☐ lightest than any other bag
☐ lighter than any other bag

5 It is [   ] in this restaurant.
그것은 이 식당에서 다른 어느 음식보다 더 맛있다.

☐ more delicious than any other food
☐ most delicious than any other food

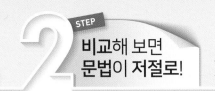
long

이것은 / 이다 / 긴 강.

This is a [long] river.

이것은 / 이다 / 가장 긴 강 / 한국에서.

This is [the longest] river in Korea.

1 wise

그는 / 이다 / 현명한 사람.

He is a [   ] man.

그는 / 이다 / 가장 현명한 사람 / 여기 있는 사람들 중에서.

He is [   ] man among the people here.

2 large

그 방은 / 이다 / 큰.

The room is [   ].

그 방은 / 이다 / 가장 큰 방들 중 하나 / 이 호텔에서.

The room is [   ] rooms in this hotel.

3 great

모차르트는 / 이다 / 훌륭한 음악가.

Mozart is a [   ] musician.

모차르트는 / 이다 / 가장 훌륭한 음악가들 중 한 명 / 세계에서.

Mozart is [   ] musicians in the world.

4 expensive

이 모자는 / 이다 / 비싼.

This hat is [   ].

이 모자는 / 이다 / 가장 비싼 상품들 중 하나 / 이 가게에서.

This hat is [   ] items in this shop.

5 easy

이것은 / 이다 / 쉬운 문제.

This is an [   ] question.

이것은 / 이다 / 다른 어느 문제보다 더 쉬운 / 이 책에서.

This is [   ] question in this book.

6 beautiful

그녀는 / 이다 / 아름다운.

She is [   ].

그녀는 / 이다 / 다른 어느 여자보다 더 아름다운 / 세상에서.

She is [   ] woman in the world.

7 wide

이것은 / 이다 / 넓은 창문.

This is a [   ] window.

이것은 / 이다 / 다른 어느 창문보다 더 넓은 / 이 집에서.

This is [   ] window in this house.

■주어진 단어를 활용하여 다음 우리말에 맞는 최상급 문장을 쓰시오.

✔ 서술형 **기출**문제

이곳이 서울에서 가장 빈곤한 지역이다. (poor, area)

→ 비교급과 최상급을 이용 해서 최상급 문장을 만들 수 있다.

→   This is the poorest area in Seoul.

① 여름은 4계절 중 가장 덥다. (of the four seasons)

→ Summer is the hottest of the four seasons.

② 피자는 이 식당에서 가장 맛있는 음식이다. (pizza, delicious food)

→

③ 톨스토이는 세계에서 가장 유명한 소설가들 중 한 명이다. (Tolstoy, famous, novelists)

→

④ 그는 한국에서 가장 웃긴 코미디언들 중 한 명이다. (funny comedians)

→

⑤ 그녀는 한국에서 다른 어느 피겨 스케이팅 선수보다 더 훌륭하다. (good, figure skater)

→

⑥ 그는 이 학교에서 다른 어느 학생보다 더 똑똑하다. (smart, student, in this school)

→

⑦ 나는 일본에서 다른 어느 사람(누구)보다 더 부자이다. (rich, in Japan)

→

복습 프로그램
p. 151, 152, 153에서
배운 문장으로

교과서 **서술형 끝내기**

유형 기본 ➕

기본 + 심화 문제

서술형 유형 기본

■ 우리말에 맞게 주어진 단어를 이용하여 문장을 완성하시오.   p.151 **STEP 1**에 나오는 문장 재확인

| narrow | beautiful | strong | tall |

1 나는 여기 사람들 중에서 가장 키가 크다.

→ I'm   the tallest   among the people here.   [the + 최상급]

2 서울은 세계에서 가장 아름다운 도시들 중 하나이다.

→ Seoul is   in the world.   [one of + 최상급 + 복수명사]

3 그는 이 학교에서 가장 힘이 센 학생들 중 하나이다.

→ He is   in this school.   [one of + 최상급 + 복수명사]

4 이 강은 한국에서 다른 어느 강보다 더 좁다.

→ This river is   in Korea.   [비교급 + than any other + 단수명사]

서술형 유형 심화

■ 다음 문장에서 틀린 부분을 고쳐 쓰시오.   p.152 **STEP 2**에 나오는 문장 재확인

1 He is the wiser man among the people here.

그는 여기 있는 사람들 중에서 가장 현명한 사람이다.

→   [the + 최상급]이 필요

2 This is widest than any other window in this house.

이것은 이 집에서 다른 어느 창문보다 더 넓다.

→   than any other 앞에 비교급

3 This is easy than any other question in this book.

이것은 이 책에서 다른 어느 문제보다 더 쉽다.

→   than any other 앞에 비교급

4 Mozart is one of the greatest musician in the world.

모차르트는 세계에서 가장 훌륭한 음악가들 중 한 명이다.

→   [one of + 최상급] 뒤에 단수명사가 아닌 복수명사

• 세계적인 음악가
베토벤(Beethoven),
바흐(Bach), 하이든(Haydn),
체르니(Czerny) 등

서술형 유형 심화 ■ 우리말에 맞게 고르고 최상급 문장을 쓰시오. p.153 **STEP 3에 나오는 문장 재확인**

1 ▶ 나는 일본에서 다른 어느 사람(누구)보다 더 부자이다
(richer than any other person / richest than any other person) .

→ I'm richer than any other person in Japan.

(O richer than any other person)
(X richest than any other person)

2 ▶ 여름은 4계절 중 가장 덥다
(of the four seasons / in the four seasons) .

→

(O of the four seasons)
(X in the four seasons)

3 ▶ 피자는 이 식당에서 가장 맛있는 음식이다
(the delicious food / the most delicious food) .

→

(O the most delicious food)
(X the delicious food)

4 ▶ 이곳이 서울에서 가장 빈곤한 지역이다
(the poor area / the poorest area) .

→

(O the poorest area)
(X the poor area)

5 ▶ 그녀는 한국에서 다른 어느 피겨 스케이팅 선수보다 더 훌륭하다
(best than any other figure skater / better than any other figure skater) .

→

(O better than any other figure skater)
(X best than any other figure skater)

6 ▶ 그는 한국에서 가장 웃긴 코미디언들 중 한 명이다
(one of the funny comedians / one of the funniest comedians) .

→

(O one of the funniest comedians)
(X one of the funny comedians)

7 ▶ 그는 이 학교에서 다른 어느 학생보다 더 똑똑하다
(smarter than any other student / smartest than any other student) .

→

(O smarter than any other student)
(X smartest than any other student)

8 ▶ 톨스토이는 세계에서 가장 유명한 소설가들 중 한 명이다
(one of the more famous novelists / one of the most famous novelists) .

→

(O one of the most famous novelists)
(X one of the more famous novelists)

문법이 쓰기다

[01-02] 다음 빈칸에 들어갈 말로 가장 알맞은 것을 고르시오.

1

> I am _____ than you.

① diligent　　　　② more diligent
③ diligenter　　　④ diligently
⑤ the most diligent

2

> This is _____ bag in this room.

① the lighter　　② the light　　③ the lightest
④ lightest　　　　⑤ lighter

[03-04] 다음 빈칸에 공통으로 들어갈 말로 알맞은 것을 고르시오.

3

> • Mt. Everest is a very _____ mountain.
> • Can you jump _____ ?

① the highest　　② highest　　③ highly
④ higher　　　　⑤ high

4

> • She is _____ than me.
> • She is _____ than any other student in this class.

① smarter　　　　② smartest
③ smart　　　　　④ the smartest
⑤ the most smart

[05-06] 다음 중 우리말을 영어로 가장 잘 옮긴 것을 고르시오.

5

거북이는 치타보다 훨씬 느리다.

① A turtle is slower than a cheetah.
② A turtle is a slower than a cheetah.
③ A turtle is far slowest than a cheetah.
④ A turtle is far slower than a cheetah.
⑤ A turtle is very slower than a cheetah.

6

그 장갑은 이 가게에서 가장 싸다.

① The gloves are cheap in this shop.
② The gloves are cheaper in this shop.
③ The gloves are the cheapest in this shop.
④ The gloves are the cheaper in this shop.
⑤ The gloves are cheapest in this shop.

[07-08] 다음 중 어법상 올바른 것을 고르시오.

7

① Today is busiest as yesterday.
② Today is as busily as yesterday.
③ Today is as busier as yesterday.
④ Today is so busy as yesterday.
⑤ Today is as busy as yesterday.

8

① He is one of most popular singers in Korea.
② He is one of the popularest singers in Korea.
③ He is one of the popularest singer in Korea.
④ He is one of the most popular singers in Korea.
⑤ He is one of the most popular singer in Korea.

[09-10] 다음 중 용법이나 쓰임이 다른 문장을 고르시오.

09

① The event is <u>surprising</u>.
② Here is a <u>popular</u> place.
③ The news made me <u>shocked</u>.
④ I find the movie <u>touching</u>.
⑤ This message is <u>urgent</u>.

10

① She is <u>very</u> excited.
② The class is <u>really</u> boring.
③ This road is <u>heavily</u> crowded.
④ A dolphin swims <u>very</u> well.
⑤ Traveling alone is <u>quite</u> dangerous.

1 빈칸 ⓐ~ⓒ에 들어갈 말이 바르게 짝지어진 것은?

• I _____ⓐ_____ eat something sweet.
 (나는 단 것을 거의 먹지 않는다.)
• Your sofa is not _____ⓑ_____ comfortable as mine.
 (네 소파는 내 것만큼 편하지 않다.)
• It is _____ⓒ_____ than any other TV program in Korea.
 (그것은 한국에서 어느 TV 프로그램보다 더 재미있다.)

① hardly - as - funniest
② hardly - than - funnier
③ hardly - so - funnier
④ hard - so - funnier
⑤ hard - so - funniest

2 다음 문장과 의미가 같은 것은?

Summer is hotter than any other season of the year.

① Summer is a hot season.
② Summer is the hotter season of the year.
③ Summer is the hottest season of the year.
④ Summer is one of the hot seasons of the year.
⑤ Summer is one of the hotter seasons of the year.

서술형 대비 문제

[13-14] 다음 문장을 우리말에 맞게 쓰시오.

13

A: Does she wake up early?
B: Yes. (그녀는 나만큼 일찍 일어나요.)

→

14

이것은 서울에서 가장 유명한(famous) 건물들 중 하나이다.

→

5 다음 글을 읽고 틀린 부분을 찾아 고쳐 쓰시오.

Late, many students play computer games too much. The rate of playing games this year is far high than last year. It is the higher rate in the world. Students should try to reduce the number of hours they play as games are not good for studying.

(1) _____
 too much.

(2) The rate of playing games this year is
 _____ .

(3) It is _____ .

6 다음 그림을 보고 괄호 안의 단어를 활용하여 문장을 완성하시오.

[Transportation 교통수단]

(1) The airplane is _____ of them. (fast)
(2) The airplane is faster _____
 _____ . (transportation)
(3) The bike is _____ the car. (slow)
(4) The bike is not _____ as the car. (fast)

한 장의 사진으로 보는
문법이 쓰기다

UNIT 01
형용사와 부사

 써 보!

그 뜨거운 냄비는 매우 위험하다.

→

저 냄비 속에는 어떤 음식이 있을까?

보글보글 냄비가 끓고 있어요!

킁킁 맛있는 냄새가 나는데 냄비 속에 뭐가 들어 있으려나?

UNIT 02
비교급 표현

연못 속에는,

연못 속에는 잉어들이 있고 개구리 가족도 있어!

어랏 동전도 있네? 누가 떨어뜨렸지??

 써 보!

그 바다는 그 연못보다 더 깊다.

→

UNIT 03
최상급 표현

클래식 음악 어떠세요?

오늘 같은 기분엔 분위기 좋은 클래식 음악

한 곡 어떠세요?

모차르트의 피아노 협주곡은 정말 명곡이죠!

 써 보!

모차르트는 세계에서 가장 훌륭한 음악가들 중 한 명이다.

→

Part 8

관계사

관계대명사 주격, 소유격, 목적격, what을 살펴봅니다.
그리고 관계부사의 역할과 종류를 파악하며 관계사 문장을 정확히 씁니다.

UNIT 1 관계대명사 주격과 소유격

구성	기초 항목	서술형 유형
STEP 1	관계대명사 구별하고 고르기	
STEP 2	문장 연결하기	
STEP 3		우리말 영작하기
서술형 끝내기		문장 완성, 문장 고쳐 쓰기

UNIT 2 관계대명사 목적격과 what

구성	기초 항목	서술형 유형
STEP 1	올바른 관계대명사와 위치 고르기	
STEP 2	문장 연결하기	
STEP 3		문장 고쳐 쓰기
서술형 끝내기		문장완성, 문장쓰기

UNIT 3 관계대명사 계속적 용법과 관계부사

구성	기초 항목	서술형 유형
STEP 1	우리말과 관계부사 고르기	
STEP 2	문장 연결하기	
STEP 3		우리말 영작하기
서술형 끝내기		문장완성, 문장쓰기

관계대명사 주격과 소유격

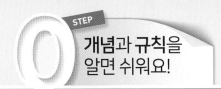

관계대명사

관계대명사는 명사를 대신하는 대명사와 두 문장을 하나로 연결하는 접속사 역할을 한다.

| I have a backpack. | + | The backpack is small. |

나는 가방을 가지고 있다. + 그 가방은 작다.

| I have a backpack **which** is small. |

나는 작은 가방을 가지고 있다.

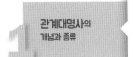
1 관계대명사의
개념과 종류

관계대명사

관계대명사는 두 문장에서 중복되는 단어를 없애고 **두 문장을 연결**한다.

I　like　　the boy　　　who is handsome. 나는 잘생긴 그 남자애를 좋아한다.

선행사: 관계대명사 앞의　　관계대명사절: 관계대명
명사. 관계대명사절이 수식.　사가 이끄는 절. 선행사를 수식.

✖ 선행사에 따른 관계대명사의 역할(주어, 목적어, 소유격)에 따라 관계대명사의 종류가 달라진다.

	주어 역할(주격)	소유격 역할	목적어 역할(목적격)
사람	who	whose	who(m)
사물, 동물	which	whose (of which)	which

that은 주격과 목적격에서 선행사나 관계대명사의 역할에 관계 없이 언제든 사용할 수 있다.

2 관계대명사의
주격과 소유격

관계대명사의 주격과 소유격

관계대명사절에서 관계대명사가 **주어 역할**을 할 경우 **주격 관계대명사**를 쓴다.

| **There are many people. + Many people want to see her.** |
| 많은 사람들이 있다. + 많은 사람들은 그녀를 보기 원한다. |

many people → 수식 받을 선행사	① 중복되는 명사이자 수식 받을 선행사 정하기
There are many people. Many people want to see her. 수식할 문장	② 선행사와 이를 수식할 문장 정하기
There are many people **who** want to see her. 선행사 (=and they) 관계대명사절 그녀를 보기 원하는 많은 사람들이 있다.	③ 관계대명사로 두 문장 연결하기 주어 역할

관계대명사절에서 관계대명사가 **소유격 역할**을 하면, 사람, 사물에 상관 없이 주로 **whose**를 쓴다.

| **I met a man. + His son was a painter.** |
| 나는 한 남자를 만났다. + 그의 아들은 화가였다. |

a man → 수식 받을 선행사	① 중복되는 명사이자 수식 받을 선행사 정하기
I met a man. His son was a painter. 수식할 문장	② 선행사와 이를 수식할 문장 정하기
I met a man **whose** son was a painter. 선행사 (=and his) 관계대명사절 나는 아들이 화가였던 한 남자를 만났다.	③ 관계대명사로 두 문장 연결하기 소유격 역할(소유격 관계대명사 다음에 주로 명사가 옴)

STEP

골라 보면 문법이 저절로!

관계대명사는 접속사와 대명사 역할을 한다.
관계대명사절은 앞의 명사인 선행사를 수식한다.

✔ 관계대명사: 선행사(동그라미)와 관계대명사절(밑줄)

선행사와 관계대명사 구별하기

1 나는 의사인 몇몇 사람들을 안다.

I know some people who are doctors.

2 나는 청바지를 입고 있는 그 소년을 찾고 있는 중이다.

I am looking for the boy who is wearing blue jeans.

분사 앞의 [주격 관계대명사 + be동사]는 생략 가능 ←

3 나는 거리에서 흡연하는 사람들을 좋아하지 않는다.

I don't like people who smoke on the street.

4 나는 발이 큰 그 코미디언을 좋아한다.

I like the comedian whose feet are big.

5 나는 부모님께서 아프신 그 남자를 만났다.

I met the guy whose parents are sick.

6 나는 파란색과 주황색 펜 2개가 필요하다.

I need two pens whose colors are blue and orange.

✔ 관계대명사의 주격과 소유격

올바른 관계대명사 고르기

1 I'm close with her [   ] runs a restaurant.

나는 식당을 운영하는 그녀와 친하다.

☑ who ☐ whose

2 I went to a building [   ] was very old.

나는 아주 오래된 건물에 갔었다.

☐ who ☐ which

3 We have a box [   ] is made of wood.

우리는 나무로 만들어진 상자를 가지고 있다.

☐ which ☐ who

4 Look at the girl [   ] hair is brown.

머리카락이 갈색인 저 소녀를 봐라.

☐ who ☐ whose

5 She is a salesperson [   ] name is Nancy.

그녀는 이름이 Nancy인 영업사원이다.

☐ whose ☐ who

I read about a man.
A man came for gold.

영문장 → I read about a man *who/that came for gold.*

우리말 → 나는 금을 위해 왔던 한 남자에 대해 읽었다.

---

1 There are students.
The students are from Spain.

영문장 → There are students

우리말 →

---

2 The story is about the man.
The man earned much money.

영문장 → The story is about the man

우리말 →

---

3 The girl is my cousin.
My cousin wants to be a director.

영문장 → The girl is my cousin

우리말 →

---

4 My favorite classmate is the boy.
His test score is high.

영문장 → My favorite classmate is the boy

우리말 →

---

5 I like the novel.
Its author is very famous.

영문장 → I like the novel

우리말 →

---

6 Seoul is a city.
Its night view is amazing.

영문장 → Seoul is a city

우리말 →

---

7 I respect her.
Her English is fluent.

영문장 → I respect her

우리말 →

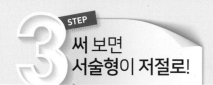

■ 주어진 단어를 활용하여 다음 우리말에 맞는 관계대명사 문장을 쓰시오.

✔ 서술형 **기출**문제

내 이웃은 키가 큰 여자이다. (my neighbor)

→ 관계대명사의 주격과 소유격 문장에서 관계대명사가 선행사 뒤에 온다.

→　　My neighbor is a woman who/that is tall.

① 그는 열심히 일하는 리더이다. (the leader, work hard)

→ He is the leader who/that works hard.

② 나는 차 사고를 당했던 한 여자를 알고 있다. (a lady, have a car accident)

→

③ 나는 9살인 조카가 있다. (a nephew, 9 years old)

→

④ 이것은 (책) 표지가 귀여운 내 책이다. (cover, cute)

→

⑤ 나는 눈이 매우 큰 곰 인형을 가지고 있다. (a teddy bear)

→

⑥ 나는 털이 긴 개를 키운다. (raise, fur)

→

⑦ 나는 배우들이 잘생긴 그 영화를 좋아한다. (actors, handsome)

→

복습 프로그램
p. 161, 162, 163에서
배운 문장으로

교과서 **서술형 끝내기**

유형 기본 ➕
기본 + 심화 문제

서술형 유형 기본 ■ 우리말에 맞게 선행사와 관계대명사 who나 which, whose를 써서 문장을 완성하시오.   p.161 STEP 1에 나오는 문장 재확인

① 나는 거리에서 흡연하는 사람들을 좋아하지 않는다.

→ I don't like [people who] smoke on the street.

> 선행사 people, 주격(사람) 관계대명사 who

② 나는 발이 큰 그 코미디언을 좋아한다.

→ I like [   ] feet are big.

> 선행사 the comedian, 소유격 관계대명사 whose

③ 머리카락이 갈색인 저 소녀를 봐라.

→ Look at [   ] hair is brown.

> 선행사 the girl, 소유격 관계대명사 whose

④ 우리는 나무로 만들어진 상자를 가지고 있다.

→ We have [   ] is made of wood.

> 선행사 a box, 주격(사물) 관계대명사 which

⑤ 나는 청바지를 입고 있는 그 소년을 찾고 있는 중이다.

→ I am looking for [   ] is wearing blue jeans.

> 선행사 the boy, 주격(사람) 관계대명사 who

서술형 유형 심화 ■ 다음 문장에서 틀린 부분을 고쳐 쓰시오.   p.162 STEP 2에 나오는 문장 재확인

① I read about a man which came for gold.
나는 금을 위해 왔던 한 남자에 대해 읽었다.

→

> 선행사인 a man이 사람이므로, 관계대명사는 who나 that

② I like the novel who author is very famous.
나는 저자가 매우 유명한 그 소설을 좋아한다.

→

> who 대신 소유격 관계대명사 whose

③ Seoul is a city which night view is amazing.
서울은 야경이 멋있는 도시이다.

→

> 관계대명사가 소유격 역할을 하므로 whose

④ The girl is my cousin whose wants to be a director.
그 소녀는 영화감독이 되고 싶어하는 내 사촌이다.

→

> whose 대신 주격 관계대명사 who나 that

• 영화 영단어
영화: movie, film
극장: theater, cinema
공포 영화: horror movie
멜로 영화: romantic movie
애니메이션 영화: animation movie

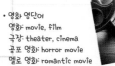

서술형 유형 심화

■ 우리말에 맞게 고르고 관계사 문장을 쓰시오.

p.163 STEP 3에 나오는 문장 재확인

① 나는 털이 긴 개를 키운다 (who / whose) .

→ I raise a dog whose fur is long.

(◯ whose)
(✗ who)

② 내 이웃은 키가 큰 여자이다 (who / whose) .

→

(◯ who)
(✗ whose)

③ 나는 9살인 조카가 있다 (who / whose) .

→

(◯ who)
(✗ whose)

④ 나는 눈이 매우 큰 곰 인형을 가지고 있다 (who / whose) .

→

(◯ whose)
(✗ who)

⑤ 나는 배우들이 잘생긴 그 영화를 좋아한다 (who / whose) .

→

(◯ whose)
(✗ who)

⑥ 그는 열심히 일하는 리더이다 (who / whose) .

→

(◯ who)
(✗ whose)

⑦ 이것은 (책) 표지가 귀여운 내 책이다 (who / whose) .

→

(◯ whose)
(✗ who)

⑧ 나는 차 사고를 당했던 한 여자를 알고 있다 (who / whose) .

→

(◯ who)
(✗ whose)

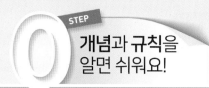
관계대명사의
목적격과 what

목적격 관계대명사는 관계대명사절에서 목적어 역할을 하며, 관계대명사 what은 이미 선행사를 포함하기에 선행사가 없는 자리에 쓰인다.

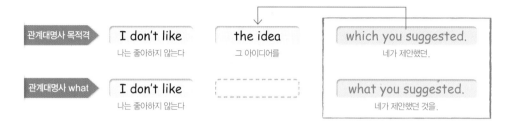

| 관계대명사 목적격 | I don't like | the idea | which you suggested. |
| | 나는 좋아하지 않는다 | 그 아이디어를 | 네가 제안했던 |

| 관계대명사 what | I don't like | | what you suggested. |
| | 나는 좋아하지 않는다 | | 네가 제안했던 것을. |

관계대명사의
목적격

관계대명사의 목적격

관계대명사절에서 관계대명사가 동사의 **목적어 역할**을 할 경우 **목적격 관계대명사**를 쓴다.
선행사가 사람 → who(m)   동물, 사물 → which   사람, 동물, 사물 → that

I need a notebook. + She recommends a notebook.	
나는 노트가 필요하다. + 그녀는 노트를 추천한다.	
a notebook ⟶ 수식 받을 선행사	① 중복되는 명사이자 수식 받을 선행사 정하기
I need a notebook. + She recommends a notebook. 수식할 문장	② 선행사와 이를 수식할 문장 정하기
목적어 역할 I need a notebook **which** she recommends _____ . 선행사 관계대명사절 나는 그녀가 추천하는 노트가 필요하다.	③ 관계대명사로 두 문장 연결하기

✦ 목적격 관계대명사 who(m), which, that은 생략할 수 있다.

This is the class (that) I take. 이것은 내가 듣는 수업이다.

관계대명사
what

선행사를 포함하는 관계대명사 what

관계대명사 **what**은 '**~한 것**'의 의미로, 선행사를 포함하고 있어 **선행사가 필요 없다**.

주어	_____ **What** she said was true.	그녀가 말한 것은 사실이었다.
보어	It was _____ **what** she said.	그것이 그녀가 말한 것이었다.
목적어	I didn't believe _____ **what** she said.	나는 그녀가 말한 것을 믿지 않았다.

Show me what / ~~the thing what~~ you made. 네가 만든 것을 보여줘.

✦ what은 선행사인 the thing(s)을 포함하고, the thing(s) which로 풀어 쓸 수 있다.

That is <u>the thing which</u> she wants. 저것은 그녀가 원하는 것이다.
           = what

STEP 1

골라 보면
문법이 저절로!

관계대명사절에서 관계대명사가 동사의 목적어 역할을 할 경우
목적격 관계대명사를 쓴다. 관계대명사 what은 선행사가 필요 없다.

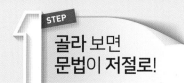

✔ 관계대명사의 목적격

올바른 관계대명사 고르기

1 I know the plant [   ] she grows.

나는 그녀가 기르는 그 식물을 알고 있다.

☑ which   ☐ who(m)

2 Taste the food [   ] I made.

내가 만든 그 음식 맛을 봐라.

☐ which   ☐ who(m)

3 I read the text message [   ] you sent me.

나는 네가 내게 보낸 그 문자 메시지를 읽는다.

☐ which   ☐ who(m)

4 She is the student [   ] I taught.

그녀는 내가 가르쳤던 그 학생이다.

☐ which   ☐ who(m)

5 The boy [   ] you met is my son.

네가 만난 그 소년은 내 아들이다.

☐ which   ☐ who(m)

✔ 관계대명사 what

관계대명사 what의 올바른 위치 고르기

1 Tell me ① you ② remember.

네가 기억하는 것을 내게 말해라.

☑ ①   ☐ ②

2 ① I don't believe ② you explained.

네가 설명했던 것을 나는 믿지 않는다.

☐ ①   ☐ ②

3 Look at ① Joshua drew ②.

Joshua가 그린 것을 봐라.

☐ ①   ☐ ②

4 Show me ① you ② brought.

네가 가져온 것을 내게 보여 줘라.

☐ ①   ☐ ②

5 ① This is ② she needs.

이것은 그녀가 필요한 것이다.

☐ ①   ☐ ②

주어진 두 문장을 관계대명사로 생략 없이 연결해 쓰세요.

This is the medicine. He takes the medicine.	영문장 → This is the medicine which/that he takes. 우리말 → 이것은 그가 먹는 그 약이다.

1

This is the medicine.

Look at the picture.
She painted the picture.

영문장 → Look at the picture

우리말 →

2

This is the diary.
I keep the diary daily.

영문장 → This is the diary

우리말 →

3

I looked at the photograph.
She took the photograph.

영문장 → I looked at the photograph

우리말 →

4

I need the information.
It includes the information.

영문장 → I need

우리말 →

5

I read the letter.
He wrote the letter.

영문장 → I read

우리말 →

6

I like the girl.
He knows her.

영문장 → I like

우리말 →

7

She is my classmate.
I like my classmate.

영문장 → She is

우리말 →

■ 다음 우리말을 보고 <u>틀린</u> 부분을 고쳐 쓰시오.

> 나는 그녀가 기른 그 애완동물을 돌보았다.
>
> → I took care of the pet ~~what~~ she raised.

관계대명사절에서 선행사
는 목적어역할을 할 수 있
다. 선행사를 이미 포함하
고 있는 관계대명사 what
도 있다.

→   I took care of the pet which/that she raised.

① 내가 네게 말한 그 비밀을 지켜라.

Keep the secret ~~whom~~ I told you.   →   Keep the secret which/that I told you.

② 네가 고른 그 과일은 싱싱하지 않다.

The fruit what you picked isn't fresh.   →

③ 내가 봤던 그 공연은 훌륭했다.

The performance whom I saw was great.   →

④ 네가 한 것을 내게 말해라.

Tell me whom you did.   →

⑤ 나는 네가 내게 물었던 것에 대답할 수 없다.

I can't answer which you ask me.   →

⑥ 나는 그녀가 말하고 있는 것을 이해한다.

I understand whom she is talking about.   →

⑦ 그 책상 위에 있는 것은 내 것이다.

Which is on the desk is mine.   →

서술형 유형 기본
■ 우리말에 맞게 주어진 단어를 이용하여 문장을 완성하시오.　p.167 STEP 1에 나오는 문장 재확인

1 나는 그녀가 기르는 식물을 알고 있다. (which)

→ I know the plant [which she grows] .

선행사 the plant, 목적격 관계대명사 which

2 네가 설명했던 것을 나는 믿지 않는다. (what)

→ I don't believe [ ] .

선행사 X, 선행사를 포함하는 관계대명사 what

3 네가 만난 그 소년은 내 아들이다. (whom)

→ The boy [ ] is my son.

선행사 the boy, 목적격 관계대명사 whom

4 Joshua가 그린 것을 봐라. (what)

→ Look at [ ] .

선행사 X, 선행사를 포함하는 관계대명사 what

5 내가 만든 그 음식 맛을 봐라. (which)

→ Taste the food [ ] .

선행사 the food, 목적격 관계대명사 which

서술형 유형 심화
■ 다음을 바르게 배열하여 문장을 완성하시오.　p.168 STEP 2에 나오는 문장 재확인

1 he takes, the medicine, this is, which

→ [ ]　이것은 그가 먹는 그 약이다.

선행사 the medicine, 목적격 관계대명사 which(that)

2 the photograph, I looked at, she took, that

→ [ ]　나는 그녀가 찍은 그 사진을 보았다.

선행사 the photograph, 목적격 관계대명사 that(which)

3 the girl, he knows, I like, who(m)

→ [ ]　나는 그가 알고 있는 그 소녀를 좋아한다.

선행사 the girl, 목적격 관계대명사 who(m)

4 who(m), she is, I like, my classmate

→ [ ]　그녀는 내가 좋아하는 학급 친구이다.

선행사 my classmate, 목적격 관계대명사 who(m)

• classmate는... class(학급)와 mate(친구)가 만나서 이루어진 단어예요. classmate(학급 친구)

서술형 유형 심화 ■ 우리말에 맞게 고르고 관계사 문장을 쓰시오. p.169 STEP 3에 나오는 문장 재확인

① 내가 네게 말한 그 비밀을 (**which** / **what**) 지켜라.

→ Keep the secret which I told you.

(○ which)
(✗ what)

② 네가 한 것을 (**whom** / **what**) 내게 말해라.

→

(○ what)
(✗ whom)

③ 내가 봤던 그 공연은 (**what** / **that**) 훌륭했다.

→

(○ that)
(✗ what)

④ 나는 그녀가 기른 애완동물을 (**which** / **what**) 돌보았다.

→

(○ which)
(✗ what)

⑤ 나는 네가 내게 물었던 것에 (**what** / **which**) 대답할 수 없다.

→

(○ what)
(✗ which)

⑥ 네가 고른 그 과일은 (**what** / **which**) 싱싱하지 않다.

→

(○ which)
(✗ what)

⑦ 그 책상 위에 있는 것은 (**What** / **Which**) 내 것이다.

→

(○ What)
(✗ Which)

⑧ 나는 그녀가 말하고 있는 것을 (**that** / **what**) 이해한다.

→

(○ what)
(✗ that)

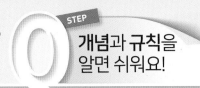

관계대명사의 계속적 용법

선행사에 부가적인 설명을 더할 때는 콤마(,)를 관계대명사 앞에 쓰기도 한다.

→ 추가 정보

You have the information.	+	I don't need the information.

너는 그 정보를 가지고 있다.
+ 나는 그 정보가 필요 없다.

You have the information, **which** I don't need.

너는 그 정보를 가지고 있는데,
나는 그것이 필요 없다.

---

1 관계대명사의 계속적 용법

선행사 의미를 보충해 주는 관계대명사의 계속적 용법

[선행사 + 콤마(,) + 관계대명사] 형태로, 앞에서부터 해석하며 선행사 의미를 보충한다.

There is a building. + The building is famous. 빌딩이 있다. + 그 빌딩은 유명하다.	
a building → 수식 받을 선행사	① 중복되는 명사이자 수식 받을 선행사 정하기
There is a building. + The building is famous. 수식할 문장	② 선행사와 이를 보충하는 수식할 문장 정하기
→ 주어 역할(계속적 용법으로 that과 what은 쓸 수 없다.) There is a building, **which** is famous. 선행사 (= and it) → 관계대명사절 빌딩이 있는데, 그것은 유명하다.	③ 콤마(,)와 관계대명사로 선행사 의미를 보충하며 두 문장 연결하기

★ 계속적 용법: 콤마(,)를 써서 보충 설명, 앞에서부터 해서

This is **my laptop,** which is the newest.
이것은 내 노트북인데, 그것은 최신이다.

★ 한정적 용법: 콤마(,) 없이 관계대명사절이 선행사를 수식

This is **my laptop** which is the newest.
이것은 내 최신 노트북이다. (최신이 아닌 노트북이 더 있을 수 있음.)

---

2 관계부사

관계부사

관계부사는 두 문장을 **연결하면서 부사 역할**을 한다.

This is the house. + I live in the house. 이곳은 집이다. + 나는 그 집에 산다.	
the house → 수식 받을 선행사	① 중복되는 명사이자 수식 받을 선행사 정하기
This is the house. + I live in the house. 수식할 문장	② 선행사와 이를 수식할 문장 정하기
→ 부사 역할(선행사가 있을 때는 관계부사 생략 가능) This is the house **where** I live. 선행사 (= in which) → 관계부사절 이곳은 내가 사는 집이다.	③ 관계부사로 두 문장 연결하기

	선행사	+	관계부사
장소	the place, the house, the city…	+	**where**
시간	the time, the day, the year…	+	**when**
이유	the reason	+	**why**
방법	the way	+	**how**

★ the way와 how는 동시에 쓸 수 없으므로 하나를 생략

This is the way how / the way
how I express my feeling.
이것이 내가 감정을 표현하는 방법이다.

★ the time, the reason 등이 선행사로 올 때, 이 선행사나 관계부사 둘 중 생략 가능

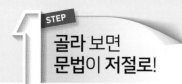

STEP

골라 보면
문법이 저절로!

관계대명사의 계속적 용법은 선행사의 의미를 보충하며 앞에서부터 해석하고,
반면 관계부사는 부사의 역할을 하며 선행사를 수식한다.

관계대명사의 계속적 용법

용법에 맞는 우리말 고르기

1 Nancy is my teacher, who is from Canada.

- ☑ Nancy는 내 선생님인데, 그녀는 캐나다에서 오셨다.
- ☐ Nancy는 캐나다에서 온 내 선생님이다.

2 Nancy is my teacher who is from Canada.

- ☐ Nancy는 내 선생님인데, 그녀는 캐나다에서 오셨다.
- ☐ Nancy는 캐나다에서 온 내 선생님이다.

3 I went to a concert, which was exciting.

- ☐ 나는 콘서트에 갔는데, 그것은 흥미진진했다.
- ☐ 나는 흥미진진한 콘서트에 갔었다.

4 I went to a concert which was exciting.

- ☐ 나는 콘서트에 갔는데, 그것은 흥미진진했다.
- ☐ 나는 흥미진진한 콘서트에 갔었다.

5 There are many people, who are retired.

- ☐ 은퇴한 많은 사람들이 있다.
- ☐ 많은 사람들이 있는데, 그들은 은퇴했다.

6 There are many people who are retired.

- ☐ 은퇴한 많은 사람들이 있다.
- ☐ 많은 사람들이 있는데, 그들은 은퇴했다.

관계부사

관계부사 고르기

1 Seoul is the city [   ] I was born.

서울은 내가 태어난 도시이다.

- ☑ where
- ☐ when

2 Don't forget the day [   ] we started dating.

우리가 데이트를 시작한 날을 잊지 말아라.

- ☐ why
- ☐ when

3 I explained [   ] you could set up the tent.

나는 네가 그 텐트를 칠 수 있는 방법을 설명했다.

- ☐ how
- ☐ why

4 This is the reason [   ] I cried a lot.

이것이 내가 많이 울었던 이유이다.

- ☐ why
- ☐ how

There is a concert hall.
The concert hall is huge.

영문장 → There is a concert hall, which is huge.

우리말 → 콘서트 홀이 있는데, 그곳은 거대하다.

---

1 I have a closet.
My dad made me the closet.

영문장 → I have

우리말 →

2 I know a guy.
He has a disease.

영문장 → I know

우리말 →

3 That's my favorite drama.
The drama is popular.

영문장 → That's

우리말 →

4 I don't know the way.
You repair the watch in the way.

영문장 → I don't know

우리말 →

5 Tell me the year.
He came back to Korea on the year.

영문장 → Tell me

우리말 →

6 I stay at the place.
We met at the place.

영문장 → I stay

우리말 →

7 I don't know the reason.
You are upset for the reason.

영문장 → I don't know

우리말 →

■ 주어진 단어를 활용하여 다음 우리말에 맞는 관계사 문장을 생략 없이 쓰시오.

☑ 서술형 **기출**문제

> 나는 드레스를 샀는데, 그것은 매우 비쌌다. (expensive)

→ 관계대명사의 계속적 용법에서 콤마를 관계대명사 앞에 붙인다. 관계부사가 이끄는 관계부사절은 선행사 다음에 온다.

→ I bought a dress, which was very expensive.

① 나는 문자 메시지를 받았는데, 그것은 우리 엄마에게서 온 것이었다. (a text message)

→ I received a text message, which was from my mom.

② 지진이 있었고, 그것으로 많은 사람들이 죽었다. (an earthquake, kill)

→

③ 나는 저녁을 먹었는데, 우리 엄마가 그것을 준비했다. (dinner, make)

→

④ 이곳은 내가 그 지갑을 발견했던 장소이다. (the place, find, the wallet)

→

⑤ 나는 그가 그 공항에 도착할 시간을 알고 싶다. (arrive, at the airport)

→

⑥ 이것이 내가 줄을 묶는 방법이다. (how, tie ropes)

→

⑦ 나는 네가 피곤한 이유를 이해할 수 없다. (understand, tired)

→

서술형 유형 기본
■ 우리말에 맞게 문장을 완성하시오. p.173 **STEP 1에 나오는 문장 재확인**

1 나는 콘서트에 갔는데, 그것은 흥미진진했다.

→ I went to ⟨ a concert, which ⟩ was exciting.

(✓ 관계대명사)
(✗ 관계부사)

2 많은 사람들이 있는데, 그들은 은퇴했다.

→ There are ⟨　　　　　⟩ retired.

(✓ 관계대명사)
(✗ 관계부사)

3 서울은 내가 태어난 도시이다.

→ Seoul is ⟨　　　　　⟩ I was born.

(✓ 관계부사)
(✗ 관계대명사)

4 우리가 데이트를 시작한 날을 잊지 말아라.

→ Don't forget ⟨　　　　　⟩ we started dating.

(✓ 관계부사)
(✗ 관계대명사)

5 이것이 내가 많이 울었던 이유이다.

→ This is ⟨　　　　　⟩ I cried a lot.

(✓ 관계부사)
(✗ 관계대명사)

서술형 유형 심화
■ 다음을 바르게 배열하여 문장을 완성하시오. p.174 **STEP 2에 나오는 문장 재확인**

1 who, a guy, I know, a disease, has
나는 한 남자를 아는데, 그는 질병이 있다.

→

관계대명사:
(✓ 계속적 용법) (✗ 한정적 용법)

2 the year, to Korea, tell me, he came back, when
그가 한국에 돌아온 해를 내게 말해줘.

→

관계부사:
(✓ 시간) (✗ 이유)

3 I don't know, you repair, the way, the watch
나는 네가 그 시계를 고치는 방법을 알지 못한다.

→

관계부사:
(✓ 방법) (✗ 장소)

4 popular, that's, is, which, my favorite drama
그것은 내가 제일 좋아하는 드라마인데, 그것은 유명하다.

→

관계대명사:
(✓ 계속적 용법) (✗ 한정적 용법)

• 드라마의 종류
사극: historical drama
다큐멘터리: documentary drama
액션 드라마: action drama

p.175 STEP 3에 나오는 문장 재확인

서술형 유형 심화 ■ 우리말에 맞게 고르고 관계사 문장을 쓰시오.

① 나는 문자 메시지를 받았는데, 그것은 우리 엄마에게서 온 것이었다 **(, which / which)** .

→ I received a text message, which was from my mom.

(◐ , which)
(✘ which)

② 나는 네가 피곤한 이유를 이해할 수 없다 **(how / why)** .

→

(◐ why)
(✘ how)

③ 이곳은 내가 그 지갑을 발견했던 장소이다 **(where / when)** .

→

(◐ where)
(✘ when)

④ 나는 드레스를 샀는데, 그것은 매우 비쌌다 **(, which / which)** .

→

(◐ , which)
(✘ which)

⑤ 지진이 있었고, 그것으로 많은 사람들이 죽었다 **(, which / which)** .

→

(◐ , which)
(✘ which)

⑥ 나는 그가 그 공항에 도착할 시간을 알고 싶다 **(when / why)** .

→

(◐ when)
(✘ why)

⑦ 나는 저녁을 먹었는데, 우리 엄마가 그것을 준비했다 **(, which / which)** .

→

(◐ , which)
(✘ which)

⑧ 이것이 내가 줄을 묶는 방법이다 **(where / how)** .

→

(◐ how)
(✘ where)

[01-02] 다음 빈칸에 들어갈 알맞은 말을 고르시오.

1

Look at the fish _____ is swimming in the fishbowl.

① who   ② whom   ③ whose
④ which   ⑤ what

2

I will visit a city _____ I was born.

① where   ② why   ③ when
④ how   ⑤ which

3   다음 빈칸에 공통으로 들어갈 말은?

• I talked to my friend _____ wallet was stolen.
• Do you know a girl _____ computer is broken?

① which   ② that   ③ who
④ when   ⑤ whose

4   빈칸에 들어갈 말이 순서대로 짝지어진 것은?

• I write a report _____ he will review. (나는 그가 검토할 보고서를 쓴다.)
• Can you show me _____ I order food online? (온라인으로 음식을 주문하는 방법을 내게 보여줄 수 있니?)

① that - why   ② who - how
③ which - how   ④ which - when
⑤ whom - how

[05-06] 다음 두 문장을 한 문장으로 연결했을 때 올바른 문장을 모두 고르시오.

5

• I bought vegetables.
• I need vegetables to cook dinner.

① I bought vegetables which I need to cook dinner.
② I bought vegetables that I need to cook dinner.
③ I bought vegetables where I need to cook dinner.
④ I bought which I need vegetables to cook.
⑤ I bought vegetables whom to cook I need.

6

• Tell me the reason.
• She is depressed for the reason.

① Tell me the reason how she is depressed.
② Tell me the reason she is depressed.
③ Tell me why she is depressed.
④ Tell me she is depressed.
⑤ Tell me the reason why she is depressed.

[07-08] 다음 중 어법상 틀린 것을 고르시오.

7

① Send me the data which you have.
② What I need is your love.
③ Tell me what want to buy.
④ I watched a soccer match which was exciting.
⑤ There are students who are studying hard in the library.

8

① I have a dog, whose hair is black and white.
② I bought a dress, whose price was expensive.
③ I wrote books, which were all sold out.
④ I finished my homework, that are difficult.
⑤ I play the piano, which is my favorite hobby.

[09-10] 다음 순서를 바르게 배열한 문장을 고르시오.

09

believe, what, can, you, saw, you

① Can you believe what you saw?
② What can you saw you believe?
③ Can saw you what you believe?
④ What you saw you can believe.
⑤ You can saw what believe you.

10

the information, necessary, to solve, I, is, the problem, need, which

① I need the necessary information which to solve the problem is.
② I need the information which is necessary to solve the problem.
③ Which is necessary to solve the problem I need the information.
④ I need which the information is necessary to solve the problem.
⑤ I need the information is necessary to solve which the problem.

11 다음 빈칸에 들어갈 말이 나머지와 다른 하나는?

I live close to her _____ lent me the dictionary.

① Do you know a guy _____ raise a puppy?
② Look at the girl _____ has brown hair.
③ Let's meet at the bus stop _____ we take a bus every day.
④ I saw the boy on the street _____ is a famous singer.
⑤ I have many friends _____ are very smart.

[12-13] 다음 두 문장을 적절한 관계대명사나 관계부사를 사용하여 생략 없이 한 문장으로 연결하시오.

12

I remember the day.
+ We first met near the city hall on the day.

→

13

I met an old man. + His business was successful.

→

14 다음 글을 읽고 틀린 부분을 찾아 고쳐 쓰시오.

John is my uncle which can fix everything well. One day, the roof of my house leaked. So, he showed me the way how I could fix it. I could fix the yellow roof who was very old. It's prepared for the heavy rain.   * leak (액체가) 새다

(1) John is my uncle _____ .
(2) So, he showed me _____
_____ .
(3) I could fix the yellow roof _____
_____ .

15 다음 그림을 보고 우리말에 맞게 문장을 완성하시오.

(1) 나는 시험을 봤는데, 그것은 어렵지 않았다.

→

그러나 나는 떨어졌다. But, I failed.

(2) 나는 그 시험에서 떨어진 이유를 이해할 수 없다.

→

한 장의 사진으로 보는
문법이 쓰기다

UNIT 01
관계대명사 주격과 소유격

 써 봐!

그 소녀는 영화감독이 되고 싶어하는 내 사촌이다.

→

러디~ 액션!
예쁘고 잘생긴 배우들을 가까이에서 보는
영화감독님들은 얼마나 행복할까요?

UNIT 02
관계대명사 목적격과 what

내가 제일 좋아하는 우리 반 친구를 소개합니다!
그 애는 머리가 길고 공부를 잘해.
운동도 아주 잘 하고, 나와 함께 EXO 팬이기도 해.

 써 봐!

그녀는 내가 좋아하는 내 학급 친구이다.

→

UNIT 03
관계대명사 계속적 용법과 관계부사

TV 리모컨을 사수하라!
오늘은 내가 좋아하는 드라마 하는 날!
리모컨은 내 차지!!

 써 봐!

그것은 내가 제일 좋아하는 드라마인데, 그것은 유명하다.

→

정답 **UNIT 01.** The girl is my cousin who wants to be a director.　　**UNIT 02.** She is my classmate who(m) I like.
UNIT 03. That's my favorite drama, which is popular.

Part 9
접속사와 가정법

문장을 연결해 주는 다양한 접속사를 살펴보고,
실현 가능성이 없는 사실을 나타내는 가정법을 써봅니다.

UNIT 1 부사절 접속사

구성	기초 항목	서술형 유형
STEP 1	접속사 고르기	
STEP 2	비교하며 고르기	
STEP 3		우리말 영작하기
서술형 끝내기		문장쓰기, 문장 고쳐 쓰기

UNIT 2 상관접속사와 that의 쓰임

구성	기초 항목	서술형 유형
STEP 1	접속사 고르기, that 위치 찾기	
STEP 2	문장 배열하기	
STEP 3		우리말 영작하기
서술형 끝내기		문장완성, 문장쓰기

UNIT 3 가정법

구성	기초 항목	서술형 유형
STEP 1	시제 고르기	
STEP 2	비교하며 변형하기	
STEP 3		문장 전환하기
서술형 끝내기		문장 고쳐 쓰기, 문장쓰기

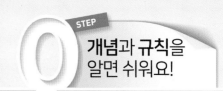

접속사

문장과 문장을 연결해주는 부사절 접속사는 앞이나 뒤에 오는 문장을 보충 설명할 수 있다.

He enjoyed drawing.	그는 그림 그리는 것을 좋아했다.
<u>When</u> he was young, he enjoyed drawing.	그는 어렸을 때, 그는 그림 그리는 것을 좋아했다.

그가 그림 그리는 것을 좋아했는데, 언제 좋아했는지를 설명

1 시간과 이유의 접속사

시간과 이유를 나타내는 접속사

시간	when ~ 할 때	**When** it rains,	I buy a raincoat. 나는 우비를 산다	비가 올 때,
	while ~ 하는 동안, ~ 하는 중에	**While** it is raining,		비가 내리는 <u>동안</u>,
	before ~ 전에	**Before** it rains,		비가 내리기 <u>전에</u>,
	after ~ 후에	**After** it rains,		비가 내린 <u>후에</u>,
이유	because ~ 때문에	**Because** it rains,		비가 내리기 <u>때문에</u>,

I was shy **when** I was young. 나는 어렸을 때, 수줍은 성격이었다.

→ 접속사로 시작하는 문장이 뒤에 올 수도 있으며,
별도로 콤마(,)를 사용하지 않는다.

> 🎵 양보의 접속사 '~에도 불구하고'
> although, though, even though
> ex) Although my mom is sick,
> she cleans the room.
> 우리 엄마는 아픔에도 불구하고,
> 그녀는 방 청소를 한다.

✦ 다양한 의미로 사용할 수 있는 접속사 as

[시간: ~하는 동안] **As** she is watching TV, he cleans the room. 그녀가 TV를 보는 **동안**, 그는 방을 청소한다.

[이유: ~ 때문에] **As** she is sick, he cleans the room. 그녀가 아프기 **때문에**, 그는 방을 청소한다.

[기타: ~듯이] **As** you know, she is sick. 너도 알 **듯이**, 그녀는 아프다.

2 조건의 접속사

조건을 나타내는 접속사

if ~한다면	**If**	you leave early,	you **won't** be late.	네가 일찍 출발한**다면**, 너는 늦지 않을 것이다.
unless ~하지 않는다면	**Unless**		you **will** be late.	네가 일찍 출발하지 **않는다면**, 너는 늦을 것이다.

→ 조건을 나타내는 접속사가 쓰이면 아직 일어나지 않은
미래의 일이라도 접속사절에 현재시제를 사용

✦ unless는 if not과 바꿔 사용할 수 있다.

Unless you leave early, you will be late.

= **If** you **don't** leave early, you will be late.

네가 일찍 출발하지 않는다면, 너는 늦을 것이다.

Unless it rains, he will arrive on time.

= **If** it **doesn't** rain, he will arrive on time.

비가 오지 않는다면, 그는 제시간에 도착할 것이다.

✦ if는 '~인지 ~아닌지'라는 의미의 접속사로 사용할 수도 있다.

I don't know **if** he comes today. 나는 오늘 그가 **올지 안 올지** 모른다.

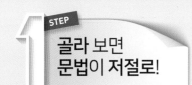

✔ 시간과 이유의 접속사

접속사 고르기

1 [While] I am traveling, I can meet new friends.

나는 여행을 하는 <u>동안에</u>, 새로운 친구들을 만날 수 있다.

☑ While   ☐ Because

2 [　　　] I caught a cold, I went to see a doctor.

나는 감기에 걸렸기 <u>때문에</u>, 의사를 보러 갔다.

☐ Because   ☐ While

3 You should be careful [　　　] you see a red sign.

네가 빨간 표지판을 보았을 <u>때</u> 조심해야 한다.

☐ before   ☐ when

4 You should think carefully [　　　] you say something.

네가 무엇인가를 말하기 <u>전에</u> 주의 깊게 생각해야 한다.

☐ after   ☐ before

✔ 조건의 접속사

접속사 고르기

1 [If] you don't want to do it, let me know.

네가 그것을 하고 싶지 않다면, 내게 알려 줘.

☑ If   ☐ Unless

2 [　　　] you want to do it, let me know.

네가 그것을 하고 싶지 않다면, 내게 알려 줘.

☐ If   ☐ Unless

3 [　　　] I call you, you don't have to come.

내가 너에게 전화를 하지 않는다면, 너는 올 필요가 없다.

☐ If   ☐ Unless

4 [　　　] I don't call you, you don't have to come.

내가 너에게 전화를 하지 않는다면, 너는 올 필요가 없다.

☐ If   ☐ Unless

5 [　　　] you wake up early, you'll be late for the class.

네가 일찍 일어나지 않는다면, 너는 그 수업에 늦게 될 것이다.

☐ If   ☐ Unless

6 [　　　] you don't wake up early, you'll be late for the class.

네가 일찍 일어나지 않는다면, 너는 그 수업에 늦게 될 것이다.

☐ If   ☐ Unless

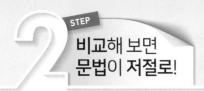
비가 올 때, / 우리는 차를 운전하지 않는다.

1

(When) / While   it rains, we don't drive a car.

비가 오는 동안, / 우리는 차를 운전하지 않는다.

When / (While)   it is raining, we don't drive a car.

샤워를 할 때, / 그는 라디오를 듣는다.

2

When / While   he takes a shower, he listens to the radio.

샤워를 하는 동안, / 그는 라디오를 듣는다.

When / While   he is taking a shower, he listens to the radio.

도서관에 들어가기 전에, / 휴대폰을 끄세요.

3

Before / After   you enter the library, turn off your cellphone.

휴대폰을 끈 후에, / 도서관에 들어가세요.

Before / After   you turn off your cellphone, enter the library.

자고 있었기 때문에, / 그는 대답을 하지 않았다.

4

Because / While   he was sleeping, he didn't answer.

자는 동안, / 그는 대답을 하지 않았다.

Because / While   he was sleeping, he didn't answer.

나는 돈을 좀 빌릴 것이다 / 쇼핑을 가기 전에.

5

I'll borrow some money
before / after   I go shopping.

나는 쇼핑을 갈 것이다 / 돈을 좀 빌린 후에.

I'll go shopping   before / after
I borrow some money.

그것은 쉬운 문제이다 / 그녀가 그 답을 알기 때문에.

6

It is an easy question
because / if   she knows the answer.

그것은 쉬운 문제이다 / 그녀가 그 답을 알기 때문에.

It is an easy question
unless / as   she knows the answer.

답을 안다면, / 손을 드세요.

7

If / Unless   you know the answer, raise your hand.

답을 알지 못한다면, / 손을 드세요.

If / Unless   you know the answer, raise your hand.

그 책을 빌리세요 / 그것을 읽기를 원한다면.

8

Borrow the book   if / unless   you want to read it.

그 책을 반납하세요 / 그것을 읽기를 원하지 않는다면.

Return the book   if / unless   you want to read it.

■ 주어진 단어를 활용하여 다음 우리말에 맞는 문장을 쓰시오.

☑ 서술형 기출문제

> 그녀는 공원에 갈 때, 그녀의 카메라를 가져간다. (go to a park, take)

→ 접속사는 두 개의 절을
연결할 수 있는데, 의미에
따라 가장 적절한 접속사를
고른다.

→   When she goes to a park, she takes her camera.

① 그는 너무 피곤했기 때문에, 집에 있기로 결정했다. (too tired, decide)

→ Because/As he was too tired, he decided to stay at home.

② 그는 경기를 이긴 후에, 그의 부모님에게 항상 전화를 한다. (win a game, call)

→

③ 그는 신문을 읽기 전에, 조깅을 한다. (read a newspaper, go jogging)

→

④ 네가 거리를 걷는 동안에는, 휴대폰을 사용하지 말아라. (walk on the street, use)

→

⑤ 네가 역에서 이상한 것을 본다면, 경찰에 신고해라. (something strange, call)

→

⑥ 네가 건강을 유지하기를 원한다면, 아침을 먹어야 한다. (stay healthy, have to)

→

⑦ 너는 입장권을 내게 보여 주지 않으면, 그 공연장에 들어갈 수 없다. (the ticket, enter, the concert hall)

→

복습 프로그램
p. 183, 184, 185에서
배운 문장으로

교과서 서술형 끝내기

유형 기본 ➕
기본 + 심화 문제

서술형 유형 기본 ■ 우리말에 맞게 주어진 단어를 이용하여 문장을 쓰시오. p.183 STEP 1에 나오는 문장 재확인

① 네가 빨간 표지판을 보았을 때 조심해야 한다. (when)

→ You should be careful when you see a red sign.

시간의 접속사 when '～ 할 때'

② 나는 여행을 하는 동안에, 새로운 친구들을 만날 수 있다. (while)

→

시간의 접속사 while '～ 하는 동안'

③ 나는 감기에 걸렸었기 때문에, 의사를 보러 갔다. (because)

→

이유의 접속사 because '～ 때문에'

④ 네가 그것을 하고 싶지 않다면, 내게 알려 줘. (unless)

→

조건의 접속사 unless '～하지 않는다면'

⑤ 네가 그것을 하고 싶지 않다면, 내게 알려 줘. (if)

→

조건의 접속사 if '～한다면'

서술형 유형 심화 ■ 우리말에 맞게 다음 문장의 접속사를 고쳐 쓰시오. p.184 STEP 2에 나오는 문장 재확인

① After it rains, we don't drive a car.
비가 올 때, 우리는 차를 운전하지 않는다.

→

(⭕ When)
(❌ After)

② Before you turn off your cellphone, enter the library.
휴대폰을 끈 후에, 도서관에 들어가세요.

→

(⭕ After)
(❌ Before)

③ Return the book if you want to read it.
그것을 읽기를 원하지 않는다면 그 책을 반납하세요.

→

(⭕ unless)
(❌ if)

④ It is an easy question unless she knows the answer.
그녀가 그 답을 알기 때문에 그것은 쉬운 문제이다.

→

(⭕ as)
(❌ unless)

• 문제를 풀다
solve a question은 '문제를
풀다', take a test는 '시험을
보다'라는 의미를 나타낼 때 써요.

서술형 유형 심화 ■ 우리말에 맞게 고르고 문장을 쓰시오. p.185 STEP 3에 나오는 문장 재확인

① 그는 경기를 이긴 후에 **(Before / After)** , 그의 부모님에게 항상 전화를 한다.

→ After he wins a game, he always calls his parents.

(◐ After)
(✘ Before)

② 네가 건강을 유지하기를 원한다면 **(If / When)** , 아침을 먹어야 한다.

→

(◐ If)
(✘ When)

③ 그는 너무 피곤했기 때문에 **(Unless / Because)** , 집에 있기로 결정했다.

→

(◐ Because)
(✘ Unless)

④ 네가 거리를 걷는 동안에는 **(While / Before)** , 휴대폰을 사용하지 말아라.

→

(◐ While)
(✘ Before)

⑤ 그녀는 공원에 갈 때 **(When / After)** , 그녀의 카메라를 가져간다.

→

(◐ When)
(✘ After)

⑥ 그는 신문을 읽기 전에 **(Before / After)** , 조깅을 한다.

→

(◐ Before)
(✘ After)

⑦ 너는 입장권을 내게 보여 주지 않으면 **(Unless / When)** , 그 공연장에 들어갈 수 없다.

→

(◐ Unless)
(✘ When)

⑧ 네가 역에서 이상한 것을 본다면 **(If / Unless)** , 경찰에 신고해라.

→

(◐ If)
(✘ Unless)

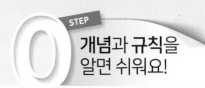

접속사

상관접속사는 두 단어 이상이 모여 함께 쓰이고, 접속사 that은 [주어 + 동사]로 시작하는 절 앞에 온다.

| 상관접속사 ▶ | not only | Europe | but also | Asia | 유럽뿐 아니라 아시아도 |

| 접속사 that ▶ | think | that | he works hard | 그가 열심히 일한다고 생각하다 |

1 상관접속사의 종류와 쓰임

상관접속사의 종류와 쓰임

두 단어 이상이 모여 특정 의미를 나타내는 상관접속사는 **동등한 두 대상을 연결**해 준다.

✎ 상관접속사와 수 일치

[B에 일치]

Either you **or** she **goes** to the party. 너 혹은 그녀가 그 파티에 간다.

Not only you **but also** she **goes** to the party. 너뿐 아니라 그녀도 그 파티에 간다.

She as well as you goes to the party. 너뿐 아니라 그녀도 그 파티에 간다.

[항상 복수]

Both you **and** she **go** to the party. 너와 그녀 모두 그 파티에 간다.

연결되는 두 대상이 모두 대명사

either A or B A 혹은 B	**Either**	you	**or**	he	is right.	너 **혹은** 그가 맞다.
both A and B A와 B 모두	**Both**		**and**		are right.	너와 그 **모두** 맞다.
not only A but also B A뿐 아니라 B도	He is	**not only**	kind	**but also**	intelligent.	그는 친절할 **뿐** 아니라 영리하기**도** 하다

연결되는 두 대상이 모두 형용사

✦ not only A but also B = B as well as A A뿐 아니라 B도

He is **not only** kind **but also** intelligent. ═ He is intelligent **as well as** kind.

→ 동일한 의미이나 A와 B의 순서가 달라지는 것에 주의한다.

2 that의 활용

다양한 that의 쓰임

✎ that이 [주어 + 동사]로 시작하는 문장 앞에 오면서 다른 문장 안에서 명사 역할을 하면, 이를 명사절 접속사 that이라 한다.

접속사	주어	**That** you have a plan is great. = **It** is great **that** you have a plan. 가주어　진주어	네가 계획을 갖고 있다는 것은 멋진 일이다.
	목적어	I know **that** you have a plan.	나는 네가 계획을 갖고 있다는 것을 알고 있다.
	보어	The point is **that** you have a plan.	요점은 네가 계획을 갖고 있다는 것이다.
동격		They ignore the fact **that** you have a plan. 앞에 오는 명사 the fact를 설명	그들은 네가 계획을 갖고 있다는 사실을 무시한다.

✦ 지시대명사 that: '그, 그것'이라는 의미의 지시대명사로 사용할 수 있다.

Is **that** right?
그게 사실이니?

I was really happy at **that** moment.
나는 그때 정말 기뻤어.

✦ 관계대명사 that

This is an island **that** is moving.　Here is a ring **that** she gave to me.
　　　　↑　　　　　　　　　　　　　　↑
이것은 움직이고 있는 섬이다.　　　그녀가 나에게 준 반지가 여기 있어.

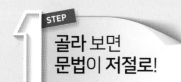

STEP

골라 보면 문법이 저절로!

두 단어 이상이 짝을 이루어 쓰이는 상관접속사의 쓰임을 이해한다.
문장 내에서 다양한 역할을 할 수 있는 that의 쓰임을 구분할 수 있다.

✓ 상관접속사

1 Tom과 Jack 모두 역사를 좋아한다. 　　(Both) / Either 　 Tom and Jack like history.

2 Tom 혹은 Jack이 역사를 좋아한다. 　　Both / Either 　 Tom or Jack likes history.

3 나는 영어뿐 아니라 한국어도 한다. 　　I speak　not only / as well as　English but also Korean.

4 나는 영어뿐 아니라 한국어도 한다. 　　I speak Korean　not only / as well as　English.

5 너는 그에게 말을 하거나 글을 써야 한다. 　　You must　both / either　speak or write to him.

6 너는 그에게 말도 하고 글도 써야 한다. 　　You must　both / either　speak and write to him.

✓ 접속사 that과 동격 that의 쓰임

1 ① I hope ② you will have ③ a great time. 　☐① ☑② ☐③
저는 당신이 좋은 시간을 보내기를 바랍니다.

2 ① I can do exercise ② is ③ cool. 　☐① ☐② ☐③
내가 운동을 할 수 있다는 것은 멋진 일이다.

3 ① It is true ② she is ③ a kind person. 　☐① ☐② ☐③
그녀가 친절한 사람이라는 것은 사실이다.

4 ① The truth is ② he broke ③ the window. 　☐① ☐② ☐③
사실은 그가 창문을 깨뜨렸다는 것이다.

5 ① I know ② the fact ③ he caused the accident. 　☐① ☐② ☐③
나는 그가 그 사고를 냈다는 사실을 알고 있다.

both, and you, he,
download, for free, it

영문장 → Both he and you download it for free.

우리말 → 그와 너 모두 그것을 무료로 다운받는다.

---

1 as well as, Spanish,
he, learns Chinese

영문장 →

우리말 →

---

2 not only food,
but also drink, we, share

영문장 →

우리말 →

---

3 either soccer, baseball,
or, we, choose

영문장 →

우리말 →

---

4 that, was, he,
a famous actor,
I didn't know

영문장 →

우리말 →

---

5 that, the fact,
I know, she likes Roger

영문장 →

우리말 →

---

6 that, true, it is,
he is an honest person

영문장 →

우리말 →

---

7 that, the point is,
he made mistakes

영문장 →

우리말 →

■ 주어진 단어를 활용하여 다음 우리말에 맞는 문장을 쓰시오.

☑ 서술형 **기출**문제

> 그와 나는 모두 그 대회에 참가했다. (take part in, the contest)

→ 상관접속사는 항상 두 단어
이상이 함께 쓰인다.
명사절 접속사 that이
이끄는 문장은 주어, 목적
어, 보어 역할을 한다.

→   Both he and I took part in the contest.

1 그 영화는 재미있을 뿐 아니라 교육적이었다.

(interesting, educational)

→ The movie was not only interesting but also
educational.

2 그들은 신중할 뿐 아니라 부지런하다.

(diligent, as well as, careful)

→

3 지호 혹은 세연이 그 파티에 참석했다.

(Jiho, Seyeon, attend)

→

4 나는 네가 그 상을 받았다는 것을 들었다.

(win the prize)

→

5 요점은 우리가 열심히 일한다는 것이다.

(point, that, work hard)

→

6 그가 무례한 사람이라는 것은 사실이다.

(it, true, that, a rude person)

→

7 그녀가 한국인이라는 것은 놀랍다.

(that, surprising)

→

복습 프로그램
p. 189, 190, 191에서
배운 문장으로

교과서 **서술형 끝내기**

유형 기본 ➕
기본 + 심화 문제

서술형 유형 기본
■ 우리말에 맞게 주어진 단어를 이용하여 문장을 완성하시오.

p.189 **STEP 1에 나오는 문장 재확인**

(한 단어를 여러 번 사용할 수 있습니다.)

| both | either | that | and | or |

① Tom과 Jack은 모두 역사를 좋아한다.

→ | Both Tom and Jack | like history.

(○ Both A and B)
(✗ Either A or B)

② 너는 그에게 말을 하거나 글을 써야 한다.

→ You must [   ] to him.

(○ either A or B)
(✗ both A and B)

③ 내가 운동을 할 수 있다는 것은 멋진 일이다.

→ [   ] is cool.

주어로 쓰이는 접속사 that절

④ 나는 그가 그 사고를 냈다는 사실을 알고 있다.

→ I know [   ] he caused the accident.

동격으로 쓰이는 접속사 that절

서술형 유형 심화
■ 우리말에 맞게 주어진 단어를 활용하여 문장을 쓰시오.

p.190 **STEP 2에 나오는 문장 재확인**

① 그는 스페인어뿐 아니라 중국어도 배운다. (as well as)

→

B as well as A는 'A뿐 아니라 B도'라는 의미

② 우리는 음식뿐 아니라 마실 것도 공유한다. (not only, but also)

→

not only A but also B는 'A뿐 아니라 B도'라는 의미

③ 요점은 그가 실수를 했다는 것이다. (point, that)

→

보어로 쓰이는 접속사 that절

④ 나는 그가 유명한 배우라는 것을 몰랐다. (know, that)

→

목적어로 쓰이는 접속사 that절

• actor와 actress
  남자 배우는 actor, 여자 배우는
  actress라고 부르지만 최근에는
  여배우도 actor라고 불러요.

서술형 유형 심화　　　■ 다음 문장을 읽고 지시에 맞게 다시 쓰시오.　　p.191　**STEP 3에 나오는 문장 재확인**

① They are not only careful but also diligent. (→ as well as 사용)

→　They are diligent as well as careful.

(○ diligent as well as careful)
(✗ careful as well as diligent)

② Either he or I took part in the contest. (→ both 사용)

→

(○ Both he and I)
(✗ Both he or I)

③ The movie was educational as well as interesting. (→ not only 사용)

→

(○ not only interesting but also)
(✗ not only educational but also)

④ Both Jiho and Seyeon attended the party. (→ either 사용)

→

(○ Either Jiho or Seyeon)
(✗ Either Jiho and Seyeon)

⑤ That I heard you won the prize. (→ 틀린 부분 찾아 고치기)

→

(○ I heard that)
(✗ That I heard)

⑥ She is Korean that is surprising. (→ 틀린 부분 찾아 고치기)

→

(○ That she is Korean)
(✗ She is Korean that)

⑦ That it is true he is a rude person. (→ 틀린 부분 찾아 고치기)

→

(○ It is true that)
(✗ That it is true)

⑧ That the point is we work hard. (→ 틀린 부분 찾아 고치기)

→

(○ The point is that)
(✗ That the point is)

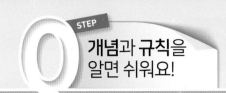

**가정법 과거
가정법 과거완료**

가정법은 사실과 반대이거나 실현 가능성이 없는 사실을 나타낸다.

→ 현재 사실의 반대: 지금 성인이 아니어서 가입할 수 없음

가정법 과거	If I	were	an adult,	I	could join	the club.
가정법 과거완료		had been			could have joined	

→ 과거 사실의 반대: 과거에 성인이 아니어서 가입할 수 없었음

**1 가정법 과거의
형태와 쓰임**

현재 사실의 반대를 가정하는 가정법 과거

가정법 과거는 '**만약 ~한다면, ~할 텐데**'라는 의미로 사용한다.

> ✍ If절에서 be동사는 were을 쓴다.
> 구어체에서 was가 쓰이기도 한다.

If + 주어 + 동사 과거 ~,			주어 + 조동사 과거 + 동사원형 ~.			
If I	were	you,	I	would should could might	call him.	만약 내가 너라면, 그에게 전화할 텐데.
	knew	his number,				만약 내가 그의 연락처를 안다면, 그에게 전화할 텐데.

If I **were** not busy, I **could visit** your office. 만약 내가 바쁘지 않다면, 네 사무실을 방문할 수 있을 텐데.

★ 가정법을 현재시제의 문장으로 전환할 수도 있다.

If your mom **knew** it, she **would get** angry. 만약 네 엄마가 그것을 안다면, 화를 낼 텐데.
→ As your mom doesn't know it, she won't get angry. 네 엄마가 그것을 모르기 때문에, 화를 내지 않을 거야.

**2 가정법 과거완료의
형태와 쓰임**

과거 사실의 반대를 가정하는 가정법 과거완료

가정법 과거완료는 '**만약 ~했었다면, ~했었을 텐데**'라는 의미로 사용한다.

If + 주어 + had + 과거분사 ~,			주어 + 조동사 과거 + have + 과거분사 ~.			
If I	had been	upset,	I	would should could might	have called him.	만약 내가 화가 났었다면, 그에게 전화했었을 텐데.
	had known	his number,				만약 내가 그의 연락처를 알았다면, 그에게 전화했었을 텐데.

If they **had owned** a house, they **wouldn't have moved** to the countryside.
만약 그들이 집을 가지고 있었다면, 시골로 이사를 가지 않았을 텐데.

★ 가정법을 과거시제의 문장으로 전환할 수도 있다.

If he **had had** enough time, he **could have studied**. 만약 그가 충분한 시간이 있었다면, 공부를 할 수 있었을 텐데.
→ As he didn't have enough time, he couldn't study. 그는 충분한 시간이 없었기 때문에, 공부를 할 수 없었다.

> ✍ If는 접속사나 가정법으로 쓰인다.
> • 조건을 나타내는 접속사
> • 현재나 과거 사실의 반대를 가정하는 가정법

가정법 과거의 형태

올바른 시제 고르기

1 If I were sick,
만약 내가 아프다면,

I would [went / (go)] see a doctor.
병원에 갈 텐데.

2 If I had a car,
만약 내가 차가 있다면,

I could [picked / pick] you up.
너를 데리러 갈 수 있을 텐데.

3 If I had a cellphone,
만약 내가 휴대폰이 있다면,

I could [call / have called] you.
너에게 전화할 수 있을 텐데.

4 If I went shopping,
만약 내가 쇼핑을 간다면,

I might [buy / have bought] your gift.
너의 선물을 살지도 모를 텐데.

5 If I went to the church,
만약 내가 교회에 간다면,

I would [meet / have met] you there.
너를 거기에서 만날 텐데.

가정법 과거완료의 형태

올바른 시제 고르기

1 If I [   ] her, I would have talked to her.
만약 내가 그녀를 보았다면, 그녀에게 말을 걸었을 텐데.

☐ have seen   ☑ had seen

2 If I [   ] the address, I wouldn't have been lost.
만약 내가 주소를 알고 있었다면, 길을 잃지 않았을 텐데.

☐ have known   ☐ had known

3 If I [   ] there, I could have met him.
만약 내가 그곳에 있었다면, 그를 만날 수 있었을 텐데.

☐ have been   ☐ had been

4 If he [   ] rich, he could have bought a house.
만약 그가 부자였다면, 집을 살 수 있었을 텐데.

☐ had been   ☐ were

5 If I [   ] money, I might have bought the car.
만약 내가 돈이 있었다면, 그 차를 샀을지도 모를 텐데.

☐ had had   ☐ had

be

만약 내가 수학을 잘한다면, 너를 도와줄 텐데.

→ If I [were] good at math, I would help you.

만약 내가 수학을 잘했다면, 너를 도와주었을 텐데.

→ If I [had been] good at math, I would have helped you.

① know

만약 내가 그의 주소를 안다면, 너에게 말해줄 텐데.

→ If I [ ] his address, I would tell you.

만약 내가 그의 주소를 알았다면, 너에게 말해 주었을 텐데.

→ If I [ ] his address, I would have told you.

② live

만약 내가 여기에 산다면, 그 공원에 매주 갈 텐데.

→ If I [ ] here, I would go to the park every week.

만약 내가 여기에 살았다면, 그 공원에 매주 갔을 텐데.

→ If I [ ] here, I would have gone to the park every week.

③ have

만약 내가 충분한 시간이 있다면, 너를 방문할 수 있을 텐데.

→ If I [ ] enough time, I could visit you

만약 내가 충분한 시간이 있었다면, 너를 방문할 수 있었을 텐데.

→ If I [ ] enough time, I could have visited you.

④ answer

만약 내가 그 책을 읽는다면, 그 질문에 대답할 수 있을 텐데.

→ If I read the book, I could [ ] the question.

만약 내가 그 책을 읽었다면, 그 질문에 대답할 수 있었을 텐데.

→ If I had read the book, I could [ ] the question.

⑤ find

만약 내가 내 방을 청소한다면, 그 열쇠를 찾을지도 모를 텐데.

→ If I cleaned my room, I might [ ] the key.

만약 내가 내 방을 청소했다면, 그 열쇠를 찾았었을지도 모를 텐데.

→ If I had cleaned my room, I might [ ] the key.

⑥ lose

만약 내가 운동을 한다면, 체중이 줄어들 텐데.

→ If I did exercise, I would [ ] my weight.

만약 내가 운동을 했다면, 체중이 줄어들었을 텐데.

→ If I had done exercise, I would [ ] my weight.

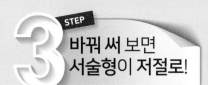

■ 두 문장이 같은 의미가 되도록, 가정법을 이용하여 문장을 쓰시오.

☑ 서술형 **기출**문제

> As I don't have enough money, I can't buy you a cellphone.

→ 가정법 과거는 현재 사실의 반대를, 가정법 과거완료는 과거 사실의 반대를 나타낸다.

→   If I had enough money, I could buy you a cellphone.

①→ As I don't fix my computer, I can't play computer games.

➡ If I fixed my computer, I could play computer games.

②→ As I don't live on the island, I can't go swimming every day.

➡

③→ As I don't know your birthday, I can't buy you a gift.

➡

④→ As I didn't wear glasses, I couldn't read the message on the screen.

➡

⑤→ As I didn't arrive on time, I couldn't catch the bus.

➡

⑥→ As I didn't travel to Seoul, I wouldn't meet you.

➡

⑦→ As I wasn't cheerful, I might not have many friends.

➡

문
법
이
쓰
기
다

■ 마무리 해석확인

[보기] 만약 내가 충분한 돈이 있다면, 너에게 휴대폰을 사줄 수 있을 텐데. ① 만약 내가 내 컴퓨터를 수리한다면, 컴퓨터 게임을 할 수 있을 텐데. ② 만약 내가 그 섬에 산다면, 매일 수영하러 갈 수 있을 텐데. ③ 만약 내가 네 생일을 안다면, 너에게 선물을 사줄 수 있을 텐데. ④ 만약 내가 안경을 썼다면, 화면의 그 메시지를 읽을 수 있었을 텐데. ⑤ 만약 내가 제 시간에 도착했다면, 그 버스를 탈 수 있었을 텐데. ⑥ 만약 내가 서울로 여행을 갔다면, 너를 만났을 텐데. ⑦ 만약 내가 밝은 성격이었다면, 많은 친구들이 있었을지도 모를 텐데.

서술형 유형 기본
■ 다음 문장의 밑줄 친 부분에서 틀린 부분을 고쳐 쓰시오.　p.195 STEP 1에 나오는 문장 재확인

① If I were sick, <u>I would have gone see a doctor</u>.

→ If I were sick, I would go see a doctor.

(○ I would go)
(✗ I would have gone)

② If I had a car, <u>I could have picked you up</u>.

→

(○ I could pick)
(✗ I could have picked)

③ <u>If I saw her</u>, I would have talked to her.

→

(○ If I had seen)
(✗ If I saw)

④ <u>If I had money</u>, I might have bought the car.

→

(○ If I had had)
(✗ If I had)

⑤ <u>If I were there</u>, I could have met him.

→

(○ If I had been)
(✗ If I were)

서술형 유형 심화
■ 우리말에 맞게 주어진 단어를 활용하여 문장을 쓰시오.　p.196 STEP 2에 나오는 문장 재확인

① 만약 내가 그의 주소를 안다면, 너에게 말해 줄 텐데. (know his address, tell)

→

가정법 과거는 현재 사실의 반대를 가정

② 만약 내가 충분한 시간이 있다면, 너를 방문할 수 있을 텐데. (have enough time, visit)

→

[could + 동사원형]은 '~할 수 있을 텐데'라는 의미

③ 만약 내가 운동을 했다면, 체중이 줄어들었을 텐데. (do exercise, lose my weight)

→

가정법 과거완료는 과거 사실의 반대를 가정

④ 만약 내가 내 방을 청소했다면, 그 열쇠를 찾았을지도 모를 텐데. (clean my room, find the key)

→

[might + have + 과거분사]는 '~했을지도 모를 텐데'라는 의미

• key는 문을 여는 열쇠?
key는 열쇠라는 의미 외에도
'~의 비결'이라는 의미도 있어요.
그 외에 '정답, 해설'을 의미하기도
해요.

정답과 해설 p.30

서술형 유형 심화 ■ 우리말에 맞게 고르고 문장을 쓰시오. | p.197 STEP 3에 나오는 문장 재확인

① 만약 내가 네 생일을 안다면 **(knew / had known)** , 너에게 선물을 사 줄 수 있을 텐데.

→ If I knew your birthday, I could buy you a gift.

(◯ knew)
(✗ had known)

② 만약 내가 내 컴퓨터를 수리한다면 **(fixed / had fixed)** , 컴퓨터 게임을 할 수 있을 텐데.

→

(◯ fixed)
(✗ had fixed)

③ 만약 내가 제 시간에 도착했다면 **(arrived / had arrived)** , 그 버스를 탈 수 있었을 텐데.

→

(◯ had arrived)
(✗ arrived)

④ 만약 내가 서울로 여행을 갔다면 **(traveled / had traveled)** , 너를 만났을 텐데.

→

(◯ had traveled)
(✗ traveled)

⑤ 만약 내가 그 섬에 산다면, 매일 수영하러 갈 수 있을 텐데 **(could go / could have gone)** .

→

(◯ could go)
(✗ could have gone)

⑥ 만약 내가 밝은 성격이었다면, 많은 친구들이 있었을지도 모를 텐데
(might have / might have had) .

→

(◯ might have had)
(✗ might have)

⑦ 만약 내가 충분한 돈이 있다면, 너에게 휴대폰을 사 줄 수 있을 텐데
(could buy / could have bought) .

→

(◯ could buy)
(✗ could have bought)

⑧ 만약 내가 안경을 썼다면, 화면의 그 메시지를 읽을 수 있었을 텐데
(could read / could have read) .

→

(◯ could have read)
(✗ could read)

[01-03] 다음 빈칸에 들어갈 말이 순서대로 바르게 짝지어진
것을 고르시오.

1

If I _____ not tired, I would
_____ to the award ceremony.

① am - go   ② was - went   ③ were - go
④ were - went ⑤ were - have gone

2

• If I _____ under the chair, I could
have found my cellphone.
• If he _____ me, I would have told
him my phone number.

① look - ask   ② had looked - asked
③ have looked - asked ④ looked - have asked
⑤ had looked - had asked

3

• You can _____ leave early or stay.
• _____ he and I like to go hiking.

① not only - Either   ② either - Both
③ either - Not only   ④ either - As well as
⑤ both - Either

[04-05] 빈칸에 공통으로 들어갈 단어를 고르시오.

4

• _____ you're walking, you can
enjoy the beautiful views.
• Don't take your eyes off the road
_____ you're driving.

① unless   ② while   ③ before
④ after   ⑤ because

5

• _____ you wear this, you will catch a cold.
• _____ you drink it now, you will be thirsty.

① If   ② After   ③ Before
④ Both   ⑤ Unless

[06-07] 다음 중 우리말을 영어로 가장 잘 옮긴 것을 고르시오.

6

우리는 많은 책을 읽을 뿐 아니라 일기도 쓴다.

① We either read many books or keep a diary.
② We read many books or keep a diary.
③ We both read many books or keep a diary.
④ We read many books as well as keep a diary.
⑤ We not only read many books but also keep
a diary.

7

네가 그 약속을 지키지 않는다면, 나는 그것을 너에게 돌려
주지 않을 것이다.

① If you keep the promise, I won't give it back
to you.
② If you keep the promise, I will give it back to
you.
③ Unless you keep the promise, I won't give it
back to you.
④ Unless you keep the promise, I will give it
back to you.
⑤ Unless you keep the promise, I give it back
to you.

8 다음 중 어법상 틀린 문장은?

① It is clear that he always tells the truth.
② While I was sleeping, my sister called me twice.
③ Unless you want to leave early, you can also
enjoy the next show.
④ Either he and I am going to the library to
borrow the book.
⑤ She wrote not only a letter but also a poem.

09 다음 중 짝지어진 문장의 뜻이 서로 <u>다른</u> 것은?

① If I were a millionaire, I could travel to space.
= As I'm not a millionaire, I can't travel to space.

② They build not only hospitals but also schools.
= They build schools as well as hospitals.

③ If it isn't sunny, we can cancel the activities.
= Unless it isn't sunny, we can cancel the activities.

④ As we were busy, we couldn't visit the temple.
= If we had not been busy, we could have visited the temple.

⑤ He finished painting the fence as well as watering the plants.
= He finished not only watering the plants but also painting the fence.

10 다음 문장의 빈칸과 같은 단어가 들어갈 것은?

I know _____ we can achieve our goal.

① _____ she was sick, she stayed at home.
② It is important _____ you use simple sentences.
③ _____ he was 10 years old, he wanted to be a writer.
④ I have to finish my homework _____ my mom comes home.
⑤ _____ you have a headache, you should let your doctor know.

11 다음 중 밑줄 친 단어의 쓰임이 <u>다른</u> 것은?

① <u>If</u> you want to read it, I'll lend it to you.
② <u>If</u> you study hard, you will pass the exam.
③ <u>If</u> I asked him, he would tell me the place.
④ <u>If</u> you feel tired, you don't have to stay here.
⑤ <u>If</u> you want to be a good writer, read as much as you can.

서술형 대비 문제

[12-13] 보기에서 알맞은 접속사를 골라 우리말에 맞게 쓰시오.

both   either   as well as   that

12 우리는 계획 뿐 아니라 예산도 세운다.
(make, a budget, a plan)

→

13 그가 모델이 되고 싶어 하는 것은 확실하다.
(it, certain)

→

14 다음 글을 읽고 <u>틀린</u> 부분을 찾아 바르게 고쳐 쓰시오.

When I was young, I enjoyed either painting flowers and writing stories. I wanted to be a great artist. If I had known some artists, I could ask them many questions.

(1) _____ .

(2) _____ .

15 다음 그림을 보고 주어진 단어를 사용하여 주어진 우리말에 맞게 문장을 쓰시오.

arrive late / at the airport / miss his flight

(1) 그는 늦게 공항에 도착했기 때문에, 비행기를 놓쳤다.

→

(2) 그가 공항에 늦게 도착하지 않았다면, 비행기를 놓치지 않았을 텐데.

→

한 장의 사진으로 보는
문법이 쓰기다

오늘은 영어시험이 있어.
나 좀 열심히 공부해서 그런지 오늘 시험은 쉬웠어.
나 1등하면 어쩌지?

 써 봐!

그녀가 그 답을 알기 때문에, 그것은 쉬운 문제이다.

→

나만 모르는 그 사람.
우리 옆집에 사는 그 아저씨가
그렇게 유명한 사람일 줄이야!

 써 봐!

나는 그가 유명한 배우라는 것을 몰랐다.

→

청소 좀 해 둘걸!
약속이 있어서 나가야 하는데,
아무리 찾아도 열쇠가 없어!
대체 어디로 간 거야?

써 봐!

만약 내가 내 방을 청소했다면, 나는 그 열쇠를 찾았을지도 모르는데.

→

정답 **UNIT 01.** It is an easy question as she knows the answer. **UNIT 02.** I didn't know that he was a famous actor.
UNIT 03. If I had cleaned my room, I might have found the key.

Part 10
자주 쓰는 표현

다양한 문장에서 활용할 수 있는 대명사와
의문문이 문장의 일부가 되거나 문장 마지막에 덧붙여지는 경우를
살펴보고 문장으로 씁니다.

UNIT 1 대명사

구성	기초 항목	서술형 유형
STEP 1	대명사 고르기	
STEP 2	문장 배열하기	
STEP 3		우리말 영작하기
서술형 끝내기		문장 고쳐 쓰기, 문장쓰기

UNIT 2 간접의문문과 부가의문문

구성	기초 항목	서술형 유형
STEP 1	어순과 형태 고르기	
STEP 2	비교하며 고르기	
STEP 3		우리말 영작하기
서술형 끝내기		문장완성, 문장 고쳐 쓰기, 문장쓰기

대명사와 부정대명사

대명사는 정해진 대상을, 부정대명사는 정해지지 않은 대상을 지칭할 때 사용한다.

| There are **two cows**. | 소 두 마리가 있다. |
| <u>One</u> is black, and <u>the other</u> is white. | 한 마리는 검은색이고, **다른 하나는** 하얀색이다. |

1 대명사와 부정대명사 it

it의 다양한 쓰임

비인칭 주어	**It** is getting cold. 날씨, 시간, 요일 등을 나타내는 비인칭 주어	날씨가 추워지고 있다.
가주어	**It** is necessary to set a goal. to부정사의 가주어	목표를 정하는 것은 필요하다.
지시대명사	He has a ring. **It** looks great. 앞에 나온 명사를 지칭하는 지시대명사	그는 반지를 가지고 있다. 그것은 좋아 보인다.

✘ it과 one 비교하기
앞에 나온 것과 동일한 것 → 대상이 복수형일 때: it → they, one → ones

| it | Look at **the roller coaster**. **It** looks so scary. | 저 롤러코스터를 좀 봐. 그것은 너무 무서워 보여. |
| one | **Your ring** is pretty. I want to buy **one**, too. | 네 반지 예쁘네. 나도 (반지) 하나를 사고 싶어. |

같은 종류이지만 정해지지 않은 다른 것

2 여러 개의 대상을 지칭하는 부정대명사

one과 another, (the) other

두 개	one the other	**One** is blue, and **the other** is orange. (둘 중에) **하나는** 파란색이고, **다른 하나는** 주황색이다.
세 개	one another the other	**One** is blue, **another** is orange, and **the other** is gray. (셋 중에) **하나는** 파란색, **다른 하나는** 주황색, **나머지 하나는** 회색이다.
여러 개	some the others	There are **five** circles. **Some** are blue, but **the others** are orange. 원이 5개가 있다. **몇 개는** 파란색이지만, **나머지 전부는** 주황색이다.

✘ 전체 집단의 수가 명확하지 않을 때는 others를 사용한다.

There are **many** circles. **Some** are blue, but **others** are orange. → 전체 원의 개수를 알 수 없으며, some과 others를 제외하고도
많은 원들이 있다. 몇 개는 파란색이지만, 다른 것들은 주황색이다. 많은 원들이 더 있다.

3 재귀대명사

재귀대명사

'~자신, 스스로'라는 의미로 주어와 목적어가 가리키는 대상이 같을 때 목적어 자리에 쓰며 생략할 수 없다.

단수			복수		
I	**myself**	나 자신	we	**ourselves**	우리 자신
you	**yourself**	너 자신	you	**yourselves**	너희 자신
he / she	**himself / herself**	그 / 그녀 자신	they	**themselves**	그들 자신
it	**itself**	그것 자체			

I introduce myself / ~~me~~ . 나는 나 자신을 소개한다.

✐ 강조용법

강조하고자 하는 대상 바로 뒤나 문장 마지막에 쓰며 이는 생략할 수 있다.
Let's repair the furniture (**ourselves**).
우리가 (직접) 가구를 수리하자.

문법이 쓰기다

✔ 대명사와 부정대명사의 쓰임

쓰임에 맞는 대명사 고르기

1 Look at the roller coaster.
저 롤러코스터를 좀 봐.

One / (It) looks so scary.
그것은 너무 무서워 보여.

2 My mom gave me a watch.
엄마가 나에게 시계를 주었다.

One / It looks cute.
그것은 귀여워 보인다.

3 To do exercise is good for you.
운동을 하는 것은 너에게 좋다.

One / It is good for you to do exercise.
운동을 하는 것은 너에게 좋다.

4 Look out the window.
창문 밖을 봐.

One / It is raining outside.
밖에 비가 내리고 있어.

5 He showed me a cup.
그는 나에게 컵을 보여 주었다.

I will buy one / it .
나는 (컵) 하나를 살 것이다.

6 I have two backpacks.
나는 두 개의 배낭을 가지고 있다.

One / It is small, and the other is big.
하나는 작고, 다른 하나는 크다.

✔ 재귀대명사의 쓰임

의미에 맞는 대명사 고르기

1 그는 거울에 비친 그 자신을 본다.

He sees him / (himself) in the mirror.

2 Ron은 항상 스스로를 칭찬한다.

Ron always praises him / himself .

3 그녀는 스스로를 자랑스러워 한다.

She is proud of her / herself .

4 Nancy는 그녀에게 돈을 조금 빌려준다.

Nancy lends her / herself some money.

5 우리는 스스로를 믿어야 한다.

We should trust our / ourselves .

to keep, it is, necessary, a diary

영문장 → It is necessary to keep a diary.

우리말 → 일기를 쓰는 것은 필요하다.

1 getting cold, it, and windy, is

영문장 →

우리말 →

2 is, and, one is red, the other, white

영문장 → I have two scarves.

우리말 →

3 I, one, buy, will

영문장 → He has a nice bag.

우리말 →

4 it, great, looked

영문장 → She showed me a cellphone.

우리말 →

5 she, herself, to them, introduced

영문장 →

우리말 →

6 learn, they, themselves, to respect

영문장 →

우리말 →

7 to understand, we, try, ourselves

영문장 →

우리말 →

■ 주어진 단어를 활용하여 우리말에 맞는 문장을 쓰시오.

☑ 서술형 **기출**문제

> 두 남자가 있다. 한 명은 우주비행사이고, 다른 한 명은 자동차 경주 선수이다. (an astronaut, a car racer)

→ 부정대명사는 전체 개수에 따라 사용법이 다르므로 주의한다. 재귀대명사는 주어에 따라 다르다.

→ There are two men. One is an astronaut, and the other is a car racer.

① 많은 아이들이 있다. 몇 명은 사과를 좋아하고, 다른 아이들은 배를 좋아한다. (apples, pears)

→ There are many children. Some like apples, and others like pears.

② 나는 세 개의 풍선들이 있다. 하나는 빨간색이고, 다른 하나는 파란색, 나머지 하나는 검은색이다. (red, blue, black)

→ I have three balloons.

③ 내 남동생이 내 컵을 빌려갔다. 그는 그것을 실수로 잃어버렸다. (lose, by mistake)

→ My brother borrowed my cup.

④ 우리는 그 창문을 여는 게 좋겠다. 날이 더워지고 있어. (hot)

→ We had better open the window.

⑤ 밤에 운전하는 것은 위험하다. (it, dangerous, drive, at night)

→

⑥ 우리는 스스로를 점검해 볼 필요가 있다. (need, examine)

→

⑦ 그는 모든 인터뷰에서 그 자신에 대해 이야기한다. (talk about, in every interview)

→

서술형 유형 기본

■ 다음 문장의 밑줄 친 부분에서 틀린 부분을 고쳐 쓰시오.

p.205 ▸ **STEP 1**에 나오는 문장 재확인

① Mom gave me a watch. <u>One looks cute.</u>

→ Mom gave me a watch. | It looks cute. |

앞 문장에 나온 명사를 지칭하는 지시대명사 it

② I have two backpacks. <u>It is small, and the other is big.</u>

→ I have two backpacks. | |

두 개 중 하나를 지칭하는 부정대명사 one

③ Look out the window. <u>One is raining outside.</u>

→ Look out the window. | |

날씨를 나타내는 비인칭 주어 it

④ He sees <u>him</u> in the mirror.

→ | |

주어가 he일 때 목적어 자리에 오는 재귀대명사 himself

⑤ We should trust <u>our.</u>

→ | |

주어가 we일 때 목적어 자리에 오는 재귀대명사 ourselves

서술형 유형 심화

■ 우리말에 맞게 주어진 단어를 활용하여 문장을 쓰시오.

p.206 ▸ **STEP 2**에 나오는 문장 재확인

① 날씨가 점점 추워지고 바람이 분다. (it)

→ | |

날씨를 나타내는 비인칭 주어 it

② 일기를 쓰는 것은 필요하다. (it)

→ | |

가주어 it

③ 나는 스카프 2개가 있다. 하나는 붉은색이고, 다른 하나는 하얀색이다. (one, the other)

→ I have two scarves. | |

두 개의 사물을 지칭하는 부정대명사 one과 the other

④ 그들은 스스로를 존중하는 것을 배운다. (themselves)

→ | |

주어가 they일 때 목적어 자리에 오는 재귀대명사 themselves

• respect와 함께 사용할 수 있는 부사
deeply 깊이, 크게 /
greatly 크게 / really 정말로
등과 함께 사용할 수 있어요.

서술형 유형 심화   ■ 우리말에 맞게 고르고 문장을 쓰시오.   p.207 **STEP 3에 나오는 문장 재확인**

① (It / One) 밤에 운전하는 것은 위험하다.

→ It is dangerous to drive at night.

(**O** It)
(**X** One)

② 우리는 그 창문을 여는 게 좋겠다. (It / One) 날이 더워지고 있어.

→ We had better open the window.

(**O** It)
(**X** One)

③ 내 남동생이 내 컵을 빌려갔다. 그는 그것을 (it / one) 실수로 잃어버렸다.

→ My brother borrowed my cup.

(**O** it)
(**X** one)

④ 우리는 스스로를 (us / ourselves) 점검해 볼 필요가 있다.

→

(**O** ourselves)
(**X** us)

⑤ 그는 모든 인터뷰에서 그 자신에 (him / himself) 대해 이야기한다.

→

(**O** himself)
(**X** him)

⑥ 두 남자가 있다. 한 명은 우주비행사이고, 다른 한 명은 (other / the other) 자동차 경주 선수이다.

→ There are two men.

(**O** the other)
(**X** other)

⑦ 많은 아이들이 있다. 몇 명은 (Some / Others) 사과를 좋아하고, 다른 아이들은 배를 좋아한다.

→ There are many children.

(**O** Some)
(**X** Others)

⑧ 나는 세 개의 풍선들이 있다. 하나는 빨간색이고, 다른 하나는 파란색, 나머지 하나는 (another / the other) 검은색이다.

→ I have three balloons.

(**O** the other)
(**X** another)

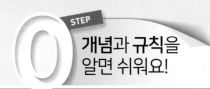

STEP 0 개념과 규칙을 알면 쉬워요!

간접의문문
부가의문문

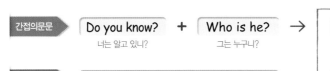

간접의문문	Do you know?	+	Who is he?	→	Do you know who he is?
	너는 알고 있니?		그는 누구니?		너는 그가 누구인지 알고 있니?

부가의문문	Tim is a good teacher.	→	Tim is a good teacher, isn't he?
	Tim은 좋은 선생님이야,		Tim은 좋은 선생님이야, 그렇지 않니?

1 간접의문문의 형태와 역할

의문문이 다른 문장의 일부로 쓰이는 간접의문문

의문문이 다른 문장과 결합하면서 [의문사 + 주어 + 동사]로 어순이 바뀐다.

간접의문문의 형성			
I don't know.	**+**	**Why is he** shouting?	나는 모른다. 왜 그가 소리를 지르고 있니?
I don't know		**why he is** shouting. 의문사 + 주어 + 동사	나는 왜 그가 소리를 지르고 있는지 모른다.
Do you know?	**+**	**What does he like?**	너는 알고 있니? 그는 무엇을 좋아하니?
Do you know		**what he likes?** 의문사 + 주어 + 동사	너는 그가 무엇을 좋아하는지 알고 있니? → 조동사 does가 없어지면서 동사의 형태가 변하는 것에 주의

★ 의문사가 없는 의문문인 경우 접속사 whether, if '~인지 아닌지'를 사용한다.

I wonder. + **Does she come** to the party?
→ I wonder **whether/if** she comes to the party.
나는 그녀가 그 파티에 오는지 안 오는지 궁금하다.

> 💡 think가 문장의 동사이면 의문사가 문장 맨 앞에 옴.
>
> Do you think? + What is he doing?
> = What do you think he is doing?
> 너는 그가 무엇을 하는 중이라고 생각하니?

2 부가의문문의 형태와 역할

문장 맨 뒤에 덧붙이는 부가의문문

문장 뒤에 덧붙여 동의나 확인을 하고자 할 때 사용한다.

긍정문,		부정 축약형 + 인칭대명사?
You **have** a child, 너는 아이가 있어,	**+**	don't you? 그렇지 않니?

부정문,		긍정형 + 인칭대명사?
It **is not** a good habit, 그건 좋은 습관이 아니야,	**+**	is it? 그렇지?

① 문장의 동사를 확인한다. 평서문이 긍정이면 부가의문문은 부정, 평서문이 부정이면 부가의문문은 긍정.

② 동사가 일반동사이면, do / does / did를 사용한다.
be동사이면 평서문에 사용한 be동사를 그대로 사용한다.

③ 주어는 대명사로 만든다.

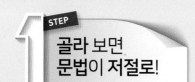

간접의문문

올바른 어순과 형태 고르기

1 I don't know. + Who is he?
나는 모른다. + 그는 누구니?

I don't know who (he is / is he) .

2 I don't know. + Who are they?
나는 모른다. + 그들은 누구니?

I don't know who (are they / they are) .

3 Do you know? + What does she want?
너는 알고 있니? + 그녀가 원하는 것은 무엇이니?

Do you know what (she wants / does she want) ?

4 Do you know? + Where does he go?
너는 알고 있니? + 그는 어디에 가니?

Do you know where (does he go / he goes) ?

5 Do you know? + Why do they leave?
너는 알고 있니? + 그들은 왜 떠나니?

Do you know why (they leave / do they leave) ?

부가의문문

올바른 형태 고르기

1 John is Korean, _____ ?
John은 한국인이지, 그렇지 않니?

☐ is he   ☑ isn't he

2 She isn't a writer, _____ ?
그녀는 작가가 아니지, 그렇지?

☐ is she   ☐ isn't she

3 They are students, _____ ?
그들은 학생이지, 그렇지 않니?

☐ are they   ☐ aren't they

4 He likes cooking, _____ ?
그는 요리를 좋아하지, 그렇지 않니?

☐ does he   ☐ doesn't he

5 He doesn't have a cellphone, _____ ?
그는 휴대폰을 가지고 있지 않지, 그렇지?

☐ does he   ☐ doesn't he

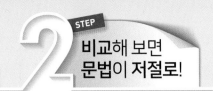

그녀가 왜 늦니?

Why is she late / she is late ?

1

너는 알고 있니 / 그녀가 왜 늦는지?

Do you know why

is she late / she is late ?

그가 어디에 사니?

Where does he live / he lives ?

2

너는 알고 있니 / 그가 어디에 사는지?

Do you know where

does he live / he lives ?

그녀의 생일이 언제니?

When

is her birthday / her birthday is ?

3

나는 모른다 / 그녀의 생일이 언제인지.

I don't know when

is her birthday / her birthday is .

그녀는 어떻게 학교에 가니?

How does she go / she goes
to school?

4

나는 모른다 / 그녀가 어떻게 학교에 가는지.

I don't know how

does she go / she goes to school.

너는 / 준비가 되어 있어, / 그렇지 않니?

You are ready,

are you / aren't you ?

5

너는 / 준비가 되어 있지 않아, / 그렇지?

You aren't ready,

are you / aren't you ?

너는 / 학교에 가, / 그렇지 않니?

You go to school,

do you / don't you ?

6

너는 / 학교에 가지 않아, / 그렇지?

You don't go to school,

do you / don't you ?

Kate는 / 피아노를 연주해, / 그렇지 않니?

Kate plays the piano,

does she / doesn't she ?

7

Kate는 / 피아노를 연주하지 않아, / 그렇지?

Kate doesn't play the piano,

does she / doesn't she ?

Mia와 Liam은 / 운전을 해, / 그렇지 않니?

Mia and Liam drive,

do they / don't they ?

8

Mia와 Liam은 / 운전을 하지 않아, / 그렇지?

Mia and Liam don't drive,

do they / don't they ?

■ 주어진 단어를 활용하여 다음 우리말에 맞는 문장을 쓰시오.

✔ 서술형 **기출**문제

나는 그들이 무엇을 하고 있는지 모른다. (know, do)

→ 간접의문문은 [의문사 + 주어 + 동사]로 일반 의문문과 어순이 다르다. 부가의문문은 앞 문장이 긍정이면 부정으로, 부정이면 긍정으로 만든다.

→   I don't know what they are doing.

---

① 나는 그녀의 차가 어디에 있는지 모른다. (not sure)

→ I'm not sure where her car is.

② 나는 언제 그 콘서트가 시작하는지 모른다. (don't know, start)

→

③ 너는 왜 그가 일찍 떠나는지 알고 있니? (know, leave)

→

④ 너는 쇼핑을 가고 싶지 않지, 그렇지? (want, go shopping)

→

⑤ James는 그의 여행을 미뤘지, 그랬지 않았니? (delay, journey)

→

⑥ Amy는 성실한 사람이야, 그렇지 않니? (diligent)

→

⑦ James와 Lindsey는 충분한 돈을 가지고 있지 않아, 그렇지? (have)

→

복습 프로그램
p. 211, 212, 213에서
배운 문장으로

교과서 **서술형 끝내기**

유형 기본 ➕
기본 + 심화 문제

서술형 유형 기본

■ 우리말에 맞게 주어진 단어를 활용하여 문장을 완성하시오.   p.211 **STEP 1**에 나오는 문장 재확인

① 나는 그가 누구인지 모른다. (who)

→ I don't know | who he is | .

(O who he is)
(X who is he)

② 너는 그가 어디에 가는지 알고 있니? (where)

→ Do you know | | ?

(O where he goes)
(X where does he go)

③ 너는 그들이 왜 떠나는지 알고 있니? (why)

→ Do you know | | ?

(O why they leave)
(X why do they leave)

④ 그는 요리를 좋아하지, 그렇지 않니? (do)

→ He likes cooking, | | ?

부가의문문은 앞 문장이 긍정이면 부정으로 표현

⑤ 그녀는 작가가 아니지, 그렇지? (be)

→ She isn't a writer, | | ?

부가의문문은 앞 문장이 부정이면 긍정으로 표현

서술형 유형 심화

■ 다음 문장에서 틀린 부분을 고쳐 쓰시오.   p.212 **STEP 2**에 나오는 문장 재확인

① I don't know how does she go to school.

→

간접의문문 어순은 [의문사 + 주어 +동사]로 씀

② Do you know where does he live?

→

간접의문문 어순은 [의문사 + 주어 +동사]로 씀

③ Mia and Liam drive, do they?

→

부가의문문은 앞 문장이 긍정이면 부정으로 표현

④ Kate plays the piano, doesn't Kate?

→

부가의문문에서 주어는 인칭대명사로 바꾸어 씀

• 동사 play의 활용
play는 악기 이름과 함께 '연주한다'는 의미가 있지만 '놀다, (게임 등을) 하다'는 의미도 있어요.

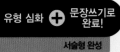
서술형 유형 심화	■ 지시에 맞게 바꿔 쓰시오.	p.213 STEP 3에 나오는 문장 재확인

1 Do you know? + Why does he leave early?
(→ 간접의문문이 있는 한 문장으로 바꾸기)

→ Do you know why he leaves early?

(O why he leaves)
(X why does he leave)

2 I'm not sure. + Where is her car? (→ 간접의문문이 있는 한 문장으로 바꾸기)

→

(O where her car is)
(X where is her car)

3 I don't know. + When does the concert start?
(→ 간접의문문이 있는 한 문장으로 바꾸기)

→

(O when the concert starts)
(X when does the concert start)

4 I don't know. + What are they doing? (→ 간접의문문이 있는 한 문장으로 바꾸기)

→

(O what they are doing)
(X what are they doing)

5 James delayed his journey. (→ 부가의문문 덧붙이기)

→

(O didn't he)
(X did he)

6 Amy is a diligent person. (→ 부가의문문 덧붙이기)

→

(O isn't she)
(X is she)

7 You don't want to go shopping. (→ 부가의문문 덧붙이기)

→

(O do you)
(X don't you)

8 James and Lindsey don't have enough money. (→ 부가의문문 덧붙이기)

→

(O do they)
(X do James and Lindsey)

1 다음 빈칸에 들어갈 말로 가장 적절한 것은?

Sarah often listens to classical music,
_____ _____ ?

① is Sarah
② does Sarah
③ is she
④ isn't she
⑤ doesn't she

[02-03] 다음 빈칸에 들어갈 말이 순서대로 바르게 짝지어진 것을 고르시오.

2

There are many animals in the pet shop.
_____ are dogs, and _____ are cats.

① It - one
② One - the other
③ Some - others
④ Some - one
⑤ Some - the other

3

• _____ is far from here to my school.
• I bought two bottles of water. _____ is for me, and the other is for my mom.

① It - One
② It - Some
③ It - Another
④ One - It
⑤ One - Some

4 다음 빈칸에 공통으로 들어갈 단어는?

• _____ is important to be honest.
• He showed me the latest model, but _____ doesn't look good.

① one
② the other
③ other
④ it
⑤ some

[05-06] 다음 중 우리말을 영어로 가장 잘 옮긴 것을 고르시오.

5

나는 그가 왜 내 돈을 가져갔는지 모른다.

① I don't know why did he take my money.
② I don't know what did he take my money.
③ I don't know what he did take my money.
④ I don't know why he did take my money.
⑤ I don't know why he took my money.

6

너는 약속을 어기지 않아, 그렇지?

① You don't break your promise, are you?
② You don't break your promise, aren't you?
③ You don't break your promise, do you?
④ You don't break your promise, don't you?
⑤ You don't break your promise, didn't you?

7 다음 중 밑줄 친 단어의 쓰임이 다른 것은?

① They try to solve the problem themselves.
② She is able to wash herself now.
③ You don't have to concern yourself.
④ He introduced himself on his first day.
⑤ We can't believe ourselves after the accident.

8 다음 중 어법상 바른 문장은?

① He likes to write a poem, does he?
② I know when they arrive at the station.
③ One is necessary to check your schedule.
④ She lost my key. I can't find one.
⑤ They bought two T-shirts. One is red, and other is black.

09 다음 중 어법상 틀린 문장은?

① I don't know when the bus comes.

② Do you know where the airport is?

③ Jake doesn't remember your birthday, is he?

④ She introduced herself to us.

⑤ Abby knows your phone number, doesn't she?

10 다음 빈칸에 들어갈 말로 알맞은 것은?

_____, do they?

① He doesn't like to take a photo of him

② She is wearing sunglasses

③ Sophia is going to win the prize

④ Grace didn't cause the fire

⑤ Abby and Alec don't make a noise

11 다음 문장의 빈칸과 같은 단어가 들어갈 것은?

There are three cars in the parking lot. _____ is a van, another is a truck, and the other is a bus.

① Jack gave me a cap. _____ looked great.

② _____ is getting dark.

③ Kate likes my pens. I gave _____ to her.

④ _____ is difficult to keep a diary every day.

⑤ Carl got me an umbrella. _____ is yellow in color.

2 다음 중 두 문장을 한 문장으로 바르게 연결한 것은?

① Do you know? + What does she need?
→ Do you know what does she need?

② Do you know? + How do I open this bottle?
→ Do you know how I open this bottle?

③ I don't know. + Why does he hate me?
→ I don't know why he does hates me.

④ I don't know. + Where do they come from?
→ I don't know where they do came from.

⑤ I'm not sure. + When do I have to pay it?
→ I'm not sure when do I have to pay it.

[13-14] 보기에서 알맞은 대명사를 고르고 주어진 단어들을 활용하여 우리말에 맞게 쓰시오.

one   the other   another   myself

13 나는 스스로에게 무엇이 되고 싶은지 묻는다.
(what I want to be)

14 나는 오늘 세 개의 수업이 있다. 하나는 국어이고, 다른 하나는 음악, 나머지 하나는 과학이다.
(have a class)

5 다음 글을 읽고 틀린 부분을 찾아 바르게 고쳐 쓰시오.

There are twenty students in this classroom. Some students are wearing uniforms, and another aren't. I wonder why do they wearing uniforms. They are going to go on a field trip. They are going to experience their dream jobs themselves today.

(1) _____

(2) _____

6 다음 그림을 보고 우리말에 맞게 문장을 쓰시오.

(1) 그녀는 그 레스토랑이 어디에 있는지 모른다.

(2) 그녀는 지도를 보고 있는 중이야, 그렇지 않니?

한 장의 사진으로 보는
문법이 쓰기다

대명사

난 정말 멋져!
잘난 척하는 게 아니라 난 정말 소중한 사람인 걸.
세상에 하나밖에 없잖아!

 써 봐!

그들은 스스로를 존중하는 것을 배운다.

→

UNIT **02**
간접의문문과 부가의문문

누가 연주하는 거야?
매주 토요일마다 피아노 소리가 들려.
옆 집에 살고 있는 Kate가 치는 게 분명해!

 써 봐!

Kate는 피아노를 연주해, 그렇지 않니?

→

★
간접의문문과 부가의문문

벌써 가버리다니..
1년만에 겨우 만난 친구인데
이렇게 빨리 헤어지다니... 너무 아쉽잖아!

 써 봐!

너는 왜 그가 일찍 떠나는지 알고 있니?

→

정답 **UNIT 01.** They learn to respect themselves.   **UNIT 02.** Kate plays the piano, doesn't she?   ★ Do you know why he leaves early?

중학영문법
문법이 쓰기다

중학 영문법, 쓸 수 있어야 진짜 문법이다!

문법이 쓰기다

Workbook 2학년

1
실전력 100% 서술형 기출
내신 기출
단답형·서술형
실전문제

2
기본이 탄탄해지는 서술형 유형
서술형 유형별
기본·심화
추가문제

교육 R&D에 앞서가는
Key 키출판사

중학 영문법, 쓸 수 있어야 진짜 문법이다!

문법이 쓰기다

단답형·서술형 기출 실전 문제

문장 형식 | 중학 내신 단답형 · 서술형 기출 실전 문제

2학년 (　　) 반 (　　) 번　이름 (　　　　　　)　│　점수 :

1　다음 빈칸에 들어갈 말로 알맞지 <u>않은</u> 것을 보기에서
　　골라 쓰시오.

> The old man seems _____.

> <보기>
> · lonely　　　　　· healthy
> · angry　　　　　· nervously

→ _____

**[2~3] 다음 두 문장의 뜻이 같도록 빈칸에 알맞은 말을 써
문장을 완성하시오.**

2
> Someone sends you gifts.

= Someone sends _____.

3
> He bought me a cup of coffee.

= He bought _____.

**[4~5] 다음 우리말에 맞게 주어진 단어를 활용하여 대화를
완성하시오.**

4
> A: 나는 그녀가 그 제안을 받아들이게 했어. (make)
> B: You did a good job.

→ 5형식 _____

5
> A: Ella는 불안해 보여. (anxious)
> B: She has a test tomorrow morning.

→ 2형식 _____

6　다음 빈칸에 공통으로 알맞은 말을 쓰시오.

> · I _____ him buy a new car.
> (나는 그가 새 차를 사게 했다.)
> · He _____ me wooden chopsticks.
> (그는 나에게 나무 젓가락을 만들어 주었다.)

→ _____

7　다음 대화를 읽고 ①, ②를 알맞은 형태로 고쳐 쓰시오.

> Linda: I heard you cry last night.
> Kiho: Oh, you heard that? I felt
> ① sadly.
> Linda: Why?
> Kiho: My mom made me ② stayed
> at home. She never lets me
> go out after dinner.

①_____　　②_____

[8~10] 보기의 동사들을 알맞게 활용하여 문장을 완성하시오.

> sound　　tell　　buy　　show

8　우리는 그들이 충분한 음식을 사게 한다.

→ We make them _____ enough food.

9　그 목소리는 친숙하게 들린다.

→ The voice _____ familiar.

10　나는 그들에게 날씨 예보를 말해 주었다.

→ I _____ them the weather forecast.

A: Hello. This is Minho. May I speak to Bomi, please?
B: I'm sorry, but she is not at home now. Do you want to leave a message?
A: Yes, please. (A) 그녀에게 학교 바자회를 위한 우리의 계획을 말해주려고 해요.
B: Okay. (B) I'll give her the message.

11 (A)의 우리말에 맞게 주어진 단어를 바르게 배열하여 문장을 완성하시오.

tell, for the school bazaar, I'm going to, our plan, her

→ _____

12 (B)의 문장을 3형식으로 전환하여 쓰시오.

→ _____

[13~14] 다음 보기를 사용하여 주어진 문장을 완성하시오.

· us imagine situations
· us imagined situations
· play games her children
· her children play games

13 She watches _____ .

14 He lets _____ .

15 다음 우리말에 맞게 주어진 단어를 활용하여 대화를 완성하시오.

A: 나는 도둑 한 명이 도망치는 것을 보았어. (run away)
B: Did you call the police?
A: Yes. I was so scared.
B: Did they catch the thief?

→ _____

[16~17] 다음 대화를 읽고 물음에 답하시오

A: I went to the grocery store with Jane yesterday.
B: What did you buy?
A: (A) 그녀는 나에게 약간의 디저트를 사 주었다. I brought a piece of cheesecake for you.
B: Oh, thanks. It looks greatly and smells delightful.

16 위 글의 밑줄 친 (A)를 영작하시오.

조건 ① 과거시제를 사용할 것
조건 ② 4형식으로 쓸 것

→ _____

17 위 글에서 틀린 부분을 찾아 바르게 고쳐 쓰시오.

→ _____

[18~19] 다음 대화를 읽고 물음에 답하시오.

Mina: Do you do any housework at home?
Jinho: Yes, I do.
Mina: What do you usually do?
Jinho: I take care of my dog Spike. I give him a bath on weekends. I also have my sister clean the living room. What do you do at home?
Mina: I clean my room every day. (A) 나는 우리 엄마가 저녁 준비하시는 것을 도와.

18 What does Jinho do at home?

→ _____

19 (A)의 우리말에 맞게 주어진 단어를 활용하여 문장을 쓰시오. (help, make)

→ _____

시제 | 중학 내신 단답형·서술형 기출 실전 문제

2학년 (   )반 (   )번 이름 (   )   점수 :

1 다음 표의 내용과 일치하는 문장을 보기에서 모두 골라 쓰시오.

then	now
volunteer, at a shelter	help, Lisa

· He was volunteering at a shelter then.
· He is volunteering at a shelter then.
· He is helping Lisa now.
· He was helping Lisa now.

→ _____

→ _____

[2~3] 자연스러운 대화가 되도록 빈칸에 알맞은 말을 써 대화를 완성하시오.

2
A: What were you doing last night?
B: I _____ loud music. (listen to)

→ _____

3
A: Have you been to Europe?
B: No, I _____ to Europe. (be)

→ _____

[4~5] 다음 두 문장을 한 문장으로 만들 때 빈칸에 알맞은 말을 쓰시오.

4
I lost my cellphone two days ago. I still can't find it.

= I _____ my cellphone.

5
Henry left for Germany. He is not here now.

= Henry _____ for Germany.

[6~8] 보기의 단어들을 사용하여 문장을 완성하고 그에 맞는 우리말을 쓰시오.

just	for	once	ago

6 I have been to Japan _____ .
→ 우리말 _____

7 I have _____ finished my project.
→ 우리말 _____

8 We have been friends _____ five years.
→ 우리말 _____

9 다음 빈칸에 들어갈 말로 알맞지 않은 것을 보기에서 골라 쓰시오.

She _____ two days ago.

<보기>
· was sick
· drew my portrait
· has learned Chinese
· went to the British Museum

→ _____

[10~11] 다음 우리말에 맞게 주어진 단어들을 활용하여 대화를 완성하시오.

10
A: Who is the woman next to Mr. Kim?
B: She is my English teacher. 그녀는 3년 동안 나에게 영어를 가르쳐 주고 있어. (teach, for, to me)

→ _____

11

A: What was he doing then?
B: 그는 그때 세계를 여행하고 있는 중이었어.
(around the world)

→ _____

[12~14] 표를 보고 주어진 우리말에 맞게 문장을 쓰시오.

	3 hours ago	now
Max	started reading a book	still reading a book
Jane	started playing soccer	still playing soccer

12 Max는 3시간 전에 책을 읽기 시작했다.

→ _____

13 Max는 지금 책을 읽고 있는 중이다.

→ _____

14 Jane은 3시간 동안 축구를 하고 있다.

→ _____

15 다음 주어진 문장과 현재완료의 쓰임이 같은 것을 보기에서 골라 쓰시오.

> I have already washed your car.

> <보기>
> · I have never heard about him.
> · She has just built a wooden house.
> · They have lived in Canada since last year.
> · We have worked together for many years.

→ _____

16 다음 우리말에 맞게 주어진 단어를 활용하여 대화를 완성하시오.

> A: Have you seen my bag?
> B: No, I haven't. 침대 밑은 확인해 보았니?
> (check)
> A: Of course, I did.
> B: OK, I will help you find it.

→ _____

[17~18] 다음 글을 읽고 물음에 답하시오.

> I ① come to Korea two weeks ago. Mina picked me up at the airport. I ② stay at her house for two weeks. I am playing with her sisters. Have you visited Han River Park? (A) 나는 그곳에 아직 가보지 않았다.

17 위 글의 ①, ②를 알맞은 형태로 고쳐 쓰시오.

① _____   ② _____

18 (A)의 우리말에 맞게 주어진 단어를 활용하여 문장을 쓰시오. (visit, there)

→ _____

[19~20] 다음 글을 읽고 물음에 답하시오.

> (A) 나는 지금 Jenny에게 편지를 쓰고 있는 중이다. I met her when I was 10 years old. We have known each other for five years. We haven't talked much lately. But we are still good friends.

19 How long have they known each other?

→ _____

20 (A)의 우리말에 맞게 주어진 단어를 활용하여 문장을 쓰시오. (write, to Jenny)

→ _____

조동사 | 중학 내신 단답형·서술형 기출 실전 문제

2학년 (   )반 (   )번 이름 (   )   점수 :

[1~2] 다음 대화에서 **틀린** 부분을 찾아 바르게 고쳐 쓰시오.

1
A: How is the weather?
B: It may rains in the afternoon.

→ _____

2
A: I'm not feeling well.
B: You had not better drive today.

→ _____

[3~5] 다음 두 문장의 뜻이 같도록 빈칸에 알맞은 말을 쓰시오.

3
Nadia has to write her name on the paper.

= Nadia _____ write her name on the paper.

4
Can I use your cellphone?

= _____ I use your cellphone?

5
We used to stay up late at night.

= We _____ stay up late at night.

6 다음 빈칸에 공통으로 알맞은 말을 쓰시오.

· I _____ to take a Chinese lessons.
· You _____ better see a doctor.

→ _____

[7~9] 빈칸에 알맞은 말을 써 우리말에 맞게 문장을 완성하시오.

7 너는 그의 초대를 받아들이면 절대 안 된다.

→ You _____ accept his invitation.

8 그 언덕 위에 놀이터가 있었다.

→ There _____ be a playground on the hill.

9 나는 그에게 돈을 지불할 필요가 없다.

→ I _____ pay him money.

10 다음 주어진 문장의 조동사와 동일한 의미의 조동사가 쓰인 문장을 보기에서 골라 쓰시오.

It must be wrong.

<보기>
· We must wash our hands before meals.
· She must wake up early tomorrow.
· They have to follow the traffic rules.
· He must be Mike's brother.

→ _____

[11~13] 다음 우리말에 맞게 주어진 단어들을 활용하여 대화를 완성하시오.

11
A: 너는 제한 속도를 넘어서는 안 된다. (exceed, the speed limit)
B: OK, I won't.

→ _____

12

A: 너는 그 유니폼을 가져올 필요가 없다. (bring, the uniform)

B: Then, what should I do?

→ _____

13

A: I have difficulty in breathing.

B: 너는 담배를 끊는 게 낫겠다. (stop, smoking)

→ _____

14 다음 글의 내용과 일치하도록 주어진 단어를 활용하여 문장을 쓰시오.

There was an art gallery on the third floor, but it isn't there now. Lacey visited the art gallery often, but now she doesn't.

(1) 3층에 아트 갤러리가 있었다. (used to)

→ _____

(2) Lacey는 그 아트 갤러리를 방문하곤 했다. (would)

→ _____

[15~16] 다음 대화를 읽고 물음에 답하시오.

A: (A) May I leave early today?
B: You don't look well. Are you alright?
A: I have a headache.
B: (B) 너는 병원에 가보는 게 낫겠다.

15 밑줄 친 (A) 대신 사용할 수 있는 단어를 쓰시오.

→ _____

16 (B)의 우리말에 맞게 주어진 단어를 활용하여 문장을 쓰시오. (see, had better, a doctor)

→ _____

17 다음 그림을 보고 빈칸에 적절한 말을 보기에서 골라 쓰시오.

· you must stop before continuing
· you had better not throw away trash
· you should not bring your pet
· you must not step on the grass

→ When you see this sign, _____

_____ .

[18~20] 다음 대화를 읽고 물음에 답하시오.

Jane: I'm going to visit Seoul next month. (A) you, Can, some, me, give, advice, ?
Mina: That's great! You should visit Gyeongbokgung. You can see a beautiful palace. Insadong is another fun place. (B) 나는 그곳에서 많은 시간을 보내곤 했다. You may learn about Korean traditions there.
Jane: Thanks for the advice!

18 Mina가 Jane에게 추천한 장소의 이름을 모두 쓰시오.

→ _____

19 (A)에 주어진 단어들을 바르게 배열하여 문장을 완성하시오.

→ _____

20 (B)의 우리말에 맞게 주어진 단어를 활용하여 문장을 쓰시오. (spend)

→ _____

수동태 | 중학 내신 단답형·서술형 기출 실전 문제

2학년 (   )반 (   )번 이름 (   )   점수 :

[1~3] 보기의 동사들을 활용하여 우리말에 맞게 문장을 완성하시오.

> use   cause   plant   solve

1 꽃은 정원사들에 의해 심어진다.

→ Flowers _____ by gardeners.

2 많은 사고들이 실수로 일어났다.

→ Many accidents _____ by mistakes.

3 그 문제는 그에 의해 해결되었니?

→ Was the problem _____ by him?

4 다음 빈칸에 공통으로 알맞은 말을 쓰시오.

> · The chair is covered _____ dust.
> · The shelf is filled _____ books.

→ _____

[5~7] 다음 두 문장의 뜻이 같도록 빈칸에 알맞은 말을 써 문장을 완성하시오.

5
> Matt invited me to the party yesterday.

= I _____ to the party by Matt yesterday.

6
> The police officer announced the cause of the accident.

= The cause of the accident _____ by the police officer.

7
> We can use the credit cards.

= The credit cards _____ by us.

8 빈칸에 주어진 문장과 같은 단어가 들어가는 문장을 보기에서 골라 쓰시오.

> We were interested _____ the event.

> <보기>
> · I am worried _____ my friend.
> · He was surprised _____ the results.
> · She is tired _____ teaching swimming.
> · He was involved _____ the accident.

→ _____

9 (A)에 주어진 단어들을 바르게 배열하여 대화를 완성하시오.

> A: Is there anything to eat?
> B: There is a slice of pizza in the fridge.
> A: Where is it? I can't see anything.
> B: (A) be, It, by, may, eaten, my brother.

→ _____

[10~12] 다음 우리말에 맞게 주어진 단어들을 활용하여 대화를 완성하시오.

10
> A: 그 병들은 그 선반 위에 놓아졌니? (put, the bottles)
> B: No, they were put next to the window.

→ _____

11

A: You had better not drive that car. 그것은 정기적으로 점검을 받지 않았다. (examine, regularly)
B: Oh, then I will take a taxi.

→ _____

12

A: Can you finish it by tomorrow?
B: 그것은 자정까지 완료될 수 있다. (can, by midnight)

→ _____

[13~14] 다음 글을 읽고 물음에 답하시오.

(A) We can find hundreds of blogs on the Internet. Many people visit blogs. Many subjects are covered with those blogs. Operating a blog is easy. How about starting your own blog?

13 문장 (A)를 수동태로 바꿔 쓰시오

→ _____

14 위 글에서 틀린 문장을 찾아 바르게 고쳐 쓰시오.

→ _____

[15~16] 다음 대화에서 틀린 부분을 찾아 바르게 고쳐 쓰시오.

15

A: These pictures took by my mother.
B: Oh, she is such a great photographer!

→ _____

16

A: Who is the man with Kate?
B: He is a famous singer. He is known at his powerful voice.

→ _____

[17~18] Ryan이 쓴 다음의 글을 읽고 물음에 답하시오.

I dropped my cellphone on the floor yesterday. It was broken at that time. It can't be exchanged for free. I don't have enough money to buy a new cellphone. Fortunately, (A) 그것은 기술자에 의해 수리될 수 있다.

17 Why was Ryan's cellphone broken?

→ He _____.

18 (A)의 우리말에 맞게 주어진 단어를 활용하여 수동태 문장을 쓰시오. (repair, technician)

→ _____

[19~20] 다음 대화를 읽고 물음에 답하시오.

Alice: You are late again. I'm tired of waiting for you.
Eva: I'm really sorry. My flight was delayed by bad weather.
Alice: I can't believe you anymore.
Eva: I won't be late again. I bought something for you. (A) 그것은 쿠키와 사탕으로 채워져 있다.

19 Why is Eva late again?

→ Her _____.

20 위 글의 밑줄 친 (A)를 영작하시오.

조건 ① 현재 시제를 사용할 것
조건 ② 수동태를 사용할 것

→ _____

to부정사 | 중학 내신 단답형 · 서술형 기출 실전 문제

2학년 (   )반 (   )번 이름 (   )   점수 :

[1~2] 자연스러운 대화가 되도록 주어진 단어를 활용하여 대화를 완성하시오.

1

A: I have some food _____ . Do you want to have some? (share)
B: No, thanks. I just ate lunch.

→ _____

2

A: I need someone to talk to.
B: I'm right here. I'm ready _____ . (listen)

→ _____

[3~5] 다음 두 문장의 뜻이 같도록 빈칸에 알맞은 말을 써 문장을 완성하시오.

3

They are too young to watch the film.

= They are _____ that they _____ watch the film.

4

To build a tunnel here is dangerous.

= _____ is dangerous _____ a tunnel here.

5

I need a dictionary to learn new words.

= I need a dictionary _____ new words.

[6~8] 보기의 단어들을 활용하여 문장을 완성하시오.

protect   tell   hope   make

6 Her advice is _____ a budget.

7 We plant trees _____ the environment.

8 I decided _____ you the truth.

[9~10] 다음 대화에서 **틀린** 부분을 찾아 바르게 고쳐 쓰시오.

9

A: My dream is publish my own book.
B: Is there any special reason?

→ _____

10

A: I don't know how save natural resources.
B: Don't use disposable cups. It is important to bring your own cup.

→ _____

[11~12] 다음 우리말에 맞게 주어진 단어들을 활용하여 대화를 완성하시오.

11

A: How about going to the park with Mike?
B: We had better stay at home. 그는 걷기에 너무 약하다. (weak, walk)

→ _____

12

A: 나는 자고 일어나서 내가 유명해 진 것을 알았다.
(wake, find)
B: How did you feel at that time?

→ _____

13 to부정사의 용법이 주어진 문장과 같은 것을 보기에서 골라 쓰시오.

They came here to discover the truth.

<보기>
· It is urgent to hire someone.
· We have something to talk about.
· He must be excited to meet you.

→ _____

[14~15] 다음 대화를 읽고 물음에 답하시오.

A: I am disappointed to see the results. I don't know how to win an election.
B: How about meeting Jennifer? (A) She is smart enough to handle this problem.
A: OK. I would like discuss it with her.
B: I'll give you her number.

14 위 글에서 틀린 문장을 찾아 바르게 고쳐 쓰시오.

→ _____

15 위 글의 (A)를 조건에 맞게 바꿔 쓰시오.

조건 ① [so~that…]을 사용할 것

→ _____

[16~17] 다음 글을 읽고 물음에 답하시오.

Many students wonder (A) 무엇을 할지 in the future. It is necessary for teachers to give them guidance. Also, students need to find their talent. (B) To get a dream job is not easy.

16 위 글의 밑줄 친 (A)를 영작하시오.

조건 ① [의문사+to부정사]를 사용할 것

→ _____

17 위 글의 (B)를 가주어 it을 사용하는 문장으로 바꿔 쓰시오.

→ _____

[18~20] 다음 대화를 읽고 물음에 답하시오.

Yumi: I'm interested in computers. I want to be a computer programmer in the future. My plan is to attend a good college. (A) 나는 그곳에서 컴퓨터 프로그램을 작성하는 방법에 대해 배울 것이다.
Jinho: My goal is to help others. I would like to work for poor people in my country. I can help them to have better lives. (B) a difference, to make, I, want, in people's lives.

18 What does Yumi want to do in the future?

→ _____

19 (A)의 우리말에 맞게 주어진 단어를 활용하여 문장을 완성하시오. (program, computers)

→ I will learn _____ .

20 밑줄 친 (B)의 단어들을 바르게 배열하여 문장을 완성하시오.

→ _____

동명사와 분사 | **중학 내신 단답형 · 서술형 기출 실전 문제**

2학년 ( )반 ( )번 이름 ( ) 점수 :

---

1 다음 빈칸에 들어갈 말로 알맞지 <u>않은</u> 것을 보기에서 모두 골라 쓰시오.

> I _____ climbing mountains.

> <보기>
> · enjoy   · avoid
> · gave up   · hope
> · decided   · don't mind

→ _____

[2~3] 다음 보기를 사용하여 주어진 문장을 완성하시오.

> · Driving my car
> · Choosing something
> · Changing my clothes
> · Walking along the street

2 _____ ,

we have to consider every possibility.

3 _____ ,

we found a nice restaurant.

[4~6] 보기의 동사들을 알맞게 활용한 분사를 써 문장을 완성하시오.

> write   shop   jump   eat

4 I went _____ to buy new shoes.

5 I saw Jacob _____ he sandwiches.

6 I received the letter _____ by Min yesterday.

---

7 다음 대화를 읽고 ①, ②를 알맞은 형태로 고쳐 쓰시오.

> A: My hobby is ① watch movies. How about you?
> B: I enjoy ② fish with my dad every weekend.

① _____   ② _____

[8~9] 주어진 단어를 활용하여 우리말에 맞게 대화를 완성하시오.

8

> A: 이것은 우리 아빠에 의해 구워진 빵이야. (bake)
> B: It smells good! May I have some?

→ _____

9

> A: 그들은 그 서비스를 제공하는 데 어려움을 겪고 있어. (provide, trouble)
> B: Oh, they need to hire more staff.

→ _____

[10~11] 다음 대화에서 <u>틀린</u> 부분을 찾아 바르게 고쳐 쓰시오.

10

> A: Would you like to go out for lunch?
> B: I am busy to do my schoolwork.

→ _____

11

> A: I'm looking for the stealing car.
> B: Why don't you call the police?

→ _____

12

I decided ① play with my sister at the amusement park. She looked ② exciting to go there. The place was amazing. I enjoyed taking many pictures of her. (A) 나는 다시 그녀와 함께 노는 것을 고대하고 있다.

12 위 글의 ①, ②를 알맞은 형태로 고쳐 쓰시오.

① _____ ② _____

13 위 글의 (A)를 영작하시오.

> 조건 ① 동명사를 활용할 것
> 조건 ② 시제에 주의할 것

→ _____

14 자연스러운 대화가 이루어 지도록 빈칸에 보기의 문장들을 골라 쓰시오.

> · It is not easy for me to make friends.
> · Don't worry. You'll do alright.
> · I am worried about making new friends.

A: What's the matter? You don't look happy.

B: _____

_____

A: _____

B: I hope so.

[15~17] 다음 대화를 읽고 물음에 답하시오.

Peter: What do you usually do on weekends?
Mary: I enjoy riding my bike. (A) When I ride my bike, I feel the fresh air. How about you?

Peter: I love watching movies. Do you remember to go to the movies with me last year?
Mary: What movie did we go to see?

15 위 글의 문장 (A)를 분사구문으로 바꿔 쓰시오.

→ _____

16 위 글에서 틀린 문장을 찾아 바르게 고쳐 쓰시오.

→ _____

17 What does Peter do on weekends?

> 조건 ① 동사 love를 사용할 것
> 조건 ② 시제에 주의할 것

→ _____

[18~20] 다음 대화를 읽고 물음에 답하시오.

A: (A) 나는 Yena가 소리 지르고 있는 것을 들었어. What happened?
B: She had her birthday party yesterday. There was a clown. (B) As she saw the clown, she screamed at him.
A: Oh, was she ① shock?
B: No, she loved the ② dance clown. She tried talking to him.

18 (A)의 우리말에 맞게 주어진 단어를 활용하여 문장을 쓰시오. (scream)

→ _____

19 위 글의 ①, ②를 알맞은 형태로 고쳐 쓰시오.

① _____ ② _____

20 위 글의 문장 (B)를 분사구문으로 바꿔 쓰시오.

→ _____

비교급과 최상급 | 중학 내신 단답형·서술형 기출 실전 문제

2학년 ( )반 ( )번 이름 ( ) | 점수 :

---

1 다음 대화를 읽고 ①, ②를 알맞은 형태로 고쳐 쓰시오.

> A: Have you visited Seoul? It is
> ① large than any other city in
> Korea.
> B: Yes, I have. Seoul is one of the
> ② beautiful cities in the world.

① _____ ② _____

2 다음 두 문장의 뜻이 같도록 빈칸에 알맞은 말을 써 문장을 완성하시오.

> It is the sweetest chocolate in this shop.

= It is _____ any other chocolate

in this shop.

[3~5] 보기의 단어들을 알맞게 활용하여 우리말에 맞게 문장을 완성하시오.

> strong   visit   wise   fast

3 나는 컴퓨터만큼 빨리 계산할 수 있다.

→ I can calculate _____ a computer.

4 다이아몬드는 세계에서 다른 어느 보석보다 강하다.

→ A diamond is _____ than any other
jewel.

5 그는 여기 있는 사람들 중에서 가장 현명한 사람이다.

→ He is _____ man among the people
here.

6 다음 빈칸에 들어갈 말로 알맞지 **않은** 것을 보기에서 모두 골라 쓰시오.

> She is _____ than any other
> student in this class.

> <보기>
> · smarter   · taller
> · more diligent · more easier
> · more unique   · the funniest

→ _____

[7~9] 다음 문장에서 틀린 부분을 찾아 바르게 고쳐 쓰시오.

7

> Give me something deliciously.

→ _____

8

> Summer is the hotter of the four
> seasons.

→ _____

9

> This TV show is interesting than that
> book.

→ _____

[10~11] 주어진 단어들을 활용하여 우리말에 맞게 대화를 완성하시오.

10

> A: 내 남자친구는 네 남자친구보다 훨씬 더 잘생겼
> 어. (handsome, much)
> B: I don't think so.

→ _____

11

A: Can you teach me English?
B: I'm busy doing my schoolwork. How about asking Mike? <u>그는 나만큼 영어를 유창하게 할 수 있어.</u> (I, fluently)

→ _____

12 자연스러운 대화가 이루어 지도록 빈칸에 보기의 문장들을 골라 쓰시오.

<보기>
· Who is he?
· I saw Mr. You last week.
· He is one of the funniest comedians in Korea.

A: Have you seen someone famous?

B: _____

A: _____

B: _____

[13~15] 다음 글을 읽고 물음에 답하시오.

Lately, many students play computer games too much. The rate of playing games this year is ① 훨씬 higher than last year. It is the higher rate in the world. Students should try to reduce the number of hours they play, as games are not good for studying.

13 Why should students reduce the number of hours they play? (※ 본문에서 찾아 쓸 것)

→ _____

14 위 글의 ①에 들어갈 수 있는 표현을 2가지 이상 쓰시오.

→ _____

15 위 글에서 틀린 문장을 찾아 바르게 고쳐 쓰시오.

→ _____

[16~17] 다음 대화를 읽고 물음에 답하시오.

A: (A) Pizza is the most delicious food in this restaurant. But the price has risen ① . It is more expensive than any other food.
B: I ② ever eat junk food. Do you have a special menu for vegetarians?

16 문장 (A)를 다음 조건에 맞게 바꿔 쓰시오.

조건 ① 같은 의미가 되도록 쓸 것
조건 ② 비교급 표현을 활용할 것

→ _____

17 위 글의 ①, ②에 적절한 단어를 보기에서 골라 쓰시오.

· late   · lately
· hard   · hardly

① _____   ② _____

[18~19] 다음 대화를 읽고 물음에 답하시오.

Eunha: (A) 내 남동생은 나만큼 일찍 일어나. He goes to the gym every morning. He wants to keep losing weight.
Hyejin: Why does he do that?
Eunha: His doctor suggested doing more exercise. He is the ① heavy person among my family members.

18 (A)의 우리말에 맞게 주어진 단어를 활용하여 문장을 완성하시오. (I, early)

→ _____

19 위 글의 ①을 알맞은 형태로 고쳐 쓰시오.

→ _____

관계사 │ 중학 내신 단답형·서술형 기출 실전 문제

2학년 (   )반 (   )번 이름 (   )   점수 :

[1~3] 주어진 우리말에 맞게 빈칸에 알맞은 말을 써 문장을 완성하시오. (※ that은 사용하지 말 것)

1 나는 9살인 조카가 있다.

→ I have a nephew _____ is 9 years old.

2 네가 고른 그 과일은 싱싱하지 않다.

→ The fruit _____ you picked isn't fresh.

3 나는 눈이 매우 큰 곰 인형을 가지고 있다.

→ I have a teddy bear _____ eyes are very big.

[4~5] 다음 빈칸에 공통으로 들어갈 말을 쓰시오..

4
· I bought a dress, _____ was very expensive.
· I took care of the pet _____ she raised.

→ _____

5
· I know a lady _____ had a car accident.
· Keep the secret _____ I told you.

→ _____

[6~8] 다음 문장에서 틀린 부분을 찾아 바르게 고쳐 쓰시오.

6
Seoul is the city when I was born.

→ _____

7
There are many people, that are retired.

→ _____

8
I don't like the idea what you suggested.

→ _____

[9~11] 다음 보기를 사용하여 주어진 문장을 완성하시오.

<보기>
· which she grows
· who smoke on the street
· how I order food online
· what she is talking about

9 I don't like people _____.

10 Can you show me _____.

11 I understand _____.

12 다음 주어진 문장과 빈칸에 들어갈 말의 쓰임이 <u>다른</u> 것을 보기에서 찾아 쓰시오. .

Look at the girl _____ has brown hair.

<보기>
· He is the leader _____ works hard.
· She is the student _____ I taught.
· Nancy is my teacher _____ is from Canada.

→ _____

13

> A: I took an exam, which was not
> difficult. 나는 그 시험에서 떨어진 이유를 이
> 해할 수 없다. (why)
> B: Why don't you ask your teacher?

→ _____

14

> A: 나는 그가 공항에 도착하는 시간을 알고 싶다.
> (when)
> B: Are you going to pick him up?
> He must be surprised to see you.

→ _____

[15~16] 다음 대화를 읽고 물음에 답하시오.

> A: I can't believe what I saw!
> B: What did you see? (A) Tell me the
> reason. You are excited for the
> reason.
> A: (B) I met an old man. His business
> was successful.

15 (A)의 두 문장을 한 문장으로 바르게 연결한 것을 모두
골라 쓰시오.

> · Tell me you are excited.
> · Tell me why you are excited.
> · Tell me the reason you are excited.
> · Tell me the reason how you are
> excited.
> · Tell me the reason why you are
> excited.

→ _____

16 (B)의 두 문장을 관계사를 활용하여 한 문장으로 쓰시오.

→ _____

[17~18] 다음 글을 읽고 물음에 답하시오.

> John is my uncle who can fix everything
> well. One day, the roof of my house
> leaked. So, he showed me the way
> how I could fix it. (A) fix, I ,old, which,
> was, could, the yellow roof, very. It's
> prepared for the heavy rain.

17 (A)에 주어진 단어들을 바르게 배열하시오.

→ _____

18 위 글에서 틀린 문장을 찾아 바르게 고쳐 쓰시오.

→ _____

[19~20] 다음 대화를 읽고 물음에 답하시오.

> Lucas: This is the book which I bought
> yesterday.
> Jane: Can you tell me what the book is
> about?
> Lucas: (A) 그것은 많은 돈을 벌었던 남자에 관한 것
> 이다. What kind of books do you
> like to read?
> Jane: I like books whose authors are
> very famous.

19 What kind of books does Jane like to
read?

→ _____

20 위 글의 (A)를 영작하시오.

> 조건 ① 시제에 주의할 것
> 조건 ② 관계대명사를 사용할 것

→ _____

접속사와 가정법 | 중학 내신 단답형·서술형 기출 실전 문제

2학년 (   )반 (   )번 이름 (   ) | 점수 :

[1~3] 다음 보기를 사용하여 주어진 문장을 완성하시오.
(※ 필요한 경우 첫 글자를 대문자로 쓸 것)

<보기>
· if you wake up early
· because I caught a cold
· when you see a red light
· before you enter the library

1 _____ ,

I went to see a doctor .

2 _____ ,

turn off your cellphone.

3 You should be careful _____

_____ .

[4~6] 다음 빈칸에 공통으로 알맞은 것을 보기에서 골라
쓰시오. (※ 필요한 경우 첫 글자를 대문자로 쓸 것)

| if | because | while | that | before |

4
· I know the fact _____ he caused
the accident.
· It is true _____ she is a kind person.

→ _____

5
· _____ you don't wake up early,
you'll be late for the class.
· _____ I were an adult, I could
join the club.

→ _____

6
· _____ I am traveling, I can meet
new friends.
· _____ he is taking a shower, he
listens to the radio.

→ _____

[7~9] 다음 문장에서 **틀린** 부분을 찾아 바르게 고쳐 쓰시오.

7
If I am good at math, I would help you.

→ _____

8
If I see her, I would have talked to her.

→ _____

9
Both Tom or Jack likes history.

→ _____

[10~11] 다음 두 문장의 뜻이 같도록 빈칸에 알맞은 말을
써 문장을 완성하시오.

10
If I were a millionaire, I could travel
to space.

= As _____ a millionaire,

I _____ to space.

11
He finished painting the fence as
well as watering the plants.

= He finished _____ watering the

plants _____ painting the fence.

12 주어진 문장의 밑줄 친 부분과 쓰임이 같은 것을 보기에서 골라 쓰시오.

> If I <u>asked</u> him, he would tell me the price.

> <보기>
> · If you want to read it, I'll lend it to you.
> · If it isn't sunny, we'll cancel the activities.
> · If you feel tired, you don't have to stay here.
> · If I had enough money, I could buy you a cellphone.

→ _____

13 다음 대화를 읽고 빈칸 ①, ②에 알맞은 단어를 쓰시오.

> A: I heard that Emily won the gold medal. I didn't know ① she is a famous athlete.
> B: She is ② talented but also diligent. She is kind, too. After she wins a game, she always calls her parents.

① _____   ② _____

[14~16] 다음 우리말에 맞게 주어진 단어를 활용하여 대화를 완성하시오.

14
> A: 네가 그 약속을 지키지 않는다면, 나는 그것을 너에게 돌려 주지 않을 것이다. (unless)
> B: I'll never lie to you again.

→ _____

15
> A: 나는 그가 유명한 배우라는 것을 몰랐다. (that)
> B: You hardly ever watch TV.

→ _____

16
> A: 만약 내가 운동을 한다면, 체중이 줄어들 텐데. (lose)
> B: Why don't you go to the gym?

→ _____

17 다음 글의 (A)를 주어진 단어를 활용하여 가정법 과거완료로 쓰시오.

> When I was young, I enjoyed both painting flowers and writing stories. I wanted to be a great artist. (A) 내가 예술가를 몇 명 알고 있었다면, 그들에게 많은 질문을 할 수 있었을 텐데. (know, ask)

→ _____

[18~20] 다음 대화를 읽고 물음에 답하시오.

> Logan: He must be rude to say so. (A) 그는 무엇인가를 말하기 전에, 주의 깊게 생각해야 한다.
> Emma: He didn't mean to make you upset.
> Logan: It is true what he is a rude person. He could have apologized, if he wanted to.
> Emma: (B) As I wasn't there, I couldn't tell him to apologize.

18 위 글에서 틀린 문장을 찾아 바르게 고쳐 쓰시오.

→ _____

19 (A)의 우리말에 맞게 주어진 단어를 활용하여 문장을 완성하시오. (should, something)

→ _____

20 위 글의 (B)를 다음 조건에 맞게 바꿔 쓰시오.

> **조건** ① 시제에 주의할 것
> **조건** ② 가정법 과거완료로 쓸 것

→ _____

중학 내신 단답형 · 서술형 기출 실전 문제

자주 쓰는 표현

2학년 (   )반 (   )번 이름 (   )   점수 :

---

1 다음 빈칸에 들어갈 말로 알맞은 것을 보기에서 모두 골라 쓰시오.

> _____ , doesn't she?

> <보기>
> · She is diligent
> · Ava likes cooking
> · She goes to school
> · Kate and James go shopping

→ _____

[2~4] 다음 빈칸에 알맞은 말을 쓰시오.

2
> There are two cows. _____ is black, and _____ is white.

→ _____ , _____

3
> He showed me the latest model, but _____ doesn't look good.

→ _____

4
> There are many children. _____ like apples, and _____ like pears.

→ _____ , _____

5 다음 주어진 문장의 빈칸과 같은 말이 들어가는 문장을 보기에서 골라 쓰시오 .

> · Look at the roller coaster.
>   _____ looks so scary.
> · _____ is far from here to my school.

→ _____

[6~7] 다음 주어진 두 문장을 한 문장으로 만들 때 빈칸에 알맞은 말을 쓰시오.

6
> Do you know? How do I open this bottle?

= Do you know _____ ?

7
> I wonder. Did she come to the party?

= I wonder _____ .

[8~10] 다음 문장에서 밑줄 친 부분을 바르게 고쳐 쓰시오.

8
> She isn't a writer, <u>isn't she</u>?

→ _____

9
> I don't know <u>what are they doing</u>.

→ _____

10
> She introduced <u>themselves</u> to them.

→ _____

[11~13] 다음 우리말에 맞게 주어진 단어를 활용하여 대화를 완성하시오.

11
> A: Sarah는 종종 클래식 음악을 듣는다, 그렇지 않니? (often)
> B: Yes, she does. She also enjoys listening to rock music.

→ _____

12

A: 나는 그 콘서트가 언제 시작하는지 모른다. (the concert)

B: It is printed on the tickets.

→ _____

13

A: There are three cars in the parking lot. 하나는 승합차이고, 다른 하나는 트럭이며, 나머지 하나는 버스이다. (truck, van, bus) Which one is yours?

B: I don't have one.

→ _____

[14~15] 다음 글을 읽고 물음에 답하시오.

There are twenty students in this classroom. Some students are wearing uniforms, and the others aren't.   (A)   . They are going to go on a field trip. They are going to experience their dream jobs (B) 직접 today.

14 밑줄 친 (A)에 들어갈 다음 단어들을 바르게 배열하시오.

wearing, wonder, why, they, I, uniforms, are

→ _____

15 위 글의 (B)에 알맞은 재귀대명사를 쓰시오.

→ _____

16 다음 중 어법상 틀린 문장을 말한 사람을 모두 찾아 쓰시오.

Liam: Do you know where does he go?

Amy: It is dangerous to drive at night.

Ben: We need to examine ourselves.

Sue: I have two scarves. It is red, and one is black.

→ _____

17 다음 중 대화를 읽고 주어진 우리말에 맞는 말을 쓰시오.

A: You don't break your promise, ① 그렇지 않니?

B: No, I don't. I always keep my promises. I am proud of ② 나 자신.

① _____

② _____

18 다음 주어진 문장의 빈칸과 다른 말이 들어가는 문장을 보기에서 골라 쓰시오.

Jack gave me a cap. _____ looked great.

<보기>

· Kate likes my pen. I gave _____ to her.

· Look outside the window. _____ is raining.

· I lost my backpack. I'll buy _____ .

→ _____

[19~20] 다음 대화를 읽고 물음에 답하시오.

A: Jacob sent me some money. He lives by oneself in the countryside. (A) 그는 충분한 돈을 가지고 있지 않아, 그렇지 않니?

B: He may want to help you. He is a kind person, isn't he?

A: Yes, he is. I don't know why he sent money to me, though. He didn't have to.

19 (A)의 우리말에 맞게 주어진 단어를 활용하여 문장을 쓰시오. (enough)

→ _____

20 위 글에서 틀린 문장을 찾아 바르게 고쳐 쓰시오.

→ _____

중학 영문법, 쓸 수 있어야 진짜 문법이다!

문법이 쓰기다

유형별 기본/심화 문제풀기

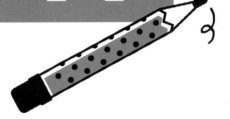

문장 형식   Grammar for 서술형 · 유형별 기본 / 심화 문제 풀기

유형 1 | 빈칸 채우기 기본

A 주어진 단어를 활용하여 빈칸을 채우시오.

> pass   move   return   play   begin   leave

1 She _____ the door.
   그녀는 그 문을 움직인다.

2 They _____ with friends.
   그들은 친구와 함께 논다.

3 They _____ to the school.
   그들은 그 학교로 돌아간다.

4 He _____ along the street.
   그는 그 길을 따라 이동한다.

5 She _____ the park.
   그녀는 그 공원을 떠났다.

유형 2 | 문장 고치기 기본

B 4형식 문장 어순상 잘못된 부분을 고쳐 쓰시오.

1 I gave a pot you.
→ _____

2 She bought a magazine me.
→ _____

3 I teach science them.
→ _____

4 He made a frame me.
→ _____

5 They send emails me.
→ _____

문장 쓰기 심화

A 주어진 단어를 활용하여 문장을 쓰시오.

1 나는 도둑 한 명이 도망치는 것을 보았다. (see, run away)
→ _____

2 나는 누군가 내 등을 밀고 있는 것을 느낀다. (feel, push)
→ _____

3 나는 네가 우는 것을 들었다. (hear, cry)
→ _____

4 너는 나를 웃게 한다. (make, laugh)
→ _____

5 그는 내가 일찍 가게 한다. (let, early)
→ _____

문장 고치기 심화

B 주어진 단락을 읽고 문법상 잘못된 부분을 찾아 바르게 고쳐 쓰시오.

> The weather suddenly turns a coldness. The leaves turn redly. Look at those beautiful colors in the trees. I like this time of the year the most.

① _____ → _____

② _____ → _____

시제 Grammar for 서술형 · 유형별 기본 / 심화 문제 풀기

유형 1 | 빈칸 채우기 기본

A 주어진 단어를 활용하여 빈칸을 채우시오.

> describe watch melt water shake flow

1 I _____ him.

나는 그를 묘사하고 있는 중이다.

2 I _____ flowers.

나는 꽃에 물을 주고 있는 중이다.

3 It _____ the ice.

그것은 그 얼음을 녹이고 있는 중이다.

4 It _____ for 10 minutes.

그것은 10분 동안 흔들리고 있는 중이었다.

5 The water _____ to the sea.

그 물은 그 바다로 흘러가고 있는 중이다.

빈칸 채우기 심화

A 주어진 단어를 활용하여 빈칸을 채우시오.

1 I _____ in Busan last year.

나는 작년에 부산에서 살았다(live).

I _____ in Busan since last year.

나는 작년부터 부산에서 살고 있다(live).

2 I _____ my homework an hour ago.

나는 숙제를 한 시간 전에 끝냈다(finish).

I _____ just _____ my homework.

나는 숙제를 지금 막 끝냈다(finish).

3 I _____ chess before.

나는 전에 체스를 해 본 적이 없다(play).

I _____ chess before.

나는 전에 체스를 해 본 적이 있다(play).

유형 2 | 문장 고치기 기본

B 문법상 잘못된 동사를 고쳐 쓰시오.

1 She was listening to the radio now.

→ _____

2 She is traveling around the world then.

→ _____

3 He was helping Lisa now.

→ _____

4 They are chatting about the trip then.

→ _____

5 They were packing for vacation now.

→ _____

문장 고치기 심화

B 주어진 단락을 읽고 문법상 잘못된 부분을 찾아 고쳐 쓰시오.

> I have come to Korea two weeks ago. Mina picked me up at the airport. I have stay at her house for two weeks. I am playing with her sisters.

① _____ → _____

② _____ → _____

조동사 Grammar for 서술형 · 유형별 기본 / 심화 문제 풀기

유형 1 | 빈칸 채우기 기본

A 주어진 단어를 활용하여 빈칸을 채우시오.

find   cancel   enter   practice   invite   donate

1 You ＿＿＿＿＿＿＿＿＿＿ your old toys.
너는 너의 오래된 장난감들을 기부해도 된다(can).

2 You ＿＿＿＿＿＿＿＿＿＿ the order.
너는 그 주문을 취소해야 한다(have to).

3 You ＿＿＿＿＿＿＿＿＿＿ my phone number.
너는 내 전화번호를 찾을 수 없다(can't).

4 I ＿＿＿＿＿＿＿＿＿＿ every night.
나는 매일 밤 연습해야 한다(must).

5 You ＿＿＿＿＿＿＿＿＿＿ them.
너는 그들을 초대해야 한다(have to).

빈칸 채우기 심화

A 주어진 단어를 활용하여 빈칸을 채우시오.

1 can

You ＿＿＿＿＿＿＿＿＿＿ the soccer club.
너는 그 축구부에 가입해도 된다.

You ＿＿＿＿＿＿＿＿＿＿ the soccer club.
너는 그 축구부에 가입한다.

2 don't have to

You ＿＿＿＿＿＿＿＿＿＿ the uniform.
너는 그 유니폼을 가져올 필요가 없다.

You ＿＿＿＿＿＿＿＿＿＿ the uniform.
너는 그 유니폼을 가져온다.

3 must not

You ＿＿＿＿＿＿＿＿＿＿ his offer.
너는 그의 제안을 거절하지 않는다.

You ＿＿＿＿＿＿＿＿＿＿ his offer.
너는 그의 제안을 거절하면 절대 안 된다.

유형 2 | 배열하기 기본

B 주어진 단어들을 배열하여 문장을 완성하시오.

1 I ＿＿＿＿＿＿＿＿＿＿ .
(take, have to, a Chinese lesson)

2 It ＿＿＿＿＿＿＿＿＿＿ .
(may not, in the afternoon, rain)

3 You ＿＿＿＿＿＿＿＿＿＿ .
(wait for me, don't have to)

4 You ＿＿＿＿＿＿＿＿＿＿ .
(borrow, my Chinese textbook, can)

배열하기 심화

B 주어진 단어들을 배열하여 문장을 완성하시오.

1 He ＿＿＿＿＿＿＿＿＿＿ carefully.
(had better, it, consider)

2 You ＿＿＿＿＿＿＿＿＿＿ .
(take a look, should not, at the pictures)

3 She ＿＿＿＿＿＿＿＿＿＿ .
(a cellphone, use, had better)

4 You ＿＿＿＿＿＿＿＿＿＿ .
(be proud of, should, yourself)

수동태 Grammar for 서술형 · 유형별 기본 / 심화 문제 풀기

유형 1 | 빈칸 채우기 기본

A 주어진 단어를 활용하여 빈칸을 채우시오.

> create plant guide design send introduce

1 Students _____ teachers.

학생들은 선생님들에 의해 지도 받는다.

2 Flowers _____ gardeners.

꽃들은 정원사들에 의해 심어진다.

3 Letters _____ my friends.

편지들은 내 친구들에 의해 보내진다.

4 Well-known places _____ a tour guide.

유명한 장소들은 여행 가이드에 의해 소개된다.

5 Many characters _____ an author.

많은 캐릭터들이 작가에 의해 만들어진다.

빈칸 채우기 심화

A 우리말에 맞도록 빈칸을 채우시오.

1 The building _____ .

그 건물은 그들에 의해 지어진다.

The buildings _____ .

그 건물들은 그들에 의해 지어진다.

2 Tourists _____ .

관광객들은 배낭들을 구매한다.

Backpacks _____ .

배낭들은 관광객들에 의해 구매된다.

3 Repairmen _____ .

수리공들은 컴퓨터들을 수리한다.

Computers _____ .

컴퓨터들은 수리공들에 의해 수리된다.

유형 2 | 문장 고치기 기본

B 문법상 잘못된 부분을 고쳐 쓰시오.

1 He is involved for the accident.

→ _____

2 The chair is covered about dust.

→ _____

3 The shelf is filled as books.

→ _____

4 It can be cook easily.

→ _____

5 It may cleaned be often.

→ _____

문장 고치기 심화

B 주어진 단락을 읽고 문법상 잘못된 부분을 찾아 고쳐 쓰시오.

> I am worried my friend. The reason is that my friend made his mom so upset. He may not be forgive by her.

① _____ → _____

② _____ → _____

to부정사

Grammar for 서술형 · 유형별 기본 / 심화 문제 풀기

유형 1 | 배열하기 기본

A 주어진 단어들을 배열하여 문장을 완성하시오.

1 _____ the film.
(too young, they are, to watch)

2 _____ alone.
(to be, too nervous, I am)

3 _____ a doctor.
(smart enough, to be, she is)

4 _____ many people.
(The car is, to carry, big enough)

5 _____ a car.
(to drive, he is, old enough)

6 _____ this dress.
(too tall, she is, to wear)

배열하기 심화

A 주어진 단어들을 배열하고 우리말을 쓰시오.

1 too weak, he is, to walk
→ 영문장: _____
→ 우리말: _____

2 too upset, she is, to talk to me
→ 영문장: _____
→ 우리말: _____

3 large enough, this site is, to hold, many animals
→ 영문장: _____
→ 우리말: _____

4 to win, she is, the prize, clever enough
→ 영문장: _____
→ 우리말: _____

유형 2 | 문장 고치기 기본

B to부정사 문법상 잘못된 부분을 고쳐 쓰시오.

1 We plant trees to protecting the environment.
→ _____

2 I'm disappointed see your test score.
→ _____

3 She must be rude to said so.
→ _____

4 She lived seventy to be.
→ _____

문장 고치기 심화

B 주어진 단락을 읽고 to부정사 문법상 잘못된 부분을 찾아 고쳐 쓰시오.

> It is important finish the project. I can't do it alone. There is somebody to helping me. We can help each other to finish it well.

① _____ → _____

② _____ → _____

동명사와 분사

Grammar for 서술형 · 유형별 기본 / 심화 문제 풀기

유형 1 | 문장 고치기 기본

A 동명사 문법상 잘못된 부분을 고쳐 쓰시오.

1 Sweep floors is boring.
→ _____

2 My hobby is to taking pictures of sunflowers.
→ _____

3 We suggested to celebrate her birthday.
→ _____

4 They gave up to catch butterflies.
→ _____

5 He talked about run his own business.
→ _____

유형 2 | 문장 고치기 기본

B 동명사 문법상 잘못된 부분을 고쳐 쓰시오.

1 I avoid to buy fruits.
→ _____

2 I have difficulty draw my portrait.
→ _____

3 How about to sweep the floor?
→ _____

4 I am busy do my schoolwork.
→ _____

배열하기 심화

A 주어진 단어들을 배열하고 우리말을 쓰시오.

1 is, the, working, my dad, man
→ 영문장: _____
→ 우리말: _____

2 had, we, cooked, dinner, by my mom
→ 영문장: _____
→ 우리말: _____

3 the printed, I, looking for, am, paper
→ 영문장: _____
→ 우리말: _____

4 saw, eating, Jacob, the sandwiches, I
→ 영문장: _____
→ 우리말: _____

문장 고치기 심화

B 주어진 단락을 읽고 분사 문법상 잘못된 부분을 찾아 고쳐 쓰시오.

> I am prepare for a party. I am blowing up a balloon. Many people want to come into the party place. I see the people to waiting outside.

① _____ → _____

② _____ → _____

비교급과 최상급   Grammar for 서술형·유형별 기본 / 심화 문제 풀기

유형 1 | 빈칸 채우기 기본

A 주어진 단어를 활용하여 빈칸을 채우시오.

delicious   hard   bright   high   useful

1 Give me something _____.

　저에게 맛있는 것을 주세요.

2 It shines very _____.

　그것은 매우 밝게 빛난다.

3 This book is _____.

　이 책은 유용하다.

4 Look at the _____.

　저 높은 산을 보라.

5 The baby _____.

　그 애기는 거의 울지 않는다.

유형 2 | 문장 고치기 기본

B 문법상 잘못된 부분을 고쳐 쓰시오.

1 Africa is hot than Korea.

→ _____

2 Our school is older your school.

→ _____

3 I sing as good as the Beatles.

→ _____

4 I can calculate as fast a computer.

→ _____

5 The actress is not so cuter as me.

→ _____

빈칸 채우기 심화

A 우리말에 맞도록 빈칸을 채우시오.

1 This is _____ in Korea.

　이것은 한국에서 가장 긴 강이다.

　This is _____.

　이것은 긴 강이다.

2 He _____ among the people here.

　그는 여기 있는 사람들 중에서 가장 현명한 사람이다.

　He _____

　그는 현명한 사람이다.

3 The room _____ in this hotel.

　그 방은 이 호텔에서 가장 큰 방들 중 하나이다.

　The room _____.

　그 방은 크다.

문장 고치기 심화

B 주어진 단락을 읽고 문법상 잘못된 부분을 찾아 고쳐 쓰시오.

> We compare our bags. Your bag is pretty than mine. My bag is many lighter than your bag.

① _____ → _____

② _____ → _____

관계사

Grammar for 서술형 · 유형별 기본 / 심화 문제 풀기

유형 1 | 배열하기 기본

A 주어진 단어들을 배열하여 문장을 완성하시오.

1 I know _____ .
   (had, who, a car accident, a lady)

2 I have _____ .
   (very, are, big, eyes, a teddy bear, whose)

3 I like _____ .
   (whose, the movie, handsome, are, actors)

4 I have _____ .
   (is, a nephew, 9 years old, who)

5 Busan is _____ .
   (whose, amazing, night view is, a city)

6 I respect _____ .
   (fluent, her, English is, whose)

배열하기 심화

A 주어진 단어들을 배열하고 우리말을 쓰시오.

1 a concert hall, is, which, located
→ 영문장: There is _____
   at the center of the building.
→ 우리말: _____

2 I, at the place, stay, we, met, where
→ 영문장: _____
→ 우리말: _____

3 are, I, the reason, don't, why you, upset, know
→ 영문장: _____
→ 우리말: _____

4 is, Seoul, where, the city, I was, born
→ 영문장: _____
→ 우리말: _____

유형 2 | 문장 고치기 기본

B 문법상 잘못된 부분을 고쳐 쓰시오.

1 This is the medicine whose he takes.
→ _____

2 Look at the picture who she painted.
→ _____

3 I read the letter who he wrote.
→ _____

4 She is my classmate which I like.
→ _____

문장 고치기 심화

B 주어진 단락을 읽고 문법상 잘못된 부분을 찾아 고쳐 쓰시오.

> I know a guy, has who a disease. Now, he lives in Japan, but he has surgery in Korea. Tell me the year where he comes back to Korea.

① _____ → _____

② _____ → _____

접속사와 가정법

Grammar for 서술형 · 유형별 기본 / 심화 문제 풀기

유형 1 | 문장 쓰기 기본

A 주어진 단어를 활용하여 문장을 완성하시오.

1 그녀는 공원에 갈 때, 그녀의 카메라를 가져간다.
(go to a park)
→ _____, she takes her camera.

2 그는 경기를 이긴 후에, 그녀에게 항상 전화를 한다. (win)
→ _____, he always calls her.

3 네가 역에서 이상한 것을 본다면, 경찰에 신고해라.
(something)
→ _____ at the station,
call the police.

4 나는 그녀가 Roger를 좋아하는 사실을 알아. (fact)
→ I know _____.

문장 쓰기 심화

A 주어진 단어를 이용하여 문장을 쓰시오.

1 만약 내가 그 섬에 산다면, 매일 수영하러 갈 수 있을 텐데.
(island)
→ _____

2 만약 내가 내 컴퓨터를 수리한다면, 컴퓨터 게임을 할 수
있을 텐데. (fix)
→ _____

3 만약 내가 밝은 성격이었다면, 많은 친구들이 있었을지도
모를 텐데. (cheerful)
→ _____

4 내가 네 생일을 안다면, 나는 네게 선물을 줄 텐데. (gift)
→ _____

유형 2 | 문장 고치기 기본

B 문법상 잘못된 부분을 고쳐 쓰시오.

1 Either he and you download it for free.
그와 너 모두 그것을 무료로 다운받는다.

→ _____

2 We choose either soccer and baseball.
우리는 축구 혹은 야구를 선택한다.

→ _____

3 He learns Spanish as well as Chinese.
그는 스페인어뿐 아니라 중국어도 배운다.

→ _____

4 We share not only drink but also food.
우리는 음식뿐 아니라 마실 것도 공유한다.

→ _____

문장 고치기 심화

B 주어진 단락을 읽고 밑줄 친 부분을 바르게 고쳐 쓰시오.

> Before he reading a newspaper, he goes
> jogging. But, he woke up too early
> yesterday. After he was too tired, he
> decided to stay at home.

① _____ → _____

② _____ → _____

자주 쓰는 표현

Grammar for 서술형 · 유형별 기본 / 심화 문제 풀기

유형 1 | 배열하기 기본

A 주어진 단어들을 배열하여 문장을 완성하시오.

1 (풍선 세 개 중) 하나는 빨간색이고, 다른 하나는 파란색, 나머지 하나는 검은색이다.

→ _____ is black.

(is red, is blue, another, the other, and, one)

2 (많은 아이들 중) 몇 명은 사과를 좋아하고, 다른 아이들은 배를 좋아한다.

→ _____ pears.

(apples, some, like, like, and, others)

3 (남자 두 명 중) 한 명은 우주비행사이고, 다른 한 명은 자동차 경주선수이다.

→ _____ is a car racer.

(one, the other, and, is, an astronaut)

배열하기 심화

A 주어진 단어들을 배열하고 우리말을 쓰시오.

1 it, getting, is, hot

→ 영문장: _____

→ 우리말: _____

2 need, we, to examine, ourselves

→ 영문장: _____

→ 우리말: _____

3 in every interview, he, about, talks, himself

→ 영문장: _____

→ 우리말: _____

4 is, to drive at night, dangerous, it

→ 영문장: _____

→ 우리말: _____

유형 2 | 문장 고치기 기본

B 문법상 잘못된 부분을 고쳐 쓰시오.

1 I don't know that they are doing.

나는 그들이 무엇을 하고 있는지 모른다.

→ _____

2 I'm not sure where is her car.

나는 그녀의 차가 어디에 있는지 모른다.

→ _____

3 Amy is a diligent person, isn't Amy?

Amy는 성실한 사람이야, 그렇지 않니?

→ _____

4 James delayed his journey, did he?

James는 그의 여행을 미뤘지, 그랬지 않았니?

→ _____

문장 고치기 심화

B 주어진 단락을 읽고 문법상 잘못된 부분을 찾아 고쳐 쓰시오.

> There are twenty students in this classroom. Some students are wearing uniforms, and another aren't. They are going to go on a field trip. They are going to experience their dream jobs ourselves today.

① _____ → _____

② _____ → _____

중학 영문법, 쓸 수 있어야 진짜 문법이다!

문법이 쓰기다

정답

PART 01 문장 형식   p.2

1. nervously   2. gifts to you
3. a cup of coffee for me
4. I made her accept the offer.
5. Ella looks anxious.
6. made   7. ① sad ② stay
8. buy   9. sounds
10. told
11. I'm going to tell her our plan for the school bazaar.
12. I'll give the message to her.
13. her children play games
14. us imagine situations
15. I saw a thief run away.
16. She bought me some dessert.
17. greatly → great / It looks great
18. He takes care of his dog Spike. / He gives his dog a bath on weekends. / He also has his sister clean the living room.
19. I help my mom make dinner.

PART 02 시제   p.4

1. He was volunteering at a shelter then. / He is helping Lisa now.
2. was listening to   3. have not been
4. have lost   5. has left
6. once (우리말) 나는 일본에 한 번 가본 적이 있다.
7. just (우리말) 나는 방금 내 프로젝트를 끝냈다.
8. for (우리말) 우리는 5년 동안 친구로 지내고 있다.
9. has learned Chinese
10. She has taught English to me for 3 years.
11. He was traveling around the world then.
12. Max started reading a book 3 hours ago.
13. Max is reading a book now.
14. Jane has played soccer for 3 hours.
15. She has just built a wooden house.
16. Have you checked under the bed?
17. ① came ② have stayed
18. I haven't visited there yet.
19. They have known each other for five years.
20. I am writing a letter to Jenny now.

PART 03 조동사   p.6

1. may rains → may rain / It may rain in the afternoon.
2. had not better → had better not / You had better not drive today.
3. must   4. May   5. would
6. had   7. must not   8. used to
9. don't have to
10. He must be Mike's brother.
11. You must not exceed the speed limit.
12. You don't have to bring the uniform.
13. You had better stop smoking.
14. (1) There used to be an art gallery on the third floor.
   (2) Lacey would visit the art gallery.
15. can
16. You had better see a doctor.
17. you must not step on the grass
18. Gyeongbokgung, Insadong
19. Can you give me some advice?
20. I used to/would spend a lot of time there.

PART 04 수동태   p.8

1. are planted   2. were caused
3. solved   4. with
5. was invited
6. was announced   7. can be used
8. He was involved _____ the accident.
9. It may be eaten by my brother.
10. Were the bottles put on the shelf?
11. It wasn't examined regularly.
12. It can be finished by midnight.
13. Hundreds of blogs can be found on the Internet (by us).
14. are covered with → are covered by / Many subjects are covered by those blogs.
15. took by → were taken by / These pictures were taken by my mother.
16. is known at → is known for / He is known for his powerful voice.
17. dropped his cellphone on the floor yesterday
18. It can be repaired by a technician.
19. flight was delayed by bad weather
20. It is filled with cookies and candies.

PART 05 — to부정사 p.10

1. to share 2. to listen 3. so young, can't
4. It, to build
5. in order to learn 또는 so as to learn
6. to make 7. to protect 8. to tell
9. is publish → is to publish / My dream is to publish my own book.
10. how save → how to save / I don't know how to save natural resources.
11. He is too weak to walk.
12. I woke up to find myself famous.
13. He must be excited to meet you.
14. would like discuss → would like to discuss / I would like to discuss it with her.
15. She is so smart that she can handle this problem.
16. what to do
17. It is not easy to get a dream job.
18. She wants to be a computer programmer.
19. about how to program computers there
20. I want to make a difference in people's lives.

PART 06 — 동명사와 분사 p.12

1. hope, decided
2. Choosing something
3. Walking along the street
4. shopping 5. eating 6. written
7. ① watching/to watch ② fishing
8. This is the bread baked by my father.
9. They have trouble providing the service.
10. busy to do → busy doing / I am busy doing my schoolwork.
11. the stealing car → the stolen car / I'm looking for the stolen car.
12. ① to play ② excited
13. I am looking forward to playing with her again.
14. (순서대로) B: I am worried about making new friends. It is not easy for me to make friends. A: Don't worry. You'll do alright.
15. Riding my bike, I feel the fresh air.
16. remember to go → remember going / Do you remember going to the movies with me last year?
17. He loves watching/to watch movies.
18. I heard Yena screaming.
19. ① shocked ② dancing
20. Seeing the clown, she screamed at him.

PART 07 — 비교급과 최상급 p.14

1. ① larger ② most beautiful
2. sweeter than 3. as fast as
4. stronger 5. the wisest
6. more easier, the funniest
7. deliciously → delicious / Give me something delicious.
8. the hotter → the hottest / Summer is the hottest of the four seasons.
9. interesting → more interesting / This TV show is more interesting than that book.
10. My boyfriend is much more handsome than yours(your boyfriend도 가능).
11. He can speak English as fluently as I.
12. (순서대로) B: I saw Mr. You last week. A: Who is he? B: He is one of the funniest comedians in Korea.
13. Games are not good for studying.
14. far, much, a lot, even, still 등
15. the higher → the highest / It is the highest rate in the world.
16. Pizza is more delicious than any other food in this restaurant.
17. ① lately ② hardly
18. My brother wakes up as early as I.
19. heaviest

PART 08 — 관계사 p.16

1. who 2. which 3. whose
4. which 5. that
6. when → where / Seoul is the city where I was born.
7. that → who / There are many people, who are retired.
8. the idea what → the idea which/that 또는 what / I don't like the idea which/that you suggested. 또는 I don't like what you suggested.
9. who smoke on the street
10. how I order food online
11. what she is talking about
12. She is the student ____ I taught.
13. I don't understand (the reason) why I failed the exam.
14. I want to know (the time) when he arrives at the airport.

15. Tell me why you are excited. / Tell me the reason you are excited. / Tell me the reason why you are excited.
16. I met an old man whose business was successful.
17. I could fix the yellow roof which was very old.
18. So, he showed me the way/how I could fix it. (the way나 how 둘 중 하나 생략하여 쓸 것)
19. She likes books whose authors are very famous.
20. It is about a man who earned a lot of money.

PART 09 접속사와 가정법   p.18

1. Because I caught a cold
2. Before you enter the library
3. when you see a red light
4. that   5. If   6. While
7. am → were / If I were good at math, I would help you.
8. see → had seen / If I had seen her, I would have talked to her.
9. Both → Either / Either Tom or Jack likes history. 또는 or → and, likes → like / Both Tom and Jack like history.
10. I'm not, can't travel
11. not only, but also
12. If I had enough money, I could buy you a cellphone.
13. ① that ② not only
14. Unless you keep the promise, I won't give it back to you.
15. I didn't know that he was a famous actor.
16. If I did exercise, I would lose weight.
17. If I had known some artists, I could have asked them many questions.
18. what → that / It is true that he is a rude person.
19. He should think carefully before he says something.
20. If I had been there, I could have told him to apologize.

PART 10 자주 쓰는 표현   p.20

1. Ava likes cooking, She goes to school
2. One, the other
3. it   4. Some, others
5. It   6. how I open this bottle

7. whether/if she came to the party
8. isn't she → is she / She isn't a writer, is she?
9. what are they → what they are / I don't know what they are doing.
10. themselves → herself / She introduced herself to them.
11. Sarah often listens to classical music, doesn't she?
12. I don't know when the concert starts.
13. One is a van, another is a truck, and the other is a bus.
14. I wonder why they are wearing uniforms.
15. themselves   16. Liam, Sue
17. ① do you ② myself
18. I lost my backpack. I'll buy _____ .
19. He doesn't have enough money, does he?
20. by oneself → by himself / He lives by himself in the countryside.

PART 01 ▶ 문장 형식 ⎯⎯⎯⎯○ p.23

유형 01 ≫ 빈칸 채우기 기본 A

1 moves   2 play   3 return
4 passes   5 left

유형 01 ≫ 문장 쓰기 심화 A

1 I saw a thief run away.
2 I feel someone pushing my back.
3 I heard you cry.
4 You make me laugh.
5 He lets me go early.

유형 02 ≫ 문장 고치기 기본 B

1 I gave you a pot.
2 She bought me a magazine.
3 I teach them science.
4 He made me a frame.
5 They send me emails.

유형 02 ≫ 문장 고치기 심화 B

① a coldness → cold / The weather suddenly turns cold.
② redly → red / The leaves turn red.

PART 02 ▶ 시제 ⎯⎯⎯⎯○ p.24

유형 01 ≫ 빈칸 채우기 기본 A

1 am describing   2 am watering
3 is melting   4 was shaking
5 is flowing

유형 01 ≫ 빈칸 채우기 심화 A

1 lived, have lived
2 finished, have, finished
3 have not(haven't) played, have played

유형 02 ≫ 문장 고치기 기본 B

1 was → is / She is listening to the radio now.
2 is → was / She was traveling around the world then.
3 was → is / He is helping Lisa now.
4 are → were / They were chatting about the trip then.
5 were → are / They are packing for vacation now.

유형 02 ≫ 문장 고치기 심화 B

① have come → came / I came to Korea two weeks ago.
② have stay → have stayed / I have stayed at her house for two weeks.

PART 03 ▶ 조동사 ⎯⎯⎯⎯○ p.25

유형 01 ≫ 빈칸 채우기 기본 A

1 can donate   2 have to cancel
3 can't find   4 must practice
5 have to invite

유형 01 ≫ 빈칸 채우기 심화 A

1 can join, join
2 don't have to bring, bring
3 don't turn down, must not turn down

유형 02 ≫ 배열하기 기본 B

1 have to take a Chinese lesson
2 may not rain in the afternoon
3 don't have to wait for me
4 can borrow my Chinese textbook

유형 02 ≫ 배열하기 심화 B

1 had better consider it
2 should not take a look at the pictures
3 had better use a cellphone
4 should be proud of yourself

PART 04 수동태   p.26

유형 01 » 빈칸 채우기 기본 A

1 are guided by
2 are planted by
3 are sent by
4 are introduced by
5 are created by

유형 01 » 빈칸 채우기 심화 A

1 is built by them, are built by them
2 buy backpacks, are bought by tourists
3 fix computers, are fixed by repairmen

유형 02 » 문장 고치기 기본 B

1 for → in / He is involved in the accident.
2 about → with / The chair is covered with dust.
3 as → with / The shelf is filled with books.
4 cook → cooked / It can be cooked easily.
5 cleaned → be cleaned / It may be cleaned often.

유형 02 » 문장 고치기 심화 B

① am worried → am worried about / I am worried about my friend.
② may not be forgive → may not be forgiven / He may not be forgiven by her.

PART 05 to부정사   p.27

유형 01 » 배열하기 기본 A

1 They are too young to watch
2 I am too nervous to be
3 She is smart enough to be
4 The car is big enough to carry
5 He is old enough to drive
6 She is too tall to wear

유형 01 » 배열하기 심화 A

1 (문장) He is too weak to walk.
   (우리말) 그는 걷기에 너무 약하다.

2 (문장) She is too upset to talk to me.
   (우리말) 그녀는 나에게 말하기에 너무 화가 나 있다.
3 (문장) This site is large enough to hold many animals.
   (우리말) 이 장소는 많은 동물들을 수용하기에 충분히 넓다.
4 (문장) She is clever enough to win the prize.
   (우리말) 그녀는 그 상을 수상하기에 충분히 똑똑하다.

유형 02 » 문장 고치기 기본 B

1 to protecting → to protect / We plant trees to protect the environment.
2 see → to see / I'm disappointed to see your test score.
3 to said → to say / She must be rude to say so.
4 seventy to be → to be seventy / She lived to be seventy.

유형 02 » 문장 고치기 심화 B

① important finish → important to finish / It is important to finish the project.
② somebody to helping → somebody to help / There is somebody to help me.

PART 06 동명사와 분사   p.28

유형 01 » 문장 고치기 기본 A

1 Sweep → Sweeping / Sweeping floors is boring.
2 to taking → taking / My hobby is taking pictures of sunflowers.
3 to celebrate → celebrating / We suggested celebrating her birthday.
4 to catch → catching / They gave up catching butterflies.
5 run → running / He talked about running his own business.

유형 01 » 배열하기 심화 A

1 (문장) The working man is my dad.
   (우리말) 저 일하는 남자가 우리 아빠야.
2 (문장) We had dinner cooked by my mom.
   (우리말) 우리는 엄마가 만드신 저녁을 먹었다.
3 (문장) I am looking for the printed paper.
   (우리말) 나는 인쇄된 그 종이를 찾고 있다.
4 (문장) I saw Jacob eating the sandwiches.
   (우리말) 나는 Jacob이 샌드위치를 먹는 걸 봤어.

유형 02 » 문장 고치기 기본 B

1 to buy → buying / I avoid buying fruits.
2 draw → drawing / I have difficulty drawing my portrait.
3 to sweep → sweeping / How about sweeping the floor?
4 do → doing / I am busy doing my schoolwork.

유형 02 » 문장 고치기 심화

① am prepare → am preparing / I am preparing for a party.
① to waiting → waiting / I see the people waiting outside.

PART 07 비교급과 최상급 ⸺⸺⸺ p.29

유형 01 » 빈칸 채우기 기본 A

1 delicious   2 brightly   3 useful
4 high mountain   5 hardly cries

유형 01 » 빈칸 채우기 심화 A

1 the longest river, a long river
2 is the wisest man, is a wise man
3 is one of the largest rooms, is large

유형 02 » 문장 고치기 기본 B

1 hot → hotter / Africa is hotter than Korea.
2 older → older than / Our school is older than your school.
3 good → well / I sing as well as the Beatles.
4 as fast → as fast as / I can calculate as fast as a computer.
5 cuter → cute / The actress is not so cute as me.

유형 02 » 문장 고치기 심화 B

① pretty → prettier / Your bag is prettier than mine.
② many lighter → much lighter / My bag is much lighter than your bag. (much 대신 even, still, far, a lot도 가능)

PART 08 관계사 ⸺⸺⸺ p.30

유형 01 » 배열하기 기본 A

1 a lady who had a car accident
2 a teddy bear whose eyes are very big
3 the movie whose actors are handsome
4 a nephew who is 9 years old
5 a city whose night view is amazing
6 her whose English is fluent

유형 01 » 배열하기 심화 A

1 (문장) a concert hall which is located
   (우리말) 건물 가운데 위치하는 콘서트홀이 있다.
2 (문장) I stay at the place where we met.
   (우리말) 나는 우리가 만났던 곳에 머무르고 있다.
3 (문장) I don't know the reason why you are upset.
   (우리말) 나는 네가 화난 이유를 모르겠다.
4 (문장) Seoul is the city where I was born.
   (우리말) 서울은 내가 태어난 곳이다.

유형 02 » 문장 고치기 기본 B

1 whose → which(/that) / This is the medicine which(/that) he takes.
2 who → which(/that) / Look at the picture which(/that) she painted.
3 who → which(/that) / I read the letter which(/that) he wrote.
4 which → who(m) / She is my classmate who(m) I like.

유형 02 » 문장 고치기 심화 B

① has who → who has / I know a guy, who has a disease.
② the year where → the year when / Tell me the year when he comes back to Korea.

PART 09 접속사와 가정법 ⸺⸺⸺ p.31

유형 01 » 문장 쓰기 기본 A

1 When she goes to a park
2 After he wins a game
3 If you see something strange
4 the fact that she likes Roger

유형 01 » 문장 쓰기 심화 A

1 If I lived on the island, I could go swimming every day.
2 If I fixed my computer, I could play computer games.
3 If I had been cheerful, I might have had many friends.
4 If I knew your birthday, I would give you a gift.

유형 02 » 문장 고치기 기본 B

1 Either → Both / Both he and you download it for free.
2 and → or / We choose either soccer or baseball.
3 Spanish as well as Chinese → Chinese as well as Spanish / He learns Chinese as well as Spanish.
4 not only drink but also food → not only food but also drink / We share not only food but also drink.

유형 02 » 문장 고치기 심화 B

① reading → reads ② After → Because 또는 As

3 isn't Amy → isn't she / Amy is a diligent person, isn't she?
4 did he → didn't he / James delayed his journey, didn't he?

유형 02 » 문장 고치기 심화 B

① another → the others / the others aren't
② ourselves → themselves / They are going to experience their dream jobs themselves today.

PART 10 ▸ 자주 쓰는 표현 p.32

유형 01 » 배열하기 기본 A

1 One is red, another is blue, and the other
2 Some like apples, and others like
3 One is an astronaut, and the other

유형 01 » 배열하기 심화 A

1 (문장) It is getting hot. (우리말) 날이 더워지고 있어.
2 (문장) We need to examine ourselves.
   (우리말) 우리는 스스로를 점검해 볼 필요가 있다.
3 (문장) He talks about himself in every interview.
   (우리말) 그는 모든 인터뷰에서 그 자신에 대해 이야기한다.
4 (문장) It is dangerous to drive at night.
   (우리말) 밤에 운전하는 것은 위험하다.

유형 02 » 문장 고치기 기본 B

1 that → what / I don't know what they are doing.
2 where is her car → where her car is / I'm not sure where her car is.

중학 영문법, 쓸 수 있어야 진짜 문법이다!

문법이 쓰기다

실전력 100% 서술형 문제

교육 R&D에 앞서가는
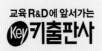
Key 키출판사

중학 영문법, 쓸 수 있어야 진짜 문법이다!

문법이 쓰기다

정답 및 해설 **2학년**

교육 R&D에 앞서가는
Key 키출판사

중학 영문법, 쓸 수 있어야 진짜 문법이다!

문법이 쓰기다

정답 및 해설

UNIT 01 1·2·3형식 문장

STEP 01 p.13

① comfortable ② calm ③ healthy
④ large ⑤ angry ⑥ good

① the park / for the school
② his lesson / at 12:00
③ the experiment / with a joke
④ the car / at the traffic light

STEP 02 p.14

① looks / sounds ② gets / stays
③ seem / stay ④ stays / gets
⑤ gets / stays ⑥ at 9 o'clock / a journey
⑦ toward the door / the door
⑧ along the street / the bottle
⑨ with friends / the piano
⑩ the books / to the school

STEP 03 p.15

① deliciously → delicious / A lollipop tastes delicious.
② familiarity → familiar / The voice sounds familiar.
③ redly → red / The leaves turn red.
④ quieten → quiet / The students always stay quiet.
⑤ a coldness → cold / The weather suddenly turns cold.
⑥ nervously → nervous / He seems nervous today.
⑦ sweetness → sweet / Most flowers smell sweet.

❶ 감각동사의 보어는 형용사를 쓴다.
❸ become동사의 보어는 형용사를 쓴다.
❹ 유지동사의 보어는 형용사를 쓴다.
❻ 판단동사의 보어는 형용사를 쓴다.

서술형 끝내기 p.16

서술형 유형 기본

① They stay healthy.
② I feel comfortable.
③ She left the park.
④ She left for the school.

서술형 유형 심화 1

① He looks strange.
② She stays awake late at night.
③ They begin at 9 o'clock.
④ They begin a journey.

서술형 유형 심화 2

① The voice sounds familiar.
② Ella looks anxious.
③ A lollipop tastes delicious.
④ The leaves turn red.
⑤ The weather suddenly turns cold.
⑥ The students always stay quiet.
⑦ He seems nervous today.
⑧ Most flowers smell sweet.

UNIT 02 4형식 문장

STEP 01 p.19

① you a pot ② me a picture
③ me a magazine ④ me a frame
⑤ me emails ⑥ them science

① a toy car for her ② a lie to them
③ his laptop to me ④ a postcard to me
⑤ raincoats for us ⑥ a question of him

STEP 02 p.20

① She got me a bill.
그녀는 나에게 계산서를 가져다주었다.
② I told them the weather forecast.
나는 그들에게 날씨 예보를 말해 주었다.
③ You teach us greetings.
너는 우리에게 인사말들을 가르쳐 준다.
④ They buy him storybooks.
그들은 그에게 이야기책들을 사 준다.
⑤ She shows them maple trees.
그녀는 그들에게 단풍나무들을 보여 준다.
⑥ I make her backpacks.
나는 그녀에게 배낭들을 만들어 준다.
⑦ You hand him documents.
너는 그에게 서류들을 건네준다.

STEP 03 ⸺⸺⸺⸺⸺⸺⸺ p.21

❶ He gave a chance to you.
❷ She told something to you.
❸ I show new cellphones to him.
❹ I lent the local newspaper to her.
❺ You bought a cup of coffee for me.
❻ You make wooden chopsticks for him.
❼ We get frying pans for her.

❶~❹ give, tell, show, lend는 전치사 to를 사용한다.
❺~❼ buy, make, get은 전치사 for를 사용한다.

서술형 끝내기 ⸺⸺⸺⸺⸺⸺ p. 22

서술형 유형 기본

❶ I gave you a pot.
❷ You showed me a picture.
❸ I told them a lie.
❹ I found her a toy car.

서술형 유형 심화 1

❶ She got me a bill.
❷ They buy him storybooks.
❸ I make her backpacks.
❹ You hand him documents.

서술형 유형 심화 2

❶ He gave a chance to you.
❷ She told something to you.
❸ Someone sends gifts to you.
❹ We get frying pans for her.
❺ I lent the local newspaper to her.
❻ You bought a cup of coffee for me.
❼ You make wooden chopsticks for him.
❽ I show new cellphones to him.

UNIT
03 5형식 문장

STEP 01 ⸺⸺⸺⸺⸺⸺⸺ p.25

❶ you cry   ❷ him work
❸ the ground shake ❹ stars shining
❺ her singing

❶ me laugh   ❷ me buy   ❸ him repair
❹ him come   ❺ me go   ❻ me bring

STEP 02 ⸺⸺⸺⸺⸺⸺⸺ p.26

❶ I watch him cook in the kitchen.
　나는 그가 주방에서 요리하는 것을 본다.
❷ He feels something moving.
　그는 무엇인가가 움직이고 있는 것을 느낀다.
❸ I hear her speaking loudly.
　나는 그녀가 큰 소리로 말하고 있는 것을 듣는다.
❹ I feel him standing close.
　나는 그가 가까이 서 있는 것을 느낀다.
❺ My parents let me go out for dinner.
　부모님은 내가 저녁을 먹으러 나가게 해 준다.
❻ We make them buy enough food.
　우리는 그들이 충분한 음식을 사게 한다.
❼ She has us move chairs.
　그녀는 우리가 의자들을 옮기게 한다.

STEP 03 ⸺⸺⸺⸺⸺⸺⸺ p.27

❶ ran → run / I saw a thief run away.
❷ played → play / She watches her children play games.
❸ pushed → pushing / I feel someone pushing my back.
❹ called → calling / He hears someone calling his name.
❺ attending → attend / I had him attend the event.
❻ accepts → accept / I made her accept the offer.
❼ to imagine → imagine / She lets us imagine situations.

❶ 지각동사의 목적격 보어로 동사원형을 사용한다.
❸ 진행 중인 동작을 강조하고자 할 때 지각동사의 목적격 보어로 -ing 형태의 현재분사를 사용할 수 있다.
❺ 사역동사의 목적격 보어로 동사원형을 사용한다.

서술형 끝내기 ⸺⸺⸺⸺⸺⸺ p. 28

서술형 유형 기본

❶ I see stars shining.
❷ I heard you cry.
❸ He lets me go early.
❹ You make me laugh.

서술형 유형 심화 1

❶ My parents let me go out for dinner.

❷ I watch him cook in the kitchen.
❸ I feel him standing close.
❹ She has us move chairs.

서술형 유형 심화 2

❶ I feel someone pushing my back.
❷ Jena heard him shout.
❸ I saw a thief run away.
❹ She watches her children play games.
❺ He hears someone calling his name.
❻ She lets us imagine situations.
❼ I had him attend the event.
❽ I made her accept the offer.

1. ④   2. ③   3. ④   4. ③   5. ②   6. ③
7. ③   8. ③   9. ③   10. ①   11. ③   12.
②   13. ②   14. Jessy brings cats some
water.   15. They watch children playing in
the playground.   16. (1) to cry → cry / I heard
you cry last night.   (2) sadly → sad / I felt sad.
(3) staying → stay / My mom made me stay at
home.   (4) gone → go / She never lets me go
out after dinner.   17. (1) sitting   (2) raising   (3)
smiling

1. 지각동사의 보어 자리이므로 부사는 올 수 없다.

2. 문맥상 4형식 수여동사가 필요하며 사역동사인 let은 사용할 수 없다.

3. 목적어가 있는 3형식 문장과, 목적어가 없는 1형식 문장에 모두 올 수 있는 동사를 고른다. ④ play는 3형식인 첫 문장에서 '~을 연주하다'는 의미로 쓰였고, 두 번째 문장에서 '놀다'는 의미로 쓰였다.

   ■ 그들은 바이올린을 연주한다.
   ■ 그들은 그들의 친구들과 논다.

4. 4형식 문장을 3형식으로 바르게 바꾼 것을 고른다. 간접목적어와 직접목적어의 어순을 바꾼 후, 그 사이에 전치사를 삽입한다. 동사 send에 어울리는 전치사는 to이다.

   ■ Bob은 그의 엄마에게 편지들을 보낸다.

5. 4형식 문장이 3형식 문장이 될 때 필요한 전치사를 찾는 문제이다. 수여동사 give는 전치사 to를, make는 for를 사용한다.

   ■ 그녀는 나에게 카드들을 준다.
   ■ 나는 그에게 초콜릿을 만들어 준다.

6. 첫 문장의 빈칸은 become 동사를 사용하는 2형식 문장의 보어 자리이므로 형용사를 써야 한다. 두 번째 문장의 빈칸은 지각동사를 사용한 5형식 문장의 목적격 보어 자리이므로 동사원형이 올 수 있다. (목적어와의 관계에 따라 현재분사나 과거분사를 사용할 수도 있다.)

   ■ 그는 슬퍼진다.
   ■ 나는 그가 우는 것을 듣는다.

7. 사역동사를 사용하는 5형식 문장이므로 [주어 + 사역동사 + 목적어 + 목적격 보어] 구조를 갖는다.

8. 보기의 make는 사역동사이며 ③의 make와 쓰임이 같다.

   ■ 나는 내 딸이 그 역사 박물관에 방문하게 한다.
   ① 우리 선생님은 우리들에게 쿠키를 만들어 주신다.
   ② 나는 내 친구들에게 토마토 수프를 만들어 준다.
   ③ 그들은 우리가 그 화이트보드를 사게 한다.
   ④ 우리는 미술 시간에 목재 동물을 만든다.
   ⑤ 그녀는 오렌지 주스 한 잔을 내게 만들어 주었다.

9. '~하게 한다'로 해석할 수 있고 목적격 보어가 동사원형이므로 사역동사가 올 자리이다.

10. '~하게 한다'로 해석할 수 있는 사역동사 make의 목적격 보어 자리이므로 동사원형을 사용한다.

11. 지각동사의 목적격 보어 자리이며, 목적어의 동작이 진행중이었으므로 현재분사를 사용한다.

12. 4형식 문장이 3형식이 될 때, 동사 give, teach, send, lend는 전치사 to를 사용하지만, make는 for를 사용한다.

   ① 나는 그에게 내 우산을 주었다.
   ② Jason은 나에게 수프를 만들어 준다.
   ③ Amy는 우리에게 요리를 가르쳐 준다.
   ④ 그들은 그들의 아이들에게 편지를 보낸다.
   ⑤ 그는 그들에게 그의 카메라를 빌려준다.

13. 지각동사의 주격보어로 부사를 사용할 수 없다.

   ① Jake는 학교가 끝난 후에 축구를 한다.
   ② 그 음악은 낯설게 들린다.
   ③ Tim은 누군가 울고 있는 것을 들었다.
   ④ 나는 그 남자가 벤치 위에서 자는 것을 보았다.
   ⑤ 내 남동생은 내가 그의 가방을 가져다주게 한다.

14. 4형식 문장이므로 [주어 + 동사 + 간접목적어 + 직접목적어] 구조를 갖는다.

15. 지각동사가 있는 5형식 문장이므로 [주어 + 동사 + 목적어 + 목적격 보어] 구조를 사용한다. 아이들이 '놀고 있

는' 상황이므로 목적격 보어는 -ing 형태의 현재분사를 사용한다.

16. (1) 지각동사의 목적격 보어는 to부정사가 아닌 동사원형을 사용한다.
(2) 지각동사의 주격보어는 형용사를 사용한다.
(3)–(4) 사역동사의 목적격 보어는 동사원형을 사용한다.

■ Linda: 나는 네가 어젯밤에 우는 것을 들었어.
Kiho: 그것을 들었니? 나는 슬펐어.

Linda: 왜?
Kiho: 우리 엄마는 내가 집에 있게 하셨어. 엄마는 저녁을 먹은 후에 내가 절대 밖에 나가게 해 주시지 않아.

17. 진행 중인 동작을 나타낼 때 지각동사의 목적격 보어는 -ing 형태의 현재분사를 사용한다.

(1) 나는 아이들이 의자에 앉아 있는 것을 본다.
(2) 나는 교실에서 아이들이 손을 들고 있는 것을 본다.
(3) 나는 선생님이 아이들 앞에서 웃고 있는 것을 본다.

Part 02

UNIT 01 진행형

STEP 01 〇———————————— p.35

❶ am describing / describe
❷ pour / am pouring
❸ look for / am looking for
❹ am working on / work on

❶ 보고 있는 중이었다 　　❷ 창조했다
❸ 만들고 있는 중이었다 　❹ 선출했다
❺ 듣고 있는 중이었다 　　❻ 여행하고 있는 중이었다

STEP 02 〇———————————— p.36

❶ melts / is melting
❷ flows / is flowing
❸ collects / is collecting
❹ compared / was comparing
❺ shook / was shaking
❻ drew / was drawing
❼ washed / was washing

STEP 03 〇———————————— p.37

❶ (a) He was volunteering at a shelter then.
　(b) He is helping Lisa now.
❷ (a) They were chatting about the trip then.
　(b) They are packing for vacation now.
❸ (a) We were running on the grass then.
　(b) We are learning football together now.
❹ (a) She was going to the museum then.
　(b) She is taking part in a contest now.

(a) 과거진행은 [was/were + -ing] 형태로 쓴다.
(b) 현재진행은 [is/are + -ing] 형태로 쓴다.

서술형 끝내기 〇———————————— p.38

서술형 유형 기본

❶ I am describing him.
❷ I am looking for my brother.
❸ I was listening to loud music.
❹ He was watching a movie yesterday.

서술형 유형 심화 1

❶ I was washing my dad's car.
❷ He is collecting foreign coins.
❸ I was drawing a square.
❹ Water is boiling on the stove.

서술형 유형 심화 2

❶ He is helping Lisa now.
❷ She was traveling around the world then.
❸ She is listening to the radio now.
❹ She is taking part in a contest now.
❺ He was volunteering at a shelter then.
❻ We were running on the grass then.
❼ They were chatting about the trip then.
❽ They are packing for vacation now.

UNIT 02 현재완료

STEP 01

p.41

① have met
② met
③ worked
④ have worked
⑤ have, finished

① Have you been
② Have you lost
③ Have you heard
④ have not been
⑤ have not lost
⑥ have not heard

STEP 02

p.42

① finished / have, finished
② learned / have learned
③ have played / have not[haven't] played
④ have, arrived / have not[haven't] arrived
⑤ have influenced / have not[haven't] influenced
⑥ Have you used / have not[haven't] used
⑦ Have you had / have not[haven't] had

STEP 03

p.43

① was → have been / I have been sick since yesterday.
② lived → have lived / I have lived in Seoul for 3 years.
③ leave → left / He has left for France.
④ check → checked / Have you checked under the bed?
⑤ be → been / Have you ever been to Korea before?
⑥ don't have meet → have not[haven't] met / I have not[haven't] met her before.
⑦ have change not → have not[haven't] changed / I have not[haven't] changed my decision so far.

① 현재까지 계속되고 있는 상황이므로 현재완료를 사용한다.
② 현재완료는 [have/has + 과거분사]로 쓴다.
⑤ '~에 가 본적이 있다'는 have been으로 쓴다.
⑥ 현재완료의 부정문은 [have not[haven't] + 과거분사]로 쓴다.

서술형 끝내기

p.44

서술형 유형 기본

① I have met him once.
② I have just finished cleaning my car.
③ Have you heard from Jane recently?
④ I have not lost my wallet.

서술형 유형 심화 1

① I have lived in Busan since last year.
② I have just finished my homework.
③ I have not[haven't] arrived at the hotel yet.
④ Have you had lunch today?

서술형 유형 심화 2

① I have lived in Seoul for 3 years.
② He has left for France.
③ I have been sick since yesterday.
④ She has taught English to us for 4 years.
⑤ Have you ever been to Korea before?
⑥ Have you checked under the bed?
⑦ I have not[haven't] changed my decision so far.
⑧ I have not[haven't] met her before.

내신대비 실전 TEST

p.46

1. ⑤   2. ④   3. ⑤   4. ④   5. ⑤   6. ③
7. ③   8. ④   9. ③   10. ④   11. ①
12. ⑤   13. Have you read the news lately?
14. My friends were playing with a ball.
15. (1) come → came / I came to Korea two weeks ago. (2) have stay → have stayed / I have stayed at her house for two weeks. (3) visit → visited / Have you visited Han River Park?   16. (1) started (2) is reading (3) has read

1. '지난 월요일'이라는 표현이 있으므로 과거 혹은 과거진행을 사용한다.
   ■ 우리는 지난 월요일에 우리가 좋아하는 가수들에 대해 이야기하는 중이었다.

2. '어제부터'라는 표현이 있으므로 현재완료를 사용한다.
   ■ 부모님은 어제부터 Sunset 호텔에서 머물고 계신다.

3. 과거시제이며 주어의 수와 일치하는 것을 고른다.
   ■ 내가 집에 도착했을 때, 그들은 바이올린을 연주하는 중이었다.
   ■ 내 아이들은 그때 친구들과 놀고 있는 중이었다.

4. ① be → am   ② meet → met
   ③ be → was   ⑤ aren't → haven't
   ■ 나는 Jenny에게 편지를 쓰고 있는 중이다. 내가 10살 때 그녀를 만났다. 우리는 서로 5년 동안 알고 지냈다.

우리는 최근에 많이 이야기를 나누지 못했다.

5. 현재완료의 의문문과 부정문으로 빈칸에는 과거분사가 올 자리이다.

    ■ 내 휴대폰을 본 적 있니?
    ■ 나는 전에 그의 이름을 들어본 적이 없다.

6. 현재완료는 [for + 기간], [since + 시점]과 함께 사용한다.

    ■ 우리는 5년간 친구로 지내고 있다.
    ■ 그녀는 지난 일요일부터 아팠다.

7. 이틀 전에 열쇠를 잃어버렸고, 지금도 찾지 못한 상태이므로 '결과'의 현재완료 용법이다. 현재완료인 ③이 정답이다.

    ■ 나는 이틀 전에 내 방 열쇠를 잃어버렸다. 나는 지금도 그것을 찾을 수 없다. → 나는 내 방 열쇠를 잃어버렸다.

8. Henry가 독일로 떠나서 돌아오지 않은 상황이므로 '결과'의 현재완료 용법이다. 현재완료인 ④가 정답이다.

    ■ Henry는 독일로 떠났다. 그는 지금 이곳에 없다.
      → Henry는 독일로 떠났다.

9. ③은 [be동사 + 과거분사] 구조의 과거진행이다.

    ① am travel → am traveling
    ② searching → was searching
    ④ is find → is finding
    ⑤ are reading → were reading

10. 예문은 현재완료 계속적 용법이므로 ④가 정답이다.

    ■ 우리는 수년째 함께 일하고 있다. (계속)
    ① 나는 아시아에 가본 적이 없다. (경험)
    ② 나는 바닥 청소하는 것을 이미 끝냈다. (완료)
    ③ 그녀는 막 나무로 된 집을 지었다. (완료)
    ④ 그들은 작년부터 캐나다에 살고 있다. (계속)
    ⑤ 그들은 너의 선물을 사러 떠났다. (결과)

11. 예문은 현재완료의 완료 용법이므로 ①이 정답이다.

    ■ 나는 이미 네 차를 닦았다. (완료)
    ① 나는 공항에 막 도착했다. (완료)
    ② 나는 그 단어를 들어본 적이 없다. (경험)
    ③ 우리는 지난 달부터 이곳에 머물고 있다. (계속)
    ④ 우리는 한 번 꽃에 관한 그 책을 읽은 적이 있다. (경험)
    ⑤ 그들은 어떻게 피아노를 연주하는지 배운 적이 없다. (경험)

12. 과거를 나타내는 표현인 ago (~전에)는 현재완료와 함께 사용할 수 없다.

    ① Matt은 라디오를 듣고 있는 중이었다.
    ② Janet과 Kate는 영화를 보는 중이었다.
    ③ 그는 아직 그 과제를 끝내지 못했다.
    ④ 우리는 이미 몇 개의 영어 수업을 들었다.

13. 현재완료 의문문은 [Have/Has + 주어 + 과거분사] 구조로 쓴다.

14. '~하는 중이었다'는 과거진행을 사용한다. 주어가 복수이므로 [were + -ing]로 쓴다.

15. (1) two weeks ago(2주전)이므로 과거시제를 사용한다. (2) '2주간' 머물고 있으므로 현재완료를 사용한다. (3) 현재완료 의문문 형태가 필요하다.

    ■ 나는 2주 전에 한국에 왔다. 미나는 공항에 나를 데리러 왔다. 나는 그녀의 집에서 2주간 머물고 있다. 나는 그녀의 여동생들과 놀고 있는 중이다. 너는 한강 공원에 가 본적이 있니? 나는 그곳에 아직 가보지 않았다.

16. (1) '한 시간 전에' 읽기 시작했으므로 과거동사를 쓴다. (2) '지금' 읽고 있는 중이므로 현재진행형 is reading을 쓴다. (3) 한 시간째 읽고 있는 중이며 주어가 3인칭 단수이므로, 현재완료 has read를 쓴다.

    (1) Bill은 한 시간 전에 책을 읽기 시작했다.
    (2) Bill은 지금 책을 읽고 있는 중이다.
    (3) Bill은 한 시간 동안 읽고 있다.

Part 03 **조동사**

ⓤ **조동사의 쓰임 1**
01

STEP 01 ○ ────────────── p.51

❶ 능력　　❷ 의무　　❸ 추측
❹ 허락　　❺ 추측　　❻ 의무

❶ 비가 오지 않을지도 모른다
❷ 집을 사지 못한다.
❸ 나를 기다릴 필요가 없다
❹ 여기에 주차해서는 절대 안 된다
❺ 일찍 떠날 필요가 없다

STEP 02

① You can join the soccer club.
   너는 그 축구부에 가입해도 된다.

② I must practice every night.
   나는 매일 밤 연습해야 한다.

③ You have to invite them.
   너는 그들을 초대해야 한다.

④ You can't borrow these books.
   너는 이 책들을 빌릴 수 없다.

⑤ You must not enter the parking lot.
   너는 그 주차장에 들어가면 절대 안 된다.

⑥ It may not look interesting.
   그것은 흥미롭게 보이지 않을지도 모른다.

⑦ I don't have to pay him money.
   나는 그에게 돈을 지불할 필요가 없다.

STEP 03

p.53

① You may know his name.
② You can donate your old toys.
③ You have to cancel the order.
④ You don't have to bring the uniform.
⑤ You must not accept his invitation.
⑥ You can't find my phone number.
⑦ You must not turn down his offer.

❸ have to는 '~해야 한다'는 의미를 나타낼 수 있다.
❹ '~할 필요가 없다'는 don't have to를 사용한다.
❺ '~하면 절대 안 된다'는 must not을 사용한다.

서술형 끝내기

p.54

서술형 유형 기본

① I can read the Chinese characters.
② He must attend a Chinese class.
③ It may not rain in the afternoon.
④ You can't buy a house.
⑤ You don't have to wait for me.

서술형 유형 심화 1

① You can join the soccer club.
② You have to invite them.
③ I don't have to pay him money.
④ You must not enter the parking lot.

서술형 유형 심화 2

① You can help your friends.
② You can donate your old toys.
③ You may know his name.

④ You have to cancel the order.
⑤ You must not accept his invitation.
⑥ You can't find my phone number.
⑦ You don't have to bring the uniform.
⑧ You must not turn down his offer.

UNIT 02 조동사의 쓰임 2

STEP 01

p.57

① should tell   ② had better see
③ should respect   ④ should not use
⑤ had better not stay

① 읽곤 했다   ② 가곤 했다
③ 노래 부르곤 했다   ④ 감옥이었다
⑤ 일찍 일어나는 데 익숙하다

STEP 02

p.58

① We should protect wild animals.
   우리는 야생동물을 보호해야 한다.

② You had better take a break.
   너는 휴식을 취하는 게 낫겠다.

③ You had better not take the medicine.
   너는 그 약을 먹지 않는 게 낫겠다.

④ We used to swim after school.
   우리는 학교가 끝난 후 수영을 하곤 했다.

⑤ There used to be a gas station here.
   여기에 주유소가 있었다.

⑥ We would go fishing on weekends.
   우리는 주말에 낚시를 가곤 했다.

⑦ They would take a nap after school.
   그들은 학교가 끝난 후 낮잠을 자곤 했다.

STEP 03

p.59

① used to → should/had better / He should/had
   better consider it carefully.
② would → should / You should be proud of yourself.
③ would not → should not/had better not / You
   should not/had better not take a look at the
   pictures.
④ should → would/used to / You would/used to go to
   church every weekend.
⑤ are used to spending → would/used to spend / We
   would/used to spend a lot of time together.
⑥ would → used to / There used to be a playground
   on the hill.

⑦ used to stay → is used to staying / He is used to staying up late at night.

서술형 끝내기 ○————————— p.60

서술형 유형 기본
① You should respect the school rules.
② You had better not stay at home.
③ The hotel used to be a prison.
④ She would go on a picnic.

서술형 유형 심화 1
① We should protect wild animals.
② You had better not take the medicine.
③ We used to swim after school.
④ We would go fishing on weekends.

서술형 유형 심화 2
① She had better use a cellphone.
② You should be proud of yourself.
③ He should consider it carefully.
④ You had better not take a look at the pictures.
⑤ There used to be a playground on the hill.
⑥ He is used to staying up late at night.
⑦ We used to spend a lot of time together.
⑧ You would go to church every weekend.

내신대비 실전 TEST ———— p.62

1. ③ **2.** ④ **3.** ④ **4.** ② **5.** ③ **6.** ②
7. ④ **8.** ④ **9.** ② **10.** ③ **11.** ③
12. ⑤ **13.** You must not exceed the speed limit. **14.** You had better stop smoking.
15. (1) There used to be an art gallery on the third floor. (2) Lacey would/used to visit the art gallery often. **16.** (1) must stop (2) must not throw away (3) must not bring (4) must not step

1. '~할 수 있다'는 조동사 can을 사용한다.

2. '~할지도 모른다'는 추측의 조동사 may를 사용한다.

3. '~하지 않는 게 낫겠다'는 had better not을 사용한다.

4. must와 have to는 모두 '~해야 한다'는 의무의 뜻을 나타낸다.

■ 너는 모든 질문에 답해야 한다.

5. used to와 would는 모두 '~하곤 했다'는 의미로 과거의 습관을 나타낼 수 있다.
■ 나는 학교가 끝난 후에 몇 시간씩 비디오 게임을 하곤 했다.

6. '~해야 한다'는 의무의 조동사 must나 have to를 쓴다. '~해서는 절대 안 된다'는 금지의 조동사 must not을 사용한다.

7. 박물관에서는 카메라를 '사용해서는 안 된다'이므로 should not이 올 수 있다. Dan이 교사였다는 것은 과거의 상태이므로 used to가 올 수 있다.

8. '~할 필요가 없다'는 don't have to를 사용한다.

9. '~하곤 했다'는 조동사 used to나 would를 사용한다. 조동사 뒤에 동사원형이 와야 하며, 유사한 형태의 be used to '~에 사용되다'와 혼동하지 않도록 주의한다.

10. 예문의 have to는 '~해야 한다'는 의미이다. ③의 must 는 '~임이 분명하다'는 추측의 의미이다.
■ 우리는 밤에 운전할 때 조심해야 한다.
① 그녀는 매일 아침 일찍 일어나야 한다.
② 그는 하루에 세 번 그 약을 먹어야 한다.
③ 이곳에 머무르는 것은 위험한 것이 분명하다.
④ 우리는 식사를 하기 전에 손을 씻어야 한다.
⑤ 그들은 교통 규칙을 지켜야 한다.

11. 예문의 may는 '~일지도 모른다'는 의미이다. ③의 may 는 '~해도 된다'는 허락의 의미이다.
■ 그는 그 역에 정시에 도착할지도 모른다.
① 그는 너의 이름을 기억할지도 모른다.
② 그녀는 너의 전화번호를 알지도 모른다.
③ 네 사전을 사용해도 되니?
④ 우리는 재미있는 무엇인가를 찾을지도 모른다.
⑤ 그들은 우표 모으는 것을 좋아할지도 모른다.

12. ⑤ were used to be → used to be / '~이 있었다'는 조동사는 [used to + 동사원형]으로 쓴다.
① 나는 오늘 밤에 너의 집에 방문할 수 있어.
② 그녀는 학교에 걸어서 가야 한다.
③ 너는 나를 기다리는 게 좋겠다.
④ 그는 그의 과제를 금요일까지 끝내야 한다.

13. '~해서는 절대 안 된다'는 조동사 must 뒤에 not을 붙여 사용한다.

14. '~하는 게 낫겠다'는 [had better + 동사원형]으로 쓴다.

15. (1) '~이었다'는 과거의 상태를 나타내는 조동사는 used to를 사용한다.

(2) '~하곤 했었다'라는 과거의 습관은 would와 used to를 모두 사용할 수 있다.

■ 3층에 미술관이 있었지만, 지금은 없다. Lacey는 그 미술관에 자주 방문했었지만 지금은 하지 않는다.

16. (1) 정지 표지판이므로 '~해야 한다'는 의미의 must를 사용한다. (2)-(4) 금지사항을 알리는 표지판은 '~하면 절대 안 된다'는 must not을 사용한다.

■ 네가 이 표지판들을 보면,
(1) 너는 계속 가기 전에 멈춰야 한다.
(2) 너는 쓰레기를 버리면 절대 안 된다.
(3) 너는 애완동물을 데려와서는 절대 안 된다.
(4) 너는 잔디를 밟으면 절대 안 된다.

Part 04 수동태

UNIT 01 ▶ 수동태의 형태와 의미

STEP 01
p.67

❶ is won / is finished
❷ is used / is spoken
❸ is supported / is trusted
❹ are raised / are protected
❺ are bought / are designed

❶ respects
❷ is respected by
❸ watches
❹ is watched by
❺ forgive
❻ are forgiven by

STEP 02
p.68

❶ is planted by / are planted by
❷ is sent by / are sent by
❸ is delivered by / are delivered by
❹ guide / are guided by
❺ catch / are caught by
❻ fix / are fixed by
❼ buy / are bought by

STEP 03
p.69

❶ Many drawings are drawn by me at school.
❷ Good restaurants are found by chefs.
❸ Many cellphones are shown by a salesman.
❹ Many problems are discovered by an expert.
❺ Teachers are trusted by a lot of students.
❻ Well-known places are introduced by a tour guide.
❼ Many characters are created by an author.

❷ 동사는 수동태 형태인 [be동사 + 과거분사]로 주어가 good restaurants이므로 be동사 are를 사용한다.

❹ 주어 many problems가 복수이므로 동사는 [are + 과거분사]로 쓴다.

서술형 끝내기
p.70

서술형 유형 기본

❶ We are raised by them.
❷ English is spoken by many people.
❸ They are bought by many customers.
❹ He is respected by her.
❺ They are forgiven by him.

서술형 유형 심화 1

❶ Flowers are planted by gardeners.
❷ Letters are sent by my friends.
❸ Thieves are caught by policemen.
❹ Computers are fixed by repairmen.

서술형 유형 심화 2

❶ Teachers are trusted by a lot of students.
❷ Well-known places are introduced by a tour guide.
❸ Many cellphones are shown by a salesman.
❹ Good restaurants are found by chefs.
❺ Many drawings are drawn by me at school.
❻ My car is washed by me every Sunday.
❼ Many characters are created by an author.
❽ Many problems are discovered by an expert.

STEP 01 ⸺⸺⸺⸺⸺ p.73

❶ is canceled / was canceled
❷ is finished / was finished
❸ are made / were made
❹ are repeated / were repeated
❺ is painted / was painted

❶ is not copied   ❷ are not written
❸ Is a car stopped   ❹ Is it completed
❺ Are they used

STEP 02 ⸺⸺⸺⸺⸺ p.74

❶ is taken / was taken
❷ is moved / was moved
❸ are wrapped / were wrapped
❹ are protected / are not protected
❺ was broken / was not broken
❻ were put / Were the bottles put
❼ is celebrated / Is a champion celebrated

STEP 03 ⸺⸺⸺⸺⸺ p.75

❶ invent → invented / The item was invented in
  Korea 20 years ago.
❷ caused → were caused / Many accidents were
  caused by mistakes.
❸ are damaged → are not[aren't] damaged / Shelters
  are not[aren't] damaged by floods.
❹ was examined → was not[wasn't] examined / The
  car was not[wasn't] examined regularly.
❺ taught → were not[weren't] taught / They were
  not[weren't] taught by my teacher.
❻ admire → admired / Is he admired by many
  people?
❼ solve → solved / Was the problem solved by him?

  ❷ 과거분사 앞에 be동사가 생략되어 있다.
  ❸ 수동태의 부정문은 be동사 뒤에 not을 붙인다.
  ❻ 수동태 의문문은 [be동사 + 주어 + 과거분사] 형태이다.

서술형 끝내기 ⸺⸺⸺⸺⸺ p.76

서술형 유형 기본

❶ The plan was canceled.
❷ The songs were repeated.
❸ The paper is not copied by this machine.

❹ Is it completed by Lindsay?
❺ Are they used by her?

서술형 유형 심화 1

❶ Coins were used in Korea.
❷ The window was not broken by Matt.
❸ Wild animals are not protected by many people.
❹ Were the bottles put on the shelves?

서술형 유형 심화 2

❶ Many accidents were caused by mistakes.
❷ The item was invented in Korea 20 years ago.
❸ These pictures were taken by my mother.
❹ The car was not[wasn't] examined regularly.
❺ They were not[weren't] taught by my teacher.
❻ Shelters are not[aren't] damaged by floods.
❼ Is he admired by many people?
❽ Was the problem solved by him?

STEP 01 ⸺⸺⸺⸺⸺ p.79

❶ involved in   ❷ covered with   ❸ filled with
❹ surprised at   ❺ known as

❶ can be cooked   ❷ may be cleaned
❸ must be considered   ❹ has to be included
❺ may be used

STEP 02 ⸺⸺⸺⸺⸺ p.80

❶ am interested in / am involved in
❷ am surprised at / am worried about
❸ is covered with / is filled with
❹ is known for / is tired of
❺ are used / can be used
❻ is locked / must be locked
❼ is changed / may be changed
❽ are imported / have to be imported

STEP 03 ⸺⸺⸺⸺⸺ p.81

❶ I am worried about my friend.
❷ The country is known for fresh fruits.
❸ The place is covered with sand.
❹ He may be forgiven by her.

⑤ He can be protected by them.
⑥ The boxes must be removed by me.
⑦ The car has to be painted by us.

❷ 주어가 the country 단수이므로 is known for를 쓴다.
❹ 조동사가 있는 수동태는 [조동사 + be + 과거분사]로 be동사는 항상 원형인 be를 사용한다.
❼ 주어가 the car 단수이므로 [has to be + 과거분사]를 쓴다.

서술형 끝내기 ○━━━━━━━━ p.82

서술형 유형 기본
① The shelf is filled with books.
② He is involved in the accident.
③ It can be cooked easily.
④ It may be used in the future.

서술형 유형 심화 1
① I am interested in the experiment.
② The cake is covered with chocolate.
③ They have to be imported by many people.
④ The door must be locked by him.

서술형 유형 심화 2
① I am worried about my friend.
② He is interested in nature.
③ The country is known for fresh fruits.
④ The place is covered with sand.
⑤ He can be protected by them.
⑥ He may be forgiven by her.
⑦ The car has to be painted by us.
⑧ The boxes must be removed by me.

내신대비 실전 TEST p.84

1. ④ 2. ④ 3. ⑤ 4. ② 5. ④ 6. ③
7. ④ 8. ⑤ 9. ③ 10. ② 11. ⑤
12. ④ 13. I was invited to the party by Matt yesterday. 14. The cause of the accident was announced by the police officer. 15. (1) can be found on the Internet (by us) (2) are visited by many people (3) are covered by those blogs 16. (1) dropped (2) was broken (3) be exchanged (4) be repaired by

1. 첫 문장은 주어인 He가 동작을 하는 주체이므로 능동태이고, 두 번째 문장의 주어인 The accident는 동작의 주체가 될 수 없으므로 수동태이다.
   ■ 그는 나에게 많은 편지를 쓴다.
   ■ 그 사고는 그에 의해 일어났다.

2. 두 문장 모두 과거시제이다. 첫 문장은 주어인 My computer가 동작을 당하는 대상이므로 수동태이며, 두 번째 문장은 주어인 Ethan이 동작을 행하는 주체이므로 능동태이다.
   ■ 내 컴퓨터는 Liam에 의해 어제 고장났다.
   ■ Ethan은 이틀 전에 나에게 초콜릿 케이크를 만들어 주었다.

3. 첫 문장은 조동사가 있는 수동태로 [조동사 + be + 과거분사] 형태를 쓴다. 두 번째 문장은 과거 수동태이면서 주어가 단수이므로 [was + 과거분사]를 사용한다.

4. 조동사가 있는 수동태는 [조동사 + be + 과거분사] 형태로 ② can make를 can be made로 바꿔 써야 한다.
   ① 우리는 크리스마스 트리를 꾸몄다.
   → 크리스마스 트리는 우리에 의해 꾸며졌다.
   ② 그녀는 나무 숟가락을 만들 수 있다.
   → 나무 숟가락은 그녀에 의해 만들어질 수 있다.
   ③ 그 발전소는 전기를 만들었다.
   → 전기는 그 발전소에 의해 만들어졌다.
   ④ 그는 도서관에서 책을 빌렸다.
   → 책은 도서관에서 그에 의해 빌려졌다.
   ⑤ Emma는 담요 몇 장을 가져왔다.
   → 담요 몇 장이 Emma에 의해 가져와 졌다.

5. '완료될 수 있다'는 의미를 나타내려면 조동사 can을 함께 써야 한다. can be finished를 사용한 ④가 정답이다.

6. '~로 덮여 있다'는 by 이외의 전치사를 사용하는 표현으로 'be covered with'이다.

7. by 이외의 전치사를 사용하는 수동태를 묻는 문제이다. 예문의 be involved는 전치사 in을 사용하여 '~와 관련이 있다'는 의미로 쓰인다. ④ be interested in은 '~에 관심이 있다'는 의미로 쓰인다.(① about ② at ③ of ⑤ to)
   ■ 그녀는 그것을 파괴하는데 관련이 있다.
   ① 나는 편지를 쓰는 것이 걱정이 되었다.
   ② 그녀는 내 생각에 놀란다.
   ③ 그는 그녀에게 싫증이 난다.
   ④ 우리는 그 행사에 관심이 있었다.
   ⑤ 그 장소는 많은 사람들에게 알려져 있다.

8. ⑤ the center는 the government에 의해 지어진 것이므로 전치사 by를 함께 써야 한다.
   ① 이 기계는 안전을 위해 점검되어야 한다.
   ② 그의 생일 파티는 나에 의해 준비되었다.
   ③ 그 상자들은 너에 의해 포장되었니?

④ 유리병은 쿠키와 사탕으로 채워져 있다.
⑤ 그 센터는 정부에 의해 지어졌다.

9. 수동태는 [be동사+ 과거분사]이므로 ③ is use는 is used 가 되어야 한다.

① 우리는 그의 갑작스러운 결정에 놀란다.
② 우리의 새 상품은 누구나에 의해 구매될 수 있다.
③ 이 종이는 그릇들을 포장하는데 사용된다.
④ 그들은 선생님에 의해 복도로 안내되었다.
⑤ 그 도둑들은 한 번에 체포되었다.

10. 주어인 the pizza는 동작을 당하는 대상이므로 수동이 되어야 한다. 따라서 be동사 뒤에 동사원형 eat이 아닌 과거분사 eaten이 와야 한다.

① 내 반 친구들은 그 시험에 대해 걱정을 한다.
② 그 피자는 내 남동생에 의해서 먹어질 지도 모른다.
③ 그 비행기는 악천후로 인해 지연되었다.
④ 너의 휴대폰은 Jason에 의해 수리되지 않았다.
⑤ 이 꽃들은 너에 의해서 배달되었니?

11. by 이외의 전치사를 사용하는 수동태를 묻는 문제이다. be tired of는 '~에 싫증이 나다', be known for는 '~으로 유명하다'라는 의미이다.

■ 나는 내 여동생을 기다리는 것에 싫증이 난다.
■ 그 지역은 추운 날씨로 유명하다.

12. ⓐ는 과거시제이며 주어인 the woman이 회장으로 선출되는 것으로 수동태 was elected를 쓴다. ⓑ는 조동사 뒤에 오는 수동태이므로 [be + 과거분사] 형태를 사용한다. ⓒ 수동태 의문문의 주어 뒷자리에는 과거분사가 온다.

■ 그 여자는 우리 회장으로 작년에 선출되었다.
■ 장난감 트럭은 우리 개에 의해 묻혀졌을지도 모른다.
■ 그 메시지는 너에 의해 보내졌니?

13. 목적어인 me가 수동태 문장의 주어로 오면서 I가 된다. 동사 invited는 주어가 I이고 시제가 과거이므로 was invited로 쓴다.

■ Matt은 어제 나를 그 파티에 초대했다.
→ 나는 어제 Matt에 의해 그 파티에 초대되었다.

14. 목적어 the cause of the accident가 주어로 오고 동사 announced는 was announced로 쓴다.

■ 그 경찰관은 그 사고의 원인을 발표했다.
→ 그 사고의 원인은 그 경찰관에 의해 발표되었다.

15. (1) can find에서 조동사는 can은 그대로 두고 find는 be found로 쓴다. 조동사 뒤이므로 be동사는 원형 be를 쓴다. (2) 주어가 blogs로 복수이므로 are visited로 쓴다. (3) 주어가 many subjects로 복수이므로 are covered 로 쓴다.

■ 우리는 인터넷에서 수백 개의 블로그들을 찾을 수 있다. 많은 사람들이 블로그를 방문한다. 그 블로그들은 많은 주제들을 다룬다. 블로그를 운영하는 것은 쉽다. 너 자신의 블로그를 시작해 보는 게 어때?

16. (1) 주어인 I는 동작을 행하는 주체이므로 능동태이다. '어제'이므로 과거시제이다. (2) 주어가 my cellphone이 므로 동작을 당하는 대상이 되어 수동태 문장을 쓴다. '그 때'이므로 과거 수동태이다. (3) 조동사를 포함하고 있으므로 [be + 과거분사] 형태로 쓴다. (4) 조동사 뒤이므로 be로 시작하고 빈칸 뒤의 engineer가 동작을 행하는 주체이므로 전치사 by를 함께 사용한다.

(1) 나는 어제 내 휴대폰을 바닥에 떨어뜨렸다.
(2) 내 휴대폰은 그 때 깨졌다.
(3) 내 휴대폰은 무료로 교환될 수 없었다.
(4) 내 휴대폰은 기술자에 의해 수리될 수 있다.

Part 05 to부정사

UNIT 01 to부정사의 명사와 형용사적 용법

STEP 01
p.89

❶ 장식하는 것은
❷ 발행하는 것이다
❸ 재배하는 것을
❹ 세우는 것은
❺ 먹이를 주는 것을
❻ 수집하는 것이다

❶ many rooms to clean
❷ some food to share
❸ clothes to wear
❹ something to drink
❺ somebody to visit
❻ someone to talk to

STEP 02
p.90

❶ It is urgent to hire someone.
누군가를 고용하는 것이 시급하다.
❷ Her advice is to make a budget.
그녀의 충고는 예산을 세우라는 것이다.
❸ His job is to edit books.
그의 직업은 책을 편집하는 것이다.
❹ I plan to provide the information.
나는 그 정보를 제공하는 것을 계획한다.

⑤ I expect to fail the exam.
　나는 그 시험에서 낙제하는 것을 예상한다.
⑥ There is somebody to help me.
　나를 도와줄 누군가가 있다.
⑦ You have something to ask me.
　너는 내게 질문할 것이 있다.

STEP 03　p.91

① It is important to respect others.
② Her dream is to own a restaurant.
③ My dream is to be a bank teller.
④ I decided to tell you the truth.
⑤ I hope to be a pilot.
⑥ I made a plan to save money.
⑦ I have an old car to sell.

❶ '～하는 것은'의 의미이므로 to부정사가 진주어이고 it은 가주어
　이다.
❷ to부정사가 보어 자리에 와서 '～하는 것이다'를 나타낸다.
❹ '～하는 것을'을 뜻하므로 to부정사가 목적어 자리에서 쓰인다.
❻ to부정사가 형용사적 용법 '～할'의 의미로 앞 명사를 수식한
　문장이다.

서술형 끝내기　p. 92

서술형 유형 기본

① He started to grow rice.
② To decorate my room is difficult.
③ I have some food to share.
④ There is somebody to visit here.

서술형 유형 심화 1

① There is somebody to help me.
② I plan to provide the information.
③ It is urgent to hire someone.
④ His job is to edit books.

서술형 유형 심화 2

① It is important to respect others.
② My dream is to be a bank teller.
③ I decided to tell you the truth.
④ I have an old car to sell.
⑤ It is dangerous to build a tunnel here.
⑥ Her dream is to own a restaurant.
⑦ I hope to be a pilot.
⑧ I made a plan to save money.

UNIT 02　to부정사의 부사적 용법

STEP 01　p.95

① 목적　　　　　　② 감정의 원인
③ 목적　　　　　　④ 감정의 원인
⑤ 감정의 원인　　　⑥ 목적

① 자다니　　　　　② 되다
③ 사다니　　　　　④ 되다
⑤ 알게 되다　　　　⑥ 전화하다니

STEP 02　p.96

① We plant trees to protect the environment.
　우리는 환경을 보호하기 위해 나무를 심는다.
② I'm surprised to hear the news.
　나는 그 소식을 들어서 놀랍다.
③ I'm disappointed to see your test score.
　나는 네 시험 점수를 봐서 실망이다.
④ She must be rude to say so.
　그녀가 그렇게 말하다니 버릇 없는 게 틀림없다.
⑤ You must be diligent to work that hard.
　너는 일을 그렇게나 열심히 하다니 성실한 게 틀림없다.
⑥ She lived to be seventy.
　그녀는 70세까지 살았다.
⑦ I grew up to be a scientist.
　나는 자라서 과학자가 되었다.

STEP 03　p.97

① I am happy to marry you.
② I need a backpack to carry books.
③ He saves money to buy a laptop.
④ She must be kind to help me.
⑤ She must be lazy to sleep too much.
⑥ I woke up to find myself famous.
⑦ I grew up to be a firefighter.

❶ 감정의 원인을 나타내는 문장으로 '～해서'를 뜻한다.
❷ '～하기 위해'의 의미로 to부정사의 부사적 용법 중 목적을 나
　타낸다.
❹ to부정사가 조동사 must와 함께 쓰여서 '～하다니'의 의미로
　판단의 근거를 나타낸다.
❻ '결국 ～하다'의 문장으로 부사적 용법 중 결과를 나타낸다.

서술형 유형 기본

1. I visited the office to join the club.
2. I am pleased to stay in this hotel.
3. You must be rich to buy it.
4. He lived to be ninety.
5. She grew up to be a doctor.

서술형 유형 심화 1

1. We plant trees to protect the environment.
2. I'm surprised to hear the news.
3. You must be diligent to work that hard.
4. I grew up to be a scientist.

서술형 유형 심화 2

1. He saves money to buy a laptop.
2. I am happy to marry you.
3. She must be kind to help me.
4. I woke up to find myself famous.
5. I need a backpack to carry books.
6. I'm glad to work with you.
7. She must be lazy to sleep too much.
8. I grew up to be a firefighter.

UNIT 03 to부정사의 활용

STEP 01 ◦————————— p.101

1. what to write
2. when to begin
3. how to improve
4. how to apologize
5. where to go
6. when to leave

1. 운전할 수 없다
2. 운전할 수 있다
3. 입을 수 없다
4. 입을 수 있다
5. 앉을 수 없다
6. 앉을 수 있다

STEP 02 ◦————————— p.102

1. how to solve / when to solve
2. how to explain / what to explain
3. where to meet / when to meet
4. when to park / where to park
5. how to begin / when to begin
6. how to fix / where to fix
7. when to order / where to order

1. They are too young to watch the film.
2. She is too upset to talk to me.
3. I am too nervous to be alone.
4. She is smart enough to be a doctor.
5. This site is large enough to hold many animals.
6. The car is big enough to carry many people.
7. She is clever enough to win the prize.

1. [so + 형용사/부사 + that + 주어 + can't]는 '(너무) ~해서 …할 수 없다'의 의미로, [too + 형용사/부사 + to]로 바꿔 쓸 수 있다.
4. [so + 형용사/부사 + that + 주어 + can]는 '(충분히) ~해서 …할 수 있다' 의미로, enough to가 포함된 문장으로 바꿀 수 있다.

서술형 유형 기본

1. I don't know what to write here.
2. She explains how to improve the skill.
3. Let me know where to go tonight.
4. Tell me when to begin exercise.
5. I don't know when to leave here.

서술형 유형 심화 1

1. Tell me when to solve this problem.
2. I know where to order the food.
3. I can't decide what to explain.
4. Show me how to fix this phone.

서술형 유형 심화 2

1. They are too young to watch the film.
2. She is clever enough to win the prize.
3. I am too nervous to be alone.
4. This site is large enough to hold many animals.
5. He is too weak to walk.
6. The car is big enough to carry many people.
7. She is too upset to talk to me.
8. She is smart enough to be a doctor.

내신대비 실전 TEST ◦————————— p.106

1. ④　2. ②　3. ⑤　4. ③　5. ①　6. ②
7. ③　8. ⑤　9. ⑤　10. ①　11. ④

12. ⑤   13. ②   14. To bring your own water bottle is necessary.   15. I am strong enough to move the furniture.   16. I need something cold to drink.   17. (1) when to → what to / wonder what to do in the future (2) of teachers → for teachers / for teachers to give them guidance (3) plan finding → plan to find / plan to find their talent   18. (1) to pass (2) to study (3) to read (4) smart enough

1. choose는 to부정사를 목적어로 취하는 동사이므로 ④ to buy가 정답이다.

   ■ 나는 그 노트북을 사기로 선택했다.

2. to부정사가 보어 자리에 들어간 문장이다.

   ■ 내 꿈은 작가가 되는 것이다.

3. 첫 번째 문장은 '어떻게 ~할지'의 의미로 히터를 켜는 방법에 관한 내용이 되는 how to가 빈칸에 들어가야 한다. 두 번째 문장에서 의미상 '…하기에 충분히 ~한'을 나타내는 enough to를 쓴다.

   ■ 나는 어떻게 그 히터를 켜는지 모른다.
   ■ 이 지역은 많은 학생들을 수용할 만큼 (크기가) 거대하다.

4. 첫 번째 문장에서 주어 역할을 하는 to solve this problem이 문장 뒤에 있으므로, 빈칸에는 가주어 it이 와야 한다. 두 번째 문장에서 to부정사가 주어 자리에 쓰여 '~하는 것은'을 의미한다.

   ■ 이 문제를 해결하는 것은 어렵다.
   ■ 자전거를 타는 것은 재미있다.

5. '…하기에 너무 ~한'은 부정의 의미를 나타내므로 enough to가 아닌 too ~ to를 써야 한다.

6. '언제 ~할지'는 when to를 써서 나타낸다.

7. 가주어 it을 쓰고 진주어는 to make good friends로 나타낸 문장이다. 진주어는 문장 맨 뒤에 쓰고 의미상의 주어인 for you는 그 앞에 쓴다.

   ■ 네가 좋은 친구를 사귀는 것은 중요하다.

8. 부정대명사 something 다음에 형용사가 오며, 이를 to부정사가 뒤에서 수식하는 순서이다.

   ■ 나는 입을 따뜻한 것이 있다.

9. ①, ②는 '~하는 것'이라는 의미로 주어 자리에 to부정사가 온 명사적 용법이다. 단, ②는 가주어 it을 썼다. ③은 목적어 자리에 to부정사를 쓴 명사적 용법이며, ④는 to부정사가 보어 자리에 온 명사적 용법이다. ⑤는 to부정사가 someone을 수식하는 형용사적 용법이다.

   ① 운동하는 것은 필요하다.
   ② 야경을 보는 것이 좋다.
   ③ 나는 잠을 더 잘 필요가 있다.
   ④ 내 취미는 내 친구들과 이야기하는 것이다.
   ⑤ 나는 이야기할 누군가가 필요하다.

10. ①은 감정의 원인을 설명하는 부사적 용법인 반면 ②~⑤는 명사적 용법이다. ② 목적어 ③ 진주어 ④ 주어 ⑤ 보어로 쓰였다.

    ① 그는 너를 만나서 기쁜 게 틀림없다.
    ② 나는 일본의 내 친척을 방문할 것을 계획한다.
    ③ 늦은 밤에 밖에 있는 것은 위험하다.
    ④ 내 책을 쓰는 것이 재미있다.
    ⑤ 내 꿈은 성공한 사업가가 되는 것이다.

11. 보기의 to부정사는 '~하기 위해'를 의미하며, to부정사의 부사적 용법 중 목적을 나타낸다. 이와 같은 것은 ④번이다. ① 부사적(결과) ② 부사적(감정의 원인) ③ 부사적(결과) ⑤ 부사적(판단의 근거) 용법으로 쓰였다.

    ■ 나는 샐러드를 만들기 위해 채소를 샀다.
    ① 내 개는 20살까지 살았다.
    ② 나는 너와 저녁을 먹어서 기쁘다.
    ③ 그는 자라서 감독이 되었다.
    ④ 나는 유럽에 가기 위해 비행기를 탈 것이다.
    ⑤ 그녀는 그 소식을 듣고 충격에 빠진 게 틀림없다.

12. ⑤는 동사가 없는 문장이므로 어법상 어색하다. to부정사를 보어 자리에 쓰고 to부정사 앞에 is를 써서 'His goal is to finish his work by tomorrow.'가 되어야 한다.

    ① 유명한 배우가 되는 것은 어렵다.
    ② 우리는 말할 것이 있다.
    ③ 나는 끝낼 숙제가 있다.
    ④ 나는 그들과 그것을 논의하기를 원한다.
    ⑤ 그의 목표는 내일까지 그의 일을 마치는 것이다.

13. 문장에 주어가 없으므로 keep을 To keep으로 쓰거나 가주어 it을 사용한 문장으로 써야 한다.

    ① 나는 그것을 어떻게 사용하는지 모른다.
    ② 일기를 쓰는 것은 좋은 습관이다.
    ③ 그는 그 결과를 보아서 실망했다.
    ④ 내 남동생은 자전거를 타기에 너무 작다.
    ⑤ 그녀는 이 문제를 처리하기에 충분히 똑똑하다.

14. 가주어 it을 쓰고 진주어 to bring your own water bottle을 쓴 문장이다. 이는 진주어를 가주어 it자리에 쓰는 문장으로 바꿔 쓸 수 있다.

    ■ 네 물병을 가져오는 것이 필수적이다.

15. [so + 형용사/부사 + that + 주어 + can]은 [형용사/부사 + enough + to부정사] 문장으로 바꿀 수 있다.

   ■ 나는 그 가구를 옮기기에 충분히 강하다.

16. 부정대명사 something과 형용사 cold, 이를 뒤에서 수식하는 to drink를 써서 영작할 수 있다.

   A: 너는 목마르니?
   B: 응. 나는 마실 차가운 게 필요해.

17. (1)에서 '무엇을 할지'를 나타내는 것은 when to가 아니라 what to이다. (2)에서 형용사 necessary는 의미상의 주어 [for + 목적격]을 취한다. (3) plan은 to부정사를 목적어로 취하는 동사이므로 finding이 아니라 to find가 와야 한다.

■ 많은 학생들은 미래에 무엇을 할지 궁금해한다. 선생님들이 이들을 지도하는 것이 필요하다. 또한 학생들은 그들의 재능을 찾는 것을 계획한다. 그들이 원하는 직업을 갖는 것이 중요하다.

18. (1)은 to부정사의 부사적 용법 중 목적을 나타낸다. (2)는 진주어 자리에 to부정사를 쓴 문장이다. (3)은 목적어 자리에 to부정사를 쓴 명사적 용법이다. (4)는 의미상 too ~ to가 아니라 enough to를 쓴다.

   (1) 그녀는 시험에 통과하기 위해 열심히 공부한다.
   (2) 공부를 열심히 하는 것이 중요하다.
   (3) 그녀는 교과서를 읽는 것이 필요하다.
   (4) 그녀는 충분히 똑똑해서 그 책을 이해할 수 있다.

Part 06 동명사와 분사

UNIT 01 동명사의 역할과 쓰임

STEP 01   p.111

❶ Singing   ❷ Ordering
❸ Attending   ❹ buying
❺ listening to   ❻ being

❶ enjoy   ❷ suggest
❸ avoid   ❹ finished
❺ mind   ❻ gave up

STEP 02   p.112

❶ Writing poems is interesting.
   시를 쓰는 것은 재미있다.
❷ My hobby is taking pictures of sunflowers.
   내 취미는 해바라기 사진을 찍는 것이다.
❸ We suggested celebrating her birthday.
   우리는 그녀의 생일을 축하하는 것을 제안했다.
❹ I enjoy keeping a diary.
   나는 일기를 쓰는 것을 즐긴다.
❺ They gave up catching butterflies.
   그들은 나비를 잡는 것을 포기했다.
❻ We talked about changing the curtains.
   우리는 그 커튼을 바꾸는 것에 대해 이야기했다.
❼ Min thinks about running his own business.
   Min은 그 자신의 사업을 운영하는 것을 생각한다.

STEP 03   p.113

❶ Setting my goal is important.
❷ My dream is volunteering in Africa.
❸ My hobby is watching movies.
❹ My pleasure is giving you presents.
❺ We suggest sharing food.
❻ I am worried about making new friends.
❼ I look forward to working in Europe.

❶ 주어 자리에 오는 '~하는 것은'은 동명사를 사용해서 나타낼 수 있다.
❷ 동명사가 보어 자리에서 '~하는 것이다'를 나타낸 문장이다.
❺ suggest는 동명사만을 목적어로 취한다.
❼ look forward to는 '~하는 것을 고대하다'의 의미로 전치사 to 뒤의 목적어 자리에 동명사가 온다.

서술형 끝내기   p.114

서술형 유형 기본

❶ Singing a song is fun.
❷ My hobby is listening to the radio.
❸ They suggest beginning the project.
❹ I gave up making a budget.

서술형 유형 심화 1

1. Sweeping floors is boring.
2. My hobby is taking pictures of sunflowers.
3. I enjoy keeping a diary.
4. We talked about changing the curtains.

서술형 유형 심화 2

1. I look forward to working in Europe.
2. Baking cookies is difficult.
3. My dream is volunteering in Africa.
4. My pleasure is giving you presents.
5. Setting my goal is important.
6. I am worried about making new friends.
7. We suggest sharing food.
8. My hobby is watching movies.

UNIT 02 동명사의 활용

STEP 01 — p.117

1. buying / eating
2. talking / cooking
3. calling / to call
4. to move / moving

1. X
2. X
3. O
4. X
5. O
6. O

STEP 02 — p.118

1. bringing / to bring
2. opening / to open
3. turning off / to turn off
4. feels like decorating / is busy decorating
5. look forward to hiking / go hiking
6. have difficulty/trouble posting / How/What about posting
7. How/What about accepting / has difficulty/trouble accepting

STEP 03 — p.119

1. taking → to take / Remember to take this medicine tonight.
2. controlling → to control / I tried to control myself.
3. use → using / I tried using the cellphone.
4. watch → watching / She feels like watching the film.
5. provide → providing / They have trouble providing the service.

6. wear → wearing / What about wearing dark clothes?
7. shop → shopping / I went shopping to buy new shoes.

> 1. 동사 remember는 목적어로 to부정사를 사용하면 '~할 것을 기억하다(미래)', 동명사를 사용하면 '~한 것을 기억하다(과거)'의 의미가 된다.
> 2. '~하기 위해 노력하다'의 노력의 의미는 [try + to부정사]로 나타낸다.
> 4. feel like -ing는 '~하고 싶다'의 의미를 가진 동명사 관용표현이다.
> 7. go -ing는 '~하러 가다'의 뜻을 가진다.

서술형 끝내기 — p.120

서술형 유형 기본

1. I avoid eating the fruits.
2. I tried calling my friend.
3. I feel like riding a motorcycle.
4. How about sweeping the floor?
5. I look forward to seeing you.

서술형 유형 심화 1

1. I minded bringing a photograph.
2. I tried opening the door.
3. Layla is busy decorating her room.
4. We have trouble posting the letters.

서술형 유형 심화 2

1. Remember to take this medicine tonight.
2. I went shopping to buy new shoes.
3. She feels like watching the film.
4. I tried to control myself.
5. They have trouble providing the service.
6. I tried using the cellphone.
7. What about wearing dark clothes?
8. I forgot to ask the question.

UNIT 03 분사의 역할과 쓰임

STEP 01 — p.123

1. dancing
2. growing
3. stolen
4. swimming
5. baked
6. boiled

① 명사수식   ② 보어로 쓰임
③ 보어로 쓰임   ④ 명사수식
⑤ 명사수식   ⑥ 보어로 쓰임

③ My grandfather is fishing.
④ I see Jacob eating the sandwiches.

STEP 02   p.124

① I see the standing lady.
나는 서 있는 그 숙녀를 본다.
② I received the letter written by Min yesterday.
나는 어제 Min에 의해 쓰여진 그 편지를 받았다.
③ We had dinner cooked by my mom.
우리는 우리 엄마에 의해 요리된 저녁을 먹었다.
④ You are making dinner.
너는 저녁을 만들고 있는 중이다.
⑤ My grandfather is fishing.
우리 할아버지는 낚시하고 있는 중이다.
⑥ I see Jacob eating the sandwiches.
나는 Jacob이 그 샌드위치를 먹고 있는 것을 본다.
⑦ I hear the children crying.
나는 아이들이 울고 있는 것을 듣는다.

서술형 유형 심화 2

① I am riding a fixed bicycle.
② They see the eagle flying.
③ He is writing a letter.
④ The ringing phone is mine.
⑤ I see the people waiting.
⑥ Look at those falling leaves.
⑦ Look at the printed paper.
⑧ I am blowing up a balloon.

STEP 03   p.125

① Look at those falling leaves.
② The ringing phone is mine.
③ I am riding a fixed bicycle.
④ He is writing a letter.
⑤ I am blowing up a balloon.
⑥ I see the people waiting.
⑦ They see the eagle flying.

> ② ringing은 '울리고 있는'을 나타내는 현재분사로 (the) phone 을 수식한다.
> ③ fixed는 '수리된'을 뜻하는 과거분사로 명사 (a) bicycle을 수식한다.
> ⑤ blowing은 주어 I의 행위를 설명하는 보어로 쓰였다.
> ⑦ flying은 목적어 the eagle의 행위를 설명하는 보어이다.

UNIT 04 감정분사와 분사구문

STEP 01   p.129

① confused   ② exciting
③ touching   ④ disappointed
⑤ bored   ⑥ satisfying

① X   ② X   ③ O
④ X   ⑤ O   ⑥ X

STEP 02   p.130

① shocking / shocked
② touched / touching
③ satisfied / satisfying
④ confused / confusing
⑤ boring / bored
⑥ surprising / surprised
⑦ pleased / pleasing
⑧ amazing / amazed
⑨ disappointed / disappointing
⑩ exciting / excited

서술형 끝내기   p.126

서술형 유형 기본

① This is the bread baked by my dad.
② Eat the boiled eggs.
③ My daughter likes the dancing clown.
④ I see the running rabbit.
⑤ I hear the students screaming.

서술형 유형 심화 1

① The working man is my dad.
② I received the letter written by Min yesterday.

STEP 03   p.131

① Cleaning my room, I found a pen.
② Changing my clothes, I listened to the radio.
③ Choosing something, we have to consider.
④ Being sick, I want to sleep a lot.
⑤ Walking along the street, we found the restaurant.
⑥ Riding a bike, I felt the fresh air.
⑦ Eating ice cream, I watched TV.

❶ 부사절의 접속사 When과 주어 I를 지우고 cleaned를 현재분사 형태로 바꿔 써서 분사구문으로 만들 수 있다.

❹ 부사절에서 접속사 When을 없애고 주어 I를 지운 후, am을 현재분사 형태인 being으로 만들어서 분사구문으로 바꿔 쓸 수 있다.

❺ 분사구문으로 만들 때 부사절의 접속사 As와 주어 we를 삭제하고 walked를 현재분사 형태로 쓴다.

서술형 끝내기 ○───────── p.132

서술형 유형 기본

❶ I was confused.
❷ The event was satisfying.
❸ She was disappointed.
❹ The soccer match was exciting.
❺ I was very bored.

서술형 유형 심화 1

❶ The book is touching.
❷ We are satisfied.
❸ It is disappointing.
❹ The view is amazing.

서술형 유형 심화 2

❶ Walking along the street, we found the restaurant.
❷ Changing my clothes, I listened to the radio.
❸ Being sick, I want to sleep a lot.
❹ Eating ice cream, I watched TV.
❺ Calling my name, she smiled at me.
❻ Choosing something, we have to consider.
❼ Riding a bike, I felt the fresh air.
❽ Cleaning my room, I found a pen.

내신대비 실전 TEST   p.134

1. ③   2. ②   3. ①   4. ④   5. ①   6. ⑤
7. ③   8. ④   9. ②   10. ⑤   11. ③
12. ③   13. ④   14. I want to eat pasta.
15. I was shocked.   16. (1) playing → to play
/ to play with her at the amusement park   (2)
looked exciting → looked excited / looked
excited to go there   (3) amazed → amazing
/ was amazing   (4) to take → taking / taking
many pictures   17. (1) collecting stamps   (2)
am interested in buying stamps   (3) brought
from France   (4) look forward to collecting

1. avoid는 목적어로 동명사만을 취한다.
   ■ 나는 젓가락을 사용하는 것을 피한다.

2. '~해진'을 의미하는 과거분사 broken이 명사 (the) picture frame을 수식한다.
   ■ 깨진 그 액자를 좀 봐.

3. 동사 avoid는 목적어로 동명사를 취한다. [have difficulty + 동명사]는 '~ 하는 데 어려움을 겪다'라는 의미이다.

4. 첫 문장의 빈칸에는 '~하고 있는'을 의미하며 명사 (the) fish를 수식하는 현재분사가 필요하다. 두 번째 문장 빈칸은 목적격 보어 자리로, 목적어인 my brother의 행위를 설명하는 현재분사가 필요하다.
   ■ 뛰고 있는 그 캥거루는 귀엽다.
   ■ 나는 내 남동생이 뛰고 있는 것을 본다.

5. 동사 practice는 동명사를 목적어로 취하므로 ski가 아니라 skiing이 되어야 한다.
   ① 나는 스키 타는 것을 연습한다.
   ② 내 일은 수학을 가르치는 것이다.
   ③ 나는 열심히 일하느라 바쁘다.
   ④ 그녀와 쇼핑하러 가는 것이 즐겁다.
   ⑤ 나는 새 프로젝트를 시작하는 것을 제안한다.

6. ⑤에서 빵이 '굽고 있는'의 baking이 아니라 '구워진'을 의미하는 baked가 되어야 한다.
   ① 이것은 구워진 계란이다.
   ② 나는 그가 수영하고 있는 것을 본다.
   ③ 나는 그 학생들이 소리지르고 있는 것을 듣는다.
   ④ 구워진 저 고기를 봐.
   ⑤ 이것은 우리 아빠에 의해 구워진 빵이다.

7. 그 결과가 '만족하게 만드는 것'이므로 현재분사 satisfying이 필요하다.

8. ①,②,③,⑤는 동명사가 목적어 역할을 하는 반면, ④는 주어 역할을 한다.
   ① 그들은 운동하는 것을 즐긴다.
   ② 그녀는 일찍 일어나는 것을 싫어한다.
   ③ 나는 담배 피우는 것을 피한다.
   ④ 계획을 하는 것이 중요하다.
   ⑤ 나는 숙제하는 것을 마쳤다.

9. ①,③,④,⑤는 동명사가 전치사의 목적어 역할을 하는 반면, ②는 보어 역할을 한다.
   ① 그녀는 신발을 디자인하는 것을 잘한다.
   ② 내 꿈은 스포츠카를 운전하는 것이다.
   ③ 그는 내게 선물을 사주는 것을 생각하고 있는 중이다.
   ④ 우리는 결혼하는 것에 대해 이야기했다.

⑤ 나는 네게 (소식을) 듣기를 고대한다.

10. ①,②,③,④는 분사가 주어나 목적어를 설명하는 보어로
사용되었지만, ⑤는 명사 (my) wallet을 수식하는 과거
분사로 쓰였다.

① 나는 내 친구가 사진을 찍고 있는 것을 보았다.
② 그들은 춤을 추고 있다.
③ 나는 내 남편이 요리하고 있는 것을 본다.
④ 너는 놀란 것처럼 보인다.
⑤ 나는 내 도난당한 지갑을 찾고 있는 중이다.

11. ⓐ [feel like + 동명사]는 '~하고 싶다'를 뜻한다. ⓑ에서
동사 try 다음에 to부정사가 오면 '~하기 위해 노력하다'
의 의미이다. ⓒ에서 TV쇼는 '지루하게 만드는 것'이므로
현재분사가 온다.

12. 분사구문을 만들 때, 접속사 As, 주절의 주어와 같은 부
사절의 주어 I를 삭제한다. 부사절의 동사 drink를 -ing
형태의 현재분사 drinking으로 바꾸면 분사구문이 된다.

13. 분사구문으로 만들기 위해 접속사 When 삭제 후, 주절
과 같은 부사절의 주어 I를 삭제한다. 부사절의 동사를
현재분사 taking으로 바꾸면 분사구문 ④가 된다.

14. 동사 want는 to부정사를 목적어로 취한다.

15. '충격적으로 느끼는'을 의미하는 과거분사 shocked를
쓴다.

16. (1)에서 동사 decide의 목적어로 동명사 대신 to부정사
가 와야 한다. (2)에서 현재분사 exciting 대신 '신이 난'
을 뜻하는 과거분사 excited가 와야 한다. 반면, (3)에서
그 장소가 놀라게 만들고 있으므로 과거분사가 아니라 현
재분사가 와야 한다. (4)에서 동사 enjoy는 동명사만을
목적어로 취한다.

■ 나는 그녀와 놀이공원에서 놀기로 결정했다. 그녀는 그
곳에 가서 매우 신나 보였다. 그 장소는 놀라웠다. 나
는 많은 사진을 찍는 것을 즐겼다.

17. (1)에서 동명사가 보어 역할로 쓰인다. (2) be interested
in은 '~에 관심이 있다'라는 뜻으로, 전치사 in의 목적어
로 buy 대신 buying이 쓰인다. (3)에서 '가져온'의 의미
로 bring의 과거분사 형태가 필요하다. (4)에서 '~하는
것을 고대하다'의 의미로 [look forward to + 동명사]가
쓰인다.

(1) 내 취미는 우표를 수집하는 것이다.
(2) 나는 우표를 사는 것에 관심이 있다.
(3) 이것은 프랑스에서 가져온 내가 제일 좋아하는 우표
이다.
(4) 나는 더 많은 우표를 모으기를 고대한다.

Part 07 비교급과 최상급

UNIT 01 형용사와 부사

STEP 01
p.139

❶ something
❷ This book
❸ me
❹ sorry
❺ brightly

❶ late
❷ late
❸ lately
❹ high
❺ hard
❻ hardly

STEP 02
p.140

❶ urgent / urgently
❷ comfortable / comfortably
❸ smoothly / smooth
❹ simply / simple
❺ loud / loudly
❻ high / highly
❼ late / late
❽ hard / hardly
❾ lately / late
❿ hard / hardly

STEP 03
p.141

❶ sadly → sad / The movie makes me sad.
❷ strangely → strange / I saw someone strange.
❸ true → truly / I truly apologize to you.
❹ heavy → heavily / It rains very heavily.
❺ Sudden → Suddenly / Suddenly, she left home.
❻ hard → hardly / I hardly play computer games.
❼ lately → late / My brother was late for school.

❶ 목적어 me를 설명하는 형용사인 목적격 보어가 와야 한다.
❸ '진심으로'를 의미하며 동사 apologize를 수식하는 부사 truly
가 되어야 한다.
❺ 문장 전체를 수식할 수 있어야 하므로 형용사 Sudden을 부사
Suddenly로 바꾼다.

서술형 끝내기 — p.142

서술형 유형 기본

① This book is useful.
② She made me disappointed.
③ Give me something delicious.
④ I am terribly sorry.
⑤ It shines very brightly.

서술형 유형 심화 1

① It moves smoothly.
② I heard the loud scream.
③ She studies hard.
④ The hot pot is highly dangerous.

서술형 유형 심화 2

① I saw someone strange.
② The movie makes me sad.
③ Suddenly, she left home.
④ It rains very heavily.
⑤ My brother was late for school.
⑥ She becomes upset easily.
⑦ I truly apologize to you.
⑧ I hardly play computer games.

UNIT 02 비교급 표현

STEP 01 — p.145

① more comfortable than
② more useful than
③ more helpful than
④ much more handsome than
⑤ much friendlier than

| ① O | ② X | ③ X |
| ④ X | ⑤ O | ⑥ X |

STEP 02 — p.146

① scary / scarier than
② creative / more creative than
③ deep / deeper than
④ fast / as fast as
⑤ cheap / as cheap as
⑥ busy / as/so busy as
⑦ expensive / as/so expensive as

STEP 03 — p.147

① Your score is worse than mine.
② Our school is older than your school.
③ My bag is much/far/a lot lighter than your bag.
④ Elephants are much/far/a lot heavier than chicks.
⑤ I sing as well as the Beatles.
⑥ I can calculate as fast as a computer.
⑦ The actress is not as/so cute as me.

❶ [비교급 + than]으로 두 가지 대상을 비교할 수 있다. bad의 비교급은 불규칙 변화로 worse로 나타낸다.
❸ 비교급에서 '훨씬'으로 강조할 때는 비교급 앞에 much/far/a lot를 쓴다.
❺ '~만큼 …한'은 [as + 형용사/부사 원급 + as]으로 나타낸다. 문장의 동사가 일반동사이므로 as와 as 사이에는 부사가 온다.
❼ '~만큼 …한'은 [as + 형용사/부사 원급 + as]으로 나타내는데, 부정문일 경우 not as/so ~ as를 사용한다.

서술형 끝내기 — p.148

서술형 유형 기본

① Your bed is more comfortable than mine.
② He is much friendlier than her.
③ He is as serious as my mom.
④ My grandmother isn't as/so healthy as me.

서술형 유형 심화 1

① She is more creative than him.
② I can run as fast as you.
③ This dress is as cheap as that hat.
④ The sea is deeper than the pond.

서술형 유형 심화 2

① Your score is worse than mine.
② I can calculate as fast as a computer.
③ My bag is much lighter than your bag.
④ Africa is hotter than Korea.
⑤ I sing as well as the Beatles.
⑥ Elephants are a lot heavier than chicks.
⑦ Our school is older than your school.
⑧ The actress is not as cute as me.

UNIT 03 최상급 표현

STEP 01
p.151

① X ② O ③ O
④ O ⑤ O ⑥ X

① stronger than any other jewel
② narrower than any other river
③ thinner than any other book
④ lighter than any other bag
⑤ more delicious than any other food

STEP 02
p.152

① wise / the wisest
② large / one of the largest
③ great / one of the greatest
④ expensive / one of the most expensive
⑤ easy / easier than any other
⑥ beautiful / more beautiful than any other
⑦ wide / wider than any other

STEP 03
p.153

① Summer is the hottest of the four seasons.
② Pizza is the most delicious food in this restaurant.
③ Tolstoy is one of the most famous novelists in the world.
④ He is one of the funniest comedians in Korea.
⑤ She is better than any other figure skater in Korea.
⑥ He is smarter than any other student in this school.
⑦ I'm richer than any other person in Japan.

❶ [the + 최상급]으로 최상급 문장을 만들 수 있다. [of + 부사구]는 '~ 중에서'로 최상의 의미를 한정해 준다.
❸ '가장 ~한 것들 중 하나'로 최상의 의미를 표현하기 위해 [one of the + 최상급 + 복수명사]를 쓴다.
❻ [비교급 + than any other + 단수명사]로 '다른 어느 ~보다 …한'을 나타낸다.

서술형 끝내기
p.154

서술형 유형 기본

① I'm the tallest among the people here.
② Seoul is one of the most beautiful cities in the world.
③ He is one of the strongest students in this school.
④ This river is narrower than any other river in Korea.

서술형 유형 심화 1

① He is the wisest man among the people here.
② This is wider than any other window in this house.
③ This is easier than any other question in this book.
④ Mozart is one of the greatest musicians in the world.

서술형 유형 심화 2

① I'm richer than any other person in Japan.
② Summer is the hottest of the four seasons.
③ Pizza is the most delicious food in this restaurant.
④ This is the poorest area in Seoul.
⑤ She is better than any other figure skater in Korea.
⑥ He is one of the funniest comedians in Korea.
⑦ He is smarter than any other student in this school.
⑧ Tolstoy is one of the most famous novelists in the world.

내신대비 실전 TEST
p.156

1. ② 2. ③ 3. ⑤ 4. ① 5. ④ 6. ③
7. ⑤ 8. ④ 9. ② 10. ④ 11. ③
12. ③ 13. She wakes up as early as I.
14. This is one of the most famous buildings in Seoul. 15. (1) Late → Lately / Lately, many students play computer games (2) far high → far higher / far higher than last year (3) higher → highest / the highest rate in the world 16. (1) the fastest (2) than any other transportation (3) slower than (4) as/so fast

1. [비교급 + than]으로 I와 you를 비교하는 문장이다. diligent의 비교급은 more을 붙여 표현한다.
   ■ 나는 너보다 더 부지런하다.

2. [the + 최상급]으로 최상의 의미를 표현하고 [in + 부사구]로 최상의 표현을 한정하는 문장이다.
   ■ 이것은 이 방에서 가장 가벼운 가방이다.

3. 첫 번째 문장은 부사 very가 형용사의 원급인 high를 수식하는 문장이다. 두 번째 문장의 빈칸에는 그 앞의 동사를 수식하는 부사 high가 올 자리이다. (형용사와 부사의 형태가 같다.)
   ■ 에베레스트 산은 아주 높은 산이다.
   ■ 너는 높이 점프할 수 있니?

22
23

4. 첫 번째 문장은 [비교급 + than]으로 비교의 의미를, 두 번째 문장은 [비교급 + than any other + 단수명사]로 최상의 의미를 표현한다.

   - 그녀는 나보다 더 똑똑하다.
   - 그녀는 이 반에서 어느 학생보다 더 똑똑하다.

5. 비교급 앞에 far를 써서 비교급을 강조하는 '훨씬'의 의미를 나타낼 수 있다. far 외에 much이나 a lot도 쓸 수 있다.

6. the에 '(값이) 싼'을 의미하는 형용사 cheap의 최상급을 붙여 최상의 의미를 표현한다.

7. [as + 형용사/부사 원급 + as]의 형태를 묻는 문제이다. 문장의 동사가 be동사이므로 부사 대신 형용사의 원급을 쓴다.

   - 오늘은 어제만큼 바쁘다.

8. [one of the + 최상급 + 복수명사]의 올바른 형태인 것은 ④이다.

   - 그는 한국에서 가장 인기 있는 가수들 중 한 명이다.

9. ①,③,④,⑤의 밑줄 친 단어는 보어로 주어나 목적어를 설명하는 형용사의 서술적 용법으로 쓰였다. 반면, ②의 밑줄 popular는 명사 (a) place를 수식하는 형용사의 한정적 용법으로 쓰였다.

   ① 그 행사는 놀랍다.
   ② 여기는 유명한 장소이다.
   ③ 그 소식은 내가 충격을 받게 했다.
   ④ 나는 그 영화가 감동적이라 생각한다.
   ⑤ 이 메시지는 긴급하다.

10. ①,②,③,⑤의 밑줄 친 단어는 형용사를 수식하는 부사이다. 하지만 ④의 very는 부사 well을 수식하는 부사이다.

    ① 그녀는 매우 신이 나있다.
    ② 그 수업은 정말로 지겹다.
    ③ 이 도로는 심하게 붐빈다.
    ④ 돌고래는 수영을 매우 잘한다.
    ⑤ 혼자 여행하는 것은 꽤 위험하다.

11. ⓐ에는 '거의 ~하지 않는다'를 의미하는 hardly를 넣는다. ⓑ는 원급으로 비교를 표현하는 부정문으로 as나 so가 들어갈 수 있다. 세 번째 문장은 [비교급 + than any other + 단수명사]의 문장구조로 ⓒ에는 비교급이 들어간다.

12. [비교급 + than any other + 단수명사]는 최상의 의미를 나타내며, [the + 최상급]과 동일한 의미를 가진다.

    - 여름은 1년 중 어느 계절보다 더 덥다.
      = 여름은 1년 중 가장 더운 계절이다.

13. '~만큼 …한'을 의미하는 [as + 형용사/부사 원급 + as]를 쓴다. 문장의 동사가 일반동사이므로 as ~ as 사이에는 부사의 원급 early를 쓴다.(as 뒤에 주격 대신 목적격을 쓰기도 한다.)

14. '가장 ~한 것 중 하나'를 나타내는 [one of the + 최상급 + 복수명사]를 쓴다. 장소를 한정하는 '서울에서'는 [in + 부사구]로 표현한다.

15. (1)에서 Late가 아니라 부사 Lately가 되어야 하며, 이는 '최근에'라는 의미로 문장 전체를 수식한다. (2) 문장은 비교급 문장이나 비교급 자리에 형용사 원급 high가 왔으므로 이를 higher로 고쳐야 한다. (3)에서 [the + 최상급]이 와야 하므로 higher을 highest로 고친다.

    - 최근에 많은 학생들이 컴퓨터 게임을 너무 많이 한다. 올해 컴퓨터 게임을 하는 것의 비율은 작년보다 훨씬 더 높다. 이것은 세계에서 가장 높은 비율이다. 학생들은 컴퓨터 게임이 학습에 좋지 않으므로 컴퓨터 게임을 하는 시간을 줄이려고 노력해야 한다.

16. (1)은 [the + 최상급]을 써야 한다. (2)에서 비교급인 faster가 힌트로 나와 있으므로 뒤에 올 형태는 [than + any other + 단수명사]이다. (3)에서는 자전거와 자동차의 비교이므로 [비교급 + than]을 사용한다. (4)는 밑줄 뒤 as가 힌트로 나와 있으며 부정문이므로 as나 so에 형용사를 붙이면 [not as/so + 형용사 + as] '~만큼 …하지 않은'을 뜻한다.

    (1) 그 비행기는 그것들 중에 가장 빠르다.
    (2) 그 비행기는 다른 어느 교통수단보다 더 빠르다.
    (3) 그 자전거는 그 자동차보다 느리다.
    (4) 그 자전거는 그 자동차만큼 빠르지 않다.

UNIT 01 관계대명사 주격과 소유격

STEP 01 ○————————————— p.161

❶ some people(선행사) / who are doctors(관계대명사절)
❷ the boy / who is wearing blue jeans
❸ people / who smoke on the street
❹ the comedian / whose feet are big
❺ the guy / whose parents are sick
❻ two pens / whose colors are blue and orange

❶ who	❷ which	❸ which
❹ whose	❺ whose	

STEP 02 ○————————————— p.162

❶ who/that are from Spain
　스페인에서 온 학생들이 있다.
❷ who/that earned much money
　그 이야기는 많은 돈을 벌었던 그 남자에 관한 것이다.
❸ who/that wants to be a director
　그 소녀는 영화감독이 되고 싶어하는 내 사촌이다.
❹ whose test score is high
　내가 제일 좋아하는 학급 친구는 시험 점수가 높은 그 소녀이다
❺ whose author is very famous
　나는 저자가 매우 유명한 그 소설을 좋아한다.
❻ whose night view is amazing
　서울은 야경이 멋있는 도시이다.
❼ whose English is fluent
　나는 영어가 유창한 그녀를 존경한다.

STEP 03 ○————————————— p.163

❶ He is the leader who/that works hard.
❷ I know a lady who/that had a car accident.
❸ I have a nephew who/that is 9 years old.
❹ This is my book whose cover is cute.
❺ I have a teddy bear whose eyes are very big.
❻ I raise a dog whose fur is long.
❼ I like the movie whose actors are handsome.

> ❶ 주격 관계대명사 who나 that을 사용하여 관계대명사 문장을
> 만들 수 있다.
> ❸ 선행사가 a nephew이므로, 주격 관계대명사 who나 that이
> 필요한 문장이다.
> ❻ '털이 긴 개' 즉 '개의 털이 긴'것이 되므로, 선행사 a dog 뒤에
> 소유격 관계대명사절이 온다.
> ❼ '영화의 배우들'을 표현하기 위해 소유격 관계대명사 whose가
> 온다.

서술형 끝내기 ○————————————— p. 164

서술형 유형 기본

❶ I don't like people who smoke on the street.
❷ I like the comedian whose feet are big.
❸ Look at the girl whose hair is brown.
❹ We have a box which is made of wood.
❺ I am looking for the boy who is wearing blue jeans.

서술형 유형 심화 1

❶ I read about a man who/that came for gold.
❷ I like the novel whose author is very famous.
❸ Seoul is a city whose night view is amazing.
❹ The girl is my cousin who/that wants to be a director.

서술형 유형 심화 2

❶ I raise a dog whose fur is long.
❷ My neighbor is a woman who is tall.
❸ I have a nephew who is 9 years old.
❹ I have a teddy bear whose eyes are very big.
❺ I like the movie whose actors are handsome.
❻ He is the leader who works hard.
❼ This is my book whose cover is cute.
❽ I know a lady who had a car accident.

UNIT 02 관계대명사 목적격과 what

STEP 01 ○————————————— p.167

❶ which	❷ which	❸ which
❹ who(m)	❺ who(m)	

❶ ❶	❷ ❷	❸ ❶
❹ ❶	❺ ❷	

STEP 02 ○————————————— p.168

❶ which/that she painted
　그녀가 그린 그 그림을 봐라.
❷ which/that I keep daily
　이것이 내가 매일 쓰는 그 일기장이다.

문법이 쓰기다

❸ which/that she took
나는 그녀가 찍은 그 사진을 보았다.

❹ the information which/that it includes
나는 그것이 포함하는 그 정보가 필요하다.

❺ the letter which/that he wrote
나는 그가 쓴 그 편지를 읽는다.

❻ the girl who(m) he knows
나는 그가 알고 있는 그 소녀를 좋아한다.

❼ my classmate who(m) I like
그녀는 내가 좋아하는 학급 친구이다.

STEP 03 ○————————————— p.169

❶ whom → which/that / Keep the secret which/that I told you.
❷ what → which/that / The fruit which/that you picked isn't fresh.
❸ whom → which/that / The performance which/that I saw was great.
❹ whom → what / Tell me what you did.
❺ which → what / I can't answer what you asked me.
❻ whom → what / I understand what she is talking about.
❼ Which → What / What is on the desk is mine.

> ❶ 선행사가 the secret이므로 whom은 관계대명사로 쓰일 수 없으며 대신 which나 that이 온다.
> ❸ 선행사가 the performance이므로 관계대명사로 which 또는 that이 온다.
> ❹ '~한 것'을 의미하는 관계대명사 what이 필요한 문장이다. what은 이미 선행사를 포함한다.
> ❼ '책상 위에 있는 것'은 관계대명사 what을 써서 What is on the desk로 표현한다.

서술형 끝내기 ○————————————— p.170

서술형 유형 기본

❶ I know the plant which she grows.
❷ I don't believe what you explained.
❸ The boy whom you met is my son.
❹ Look at what Joshua drew.
❺ Taste the food which I made.

서술형 유형 심화 1

❶ This is the medicine which he takes.
❷ I looked at the photograph that she took.
❸ I like the girl who(m) he knows.
❹ She is my classmate who(m) I like.

서술형 유형 심화 2

❶ Keep the secret which I told you.
❷ Tell me what you did.
❸ The performance that I saw was great.
❹ I took care of the pet which she raised.
❺ I can't answer what you asked me.
❻ The fruit which you picked isn't fresh.
❼ What is on the desk is mine.
❽ I understand what she is talking about.

UNIT 03 관계대명사 계속적 용법과 관계부사

STEP 01 ○————————————— p.173

❶ Nancy는 내 선생님인데, 그녀는 캐나다에서 오셨다.
❷ Nancy는 캐나다에서 온 내 선생님이다.
❸ 나는 콘서트에 갔는데, 그것은 흥미진진했다.
❹ 나는 흥미진진한 콘서트에 갔었다.
❺ 많은 사람들이 있는데, 그들은 은퇴했다.
❻ 은퇴한 많은 사람들이 있다.

❶ where　　❷ when　　❸ how
❹ why

STEP 02 ○————————————— p.174

❶ a closet, which my dad made me
나는 벽장이 있는데, 그것은 우리 아빠가 내게 만들어 준 것이다.

❷ a guy, who has a disease
나는 한 남자를 아는데, 그는 질병이 있다.

❸ my favorite drama, which is popular
그것은 내가 제일 좋아하는 드라마인데, 그것은 유명하다.

❹ the way/how you repair the watch
나는 네가 그 시계를 고치는 방법을 알지 못한다.

❺ the year when he came back to Korea
그가 한국에 돌아온 해를 내게 말해 줘.

❻ at the place where we met
나는 우리가 만났던 장소에서 머문다.

❼ the reason why you are upset
나는 네가 화가 난 이유를 모른다.

STEP 03 ○————————————— p.175

❶ I received a text message, which was from my mom.
❷ There was an earthquake, which killed many people.
❸ I had dinner, which my mom made.
❹ This is the place where I found the wallet.

⑤ I want to know the time when he will arrive at the airport.
⑥ This is how I tie ropes. / This is the way I tie ropes.
⑦ I don't understand the reason why you are tired.

❶ 관계대명사 계속적 용법으로 선행사 a text message 다음에 콤마(,)와 관계대명사 which를 써서 문장을 연결한다.
❹ 장소를 의미하는 관계부사 where을 쓴다.
❺ 시간은 관계부사 when을 사용하여 나타낸다.
❻ 방법은 관계부사 how를 써서 표현할 수 있다.

서술형 끝내기 ○━━━━━━━━ p.176

서술형 유형 기본

① I went to a concert, which was exciting.
② There are many people, who are retired.
③ Seoul is the city where I was born.
④ Don't forget the day when we started dating.
⑤ This is the reason why I cried a lot.

서술형 유형 심화 1

① I know a guy, who has a disease.
② Tell me the year when he came back to Korea.
③ I don't know the way you repair the watch.
④ That's my favorite drama, which is popular.

서술형 유형 심화 2

① I received a text message, which was from my mom.
② I don't understand the reason why you are tired.
③ This is the place where I found the wallet.
④ I bought a dress, which was very expensive.
⑤ There was an earthquake, which killed many people.
⑥ I want to know the time when he will arrive at the airport.
⑦ I had dinner, which my mom made.
⑧ This is how I tie ropes.

내신대비 실전 TEST   p.178

1. ④ 2. ① 3. ⑤ 4. ③ 5. ①,②
6. ②,③,⑤ 7. ③ 8. ④ 9. ① 10. ②
11. ③   12. I remember the day when we first met near the city hall.   13. I met an old man whose business was successful.

14. (1) which → who / who can fix everything well (2) the way how → the way/how / the way I could fix it/how I could fix it (3) who → which/ that / which/that was very old   15. (1) I took an exam, which was not difficult. (2) I don't understand the reason why I failed the exam.

1. 선행사가 the fish이며 의미상 주격 관계대명사가 필요하므로 빈칸에 ④ which가 와야 한다.
   ■ 어항에서 수영하고 있는 그 물고기를 좀 봐.

2. 문맥상 장소와 관련된 문장이며, 부사로 쓰이는 관계부사 where가 필요하다.
   ■ 나는 내가 태어난 도시에 방문할 것이다.

3. 빈칸에 문맥상 소유격 관계대명사 whose가 필요하다.
   ■ 나는 지갑을 도난당한 내 친구와 이야기했다.
   ■ 컴퓨터가 망가진 그 소녀를 아니?

4. 첫 번째 문장은 관계대명사절에서 선행사인 a report가 목적어 역할을 한다. 그러므로 목적격 관계대명사 which나 that이 빈칸에 온다. 두 번째 문장은 방법에 관한 것이므로 빈칸에 관계부사 how가 올 수 있다.

5. 두 문장을 연결할 때 선행사는 vegetables이며, 관계대명사절에서 목적어 역할을 하므로 관계대명사 which나 that을 써서 연결한다. 그러므로 ①,② 둘 다 정답이 된다.
   ■ 나는 야채를 샀다.
   ■ 나는 저녁을 요리하기 위해 야채가 필요하다.
     → 나는 저녁을 요리하기 위해 필요한 야채를 샀다.

6. 두 문장은 관계부사 why를 써서 연결할 수 있다. 선행사 the reason이나 관계부사 why 둘 중 하나가 생략되어도 올바른 문장이 되므로 ②,③,⑤ 모두 정답이다.
   ■ 이유를 말해줘.
   ■ 그녀는 (그) 이유로 우울하다.
     → 그녀가 우울한 이유를 내게 말해줘.

7. ③에서 선행사를 포함하는 관계대명사 what 다음에 주어가 생략되었다.
   ① 네가 가진 데이터를 내게 보내줘.
   ② 내가 필요한 것은 네 사랑이야.
   ④ 나는 재미있었던 축구 경기를 봤다.
   ⑤ 도서관에 공부를 열심히 하고 있는 학생들이 있다.

8. ④ 관계대명사 계속적 용법에서 콤마(,) 다음에 that은 쓸 수 없다.

① 나는 개가 있는데, 그 개의 털이 까맣고 하얗다.
② 나는 드레스를 샀는데, 그 가격이 비쌌다.
③ 나는 책을 썼는데, 모두 팔렸다.
⑤ 나는 피아노를 연주하는데, 이것은 내가 제일 좋아하는 취미이다.

9. Can you believe ~로 시작하며 선행사를 포함하는 관계대명사 what을 쓴 문장이다.

■ 네가 본 것을 너는 믿을 수 있니?

10. 주격 관계대명사 which를 써서 I need the information 과 The information is necessary to solve the problem 이 두 문장을 연결한다.

■ 나는 그 문제를 해결하는 데 필수적인 그 정보가 필요하다.

11. ①,②,④,⑤에는 주격 관계대명사 who나 that이 쓰이는 반면, ③에는 장소를 나타내는 관계부사 where을 쓴다.

■ 나는 내게 사전을 빌려주었던 그녀와 가까이에 산다.
① 너는 강아지를 기르는 남자를 아니?
② 갈색 머리를 가진 그 소녀를 좀 봐.
③ 우리가 매일 버스를 타는 버스정류장에서 만나자.
④ 나는 길에서 유명한 가수인 그 소년을 봤다.
⑤ 나는 아주 똑똑한 많은 친구들이 있다.

12. 시간에 관한 내용이므로 관계부사 when을 써서 두 문장을 연결한다.

■ 나는 우리가 시청 근처에서 처음 만났던 날을 기억한다.

13. '나이 든 남자의 사업'이 성공적인 것이므로 소유격 관계대명사 whose가 오며, whose는 소유격 관계대명사절을 이끈다.

■ 나는 사업을 성공적으로 하는 나이 든 남자를 만났다.

14. (1) 선행사 uncle이 사람이므로 주격 관계대명사 which가 아니라 who가 와야 한다. (2) the way와 how는 동시에 쓸 수 없으므로 하나를 생략해야 한다. (3) 선행사는 the yellow roof이며 이는 사물이므로, 주격 관계대명사 who가 아니라 which나 that이 필요하다.

■ John은 모든 것을 잘 고칠 수 있는 내 삼촌이다. 하루는 우리 집의 지붕이 샜다. 그래서 그는 나에게 그것을 어떻게 고칠 수 있는지 보여주었다. 나는 매우 오래된 그 노란색 지붕을 고칠 수 있었다. 그것은 폭우에도 준비가 되었다.

15. (1)은 선행사가 an exam이고 앞에서부터 해석해오는 관계대명사 계속적 용법으로 써야 한다. (2)는 이유를 나타내는 관계부사 why를 써서 나타낸다.(the reason이나 why 둘 중 하나를 생략할 수 있다.)

Part 09 접속사와 가정법

UNIT 01 부사절 접속사

STEP 01   p.183

① While ② Because ③ when
④ before

① If ② Unless ③ Unless
④ If ⑤ Unless ⑥ If

STEP 02   p.184

① When / While ② When / While
③ Before / After ④ Because / While
⑤ before / after ⑥ because / as
⑦ If / Unless ⑧ if / unless

STEP 03   p.185

① Because/As he was too tired, he decided to stay at home.
② After he wins a game, he always calls his parents.
③ Before he reads a newspaper, he goes jogging.
④ While you are walking on the street, don't use a cellphone.
⑤ If you see something strange at the station, call the police.
⑥ If you want to stay healthy, you have to eat breakfast.
⑦ Unless you show me the ticket/If you don't show me the ticket, you can't enter the concert hall.

④ '~하는 중에'라는 의미는 시간의 접속사인 while을 사용한다.
⑤ '~하면'이라는 의미를 나타낼 때는 조건의 접속사 if를 사용한다.
⑦ '~하지 않으면'이라는 의미는 unless를 사용할 수도 있고 if not을 사용할 수도 있다.

서술형 끝내기 ⎯⎯⎯⎯⎯⎯⎯ p.186

서술형 유형 기본

❶ You should be careful when you see a red sign.
❷ While I am traveling, I can meet new friends.
❸ Because I caught a cold, I went to see a doctor.
❹ Unless you want to do it, let me know.
❺ If you don't want to do it, let me know.

서술형 유형 심화 1

❶ When it rains, we don't drive a car.
❷ After you turn off your cellphone, enter the library.
❸ Return the book unless you want to read it.
❹ It is an easy question as she knows the answer.

서술형 유형 심화 2

❶ After he wins a game, he always calls his parents.
❷ If you want to stay healthy, you have to eat breakfast.
❸ Because he was too tired, he decided to stay at home.
❹ While you are walking on the street, don't use a cellphone.
❺ When she goes to a park, she takes her camera.
❻ Before he reads a newspaper, he goes jogging.
❼ Unless you show me the ticket, you can't enter the concert hall.
❽ If you see something strange at the station, call the police.

UNIT 02 상관접속사와 that의 쓰임

STEP 01 ⎯⎯⎯⎯⎯⎯⎯ p.189

| ❶ Both | ❷ Either | ❸ not only |
| ❹ as well as | ❺ either | ❻ both |

| ❶❷ | ❷❶ | ❸❷ |
| ❹❷ | ❺❸ | |

STEP 02 ⎯⎯⎯⎯⎯⎯⎯ p.190

❶ He learns Chinese as well as Spanish.
그는 스페인어뿐 아니라 중국어도 배운다.
❷ We share not only food but also drink.
우리는 음식뿐 아니라 마실 것도 공유한다.

❸ We choose either soccer or baseball.
우리는 축구 혹은 야구를 선택한다.
❹ I didn't know that he was a famous actor.
나는 그가 유명한 배우라는 것을 몰랐다.
❺ I know the fact that she likes Roger.
나는 그녀가 Roger를 좋아한다는 사실을 안다.
❻ It is true that he is an honest person.
그가 정직한 사람이라는 것은 사실이다.
❼ The point is that he made mistakes.
요점은 그가 실수를 했다는 것이다.

STEP 03 ⎯⎯⎯⎯⎯⎯⎯ p.191

❶ The movie was not only interesting but also educational.
❷ They are diligent as well as careful.
❸ Either Jiho or Seyeon attended the party.
❹ I heard that you won the prize.
❺ The point is that we work hard.
❻ It is true that he is a rude person.
❼ That she is Korean is surprising. / It is surprising that she is Korean.

> ❷ B as well as A는 'A뿐 아니라 B'라는 의미로 순서에 주의한다.
> ❸ 'A 혹은 B'라는 의미는 either A or B를 쓴다.
> ❹ that으로 시작하는 절이 목적어 자리에 온다.

서술형 끝내기 ⎯⎯⎯⎯⎯⎯⎯ p.192

서술형 유형 기본

❶ Both Tom and Jack like history.
❷ You must either speak or write to him.
❸ That I can do exercise is cool.
❹ I know the fact that he caused the accident.

서술형 유형 심화 1

❶ He learns Chinese as well as Spanish.
❷ We share not only food but also drink.
❸ The point is that he made mistakes.
❹ I didn't know that he was a famous actor.

서술형 유형 심화 2

❶ They are diligent as well as careful.
❷ Both he and I took part in the contest.
❸ The movie was not only interesting but also educational.
❹ Either Jiho or Seyeon attended the party.
❺ I heard that you won the prize.
❻ That she is Korean is surprising.

⑦ It is true that he is a rude person.
⑧ The point is that we work hard.

UNIT 03 가정법

STEP 01 — p.195

① go   ② pick   ③ call
④ buy   ⑤ meet

① had seen   ② had known   ③ had been
④ had been   ⑤ had had

STEP 02 — p.196

① knew / had known   ② lived / had lived
③ had / had had   ④ answer / have answered
⑤ find / have found   ⑥ lose / have lost

STEP 03 — p.197

① If I fixed my computer, I could play computer games.
② If I lived on the island, I could go swimming every day.
③ If I knew your birthday, I could buy you a gift.
④ If I had worn glasses, I could have read the message on the screen.
⑤ If I had arrived on time, I could have caught the bus.
⑥ If I had traveled to Seoul, I would have met you.
⑦ If I had been cheerful, I might have had many friends.

> ❶ 현재 사실의 반대를 나타낼 수 있는 것은 가정법 과거 시제이다.
> ❹ 과거 사실의 반대를 나타낼 수 있는 것은 가정법 과거완료 시제이다.

서술형 끝내기 — p.198

서술형 유형 기본

① If I were sick, I would go see a doctor.
② If I had a car, I could pick you up.
③ If I had seen her, I would have talked to her.
④ If I had had money, I might have bought the car.
⑤ If I had been there, I could have met him.

서술형 유형 심화 1

① If I knew his address, I would tell you.
② If I had enough time, I could visit you.
③ If I had done exercise, I would have lost weight.
④ If I had cleaned my room, I might have found the key.

서술형 유형 심화 2

① If I knew your birthday, I could buy you a gift.
② If I fixed my computer, I could play computer games.
③ If I had arrived on time, I could have caught the bus.
④ If I had traveled to Seoul, I would have met you.
⑤ If I lived on the island, I could go swimming every day.
⑥ If I had been cheerful, I might have had many friends.
⑦ If I had enough money, I could buy you a cellphone.
⑧ If I had worn glasses, I could have read the message on the screen.

내신대비 실전 TEST — p.200

1. ③   2. ⑤   3. ②   4. ②   5. ⑤   6. ⑤
7. ③   8. ④   9. ③   10. ②   11. ③   12.
We make a budget as well as a plan.
13. It is certain that he wants to be a model.
14. (1) either → both / When I was young, I enjoyed both painting flowers and writing stories. (2) could ask → could have asked / If I had known some artists, I could have asked them many questions. 15. (1) Because/As he arrived late at the airport, he missed his flight. (2) If he hadn't arrived late at the airport, he wouldn't have missed his flight.

1. 가정법 과거 시제는 [If + 주어 + 동사의 과거형 ~, 주어 + 조동사의 과거형 + 동사원형 ~]으로 쓴다.
   ■ 만약 내가 피곤하지 않다면, 그 시상식에 갈 텐데.

2. 주절의 시제로 If절의 시제를 알 수 있다. 두 문장은 모두 가정법 과거완료 시제이다.
   ■ 만약 내가 그 의자 아래를 봤다면, 내 휴대폰을 찾을 수 있었을 텐데.
   ■ 만약 그가 나에게 물어 보았다면, 나는 그에게 내 전화

번호를 알려주었을 텐데.

3. 두 단어 이상을 함께 쓰는 상관접속사 문제이다. 빈칸 이후에 or가 있으면 either, and가 있으면 both를 사용한다.
   - 너는 일찍 떠날 수도 있고 머물 수도 있다.
   - 그와 나는 모두 등산하는 것을 좋아한다.

4. '~을 하고 있는 동안에, ~하면서'라는 의미의 접속사가 들어갈 자리이므로 while을 사용한다.
   - 너는 걸으면서, 아름다운 풍경을 즐길 수 있다.
   - 운전을 하는 동안, 길에서 눈을 떼지 말아라.

5. 문맥상 빈칸에 들어갈 접속사는 '~하지 않는다면'을 의미하는 unless이다.
   - 네가 이것을 입지 않는다면, 너는 감기에 걸릴 것이다.
   - 네가 그것을 지금 마시지 않는다면, 너는 목이 마를 것이다.

6. 'A뿐 아니라 B도'는 not only A but also B와 B as well as A를 사용할 수 있다.
   ④ 우리는 일기를 쓸 뿐 아니라 많은 책을 읽는다.

7. '~하지 않는다면'이라는 의미를 나타낼 수 있는 것은 조건절 접속사인 if not과 unless이다.

8. ① and → or / either는 either A or B로 'A 혹은 B'라는 의미로 쓰인다.
   ① 그가 항상 사실을 말한다는 것은 분명하다.
   ② 내가 자는 동안, 내 여동생이 나에게 두 번 전화를 했다.
   ③ 네가 일찍 떠나기를 원하지 않는다면, 너는 다음 공연 또한 즐길 수 있다.
   ⑤ 그녀는 편지를 썼을 뿐 아니라 시도 썼다.

9. ③의 두 문장이 같은 뜻이 되려면 Unless it isn't을 Unless it is로 바꿔 써야 한다.
   ① 내가 백만장자라면, 우주를 여행할 수 있을 텐데.
     = 내가 백만장자가 아니기 때문에, 우주를 여행할 수 없다.
   ② 그들은 병원을 지을 뿐 아니라 학교도 짓는다.
   ③ 날씨가 화창하지 않다면, 우리는 그 활동들을 취소할 수 있다. / 날씨가 화창하다면, 우리는 그 활동들을 취소할 수 있다.
   ④ 우리는 바빴기 때문에, 그 절을 방문할 수 없었다.
     = 우리가 바쁘지 않았더라면, 그 절을 방문할 수 있었

을 텐데.
   ⑤ 그는 그 식물에 물을 주는 것을 끝냈을 뿐 아니라 울타리를 칠하는 것도 끝냈다.

10. 보기와 ②의 빈칸에 접속사 that이 들어간다. 보기에는 that절이 목적어 역할을 하고 ②에서는 진주어 역할을 한다. ①, ③, ④, ⑤에서는 부사절 접속사가 들어간다.

11. ③은 가정법 과거시제의 if이고 나머지 보기는 조건의 접속사 if이다.
   ① 네가 그것을 읽고 싶다면, 나는 그것을 너에게 빌려줄 것이다.
   ② 네가 열심히 공부한다면, 너는 그 시험을 통과할 것이다.
   ③ 만약 내가 그에게 물어본다면, 그는 나에게 그 장소를 말해줄 텐데.
   ④ 네가 피곤하면, 여기 머물 필요는 없다.
   ⑤ 네가 좋은 작가가 되기를 원한다면, 할 수 있는 한 많이 읽어라.

12. 'A뿐 아니라 B도'에 어울리는 것은 as well as이다. 해석과 달리 B as well as A로 쓰는 것에 주의한다.

13. 가주어 it으로 시작하고 접속사 that이 이끄는 절이 진주어 역할을 한다.

14. (1) 'A와 B 모두'라는 의미는 both A and B를 사용한다. (2) 가정법 과거완료 시제는 주절에서 조동사의 과거 뒤에 have + 과거분사를 사용한다.
   - 내가 어렸을 때, 나는 꽃을 그리는 것과 글을 쓰는 것을 모두 즐겼다. 나는 멋진 예술가가 되고 싶었다. 만약 내가 예술가를 몇 명 알고 있었다면, 그들에게 많은 질문을 할 수 있었을 텐데.

15. (1) 늦게 도착했기 때문에 비행기를 놓쳤다는 문장이므로 이유의 접속사 because나 as를 쓴다. (2) 그가 늦게 도착하지 않았다면, 비행기를 놓치지 않았을 것이라는 문장이므로 가정법 과거완료 시제를 쓴다.

UNIT 01 대명사

STEP 01   p.205

❶ It
❷ It
❸ It
❹ It
❺ one
❻ One

❶ himself
❷ himself
❸ herself
❹ her
❺ ourselves

STEP 02   p.206

❶ It is getting cold and windy.
날씨가 점점 추워지고 바람이 분다.

❷ One is red, and the other is white.
나는 스카프 2개가 있다. 하나는 붉은색이고, 다른 하나는 하얀색이다.

❸ I will buy one.
그는 멋진 가방을 가지고 있다. 나는 (가방) 하나를 살 것이다.

❹ It looked great.
그녀는 내게 휴대폰을 보여 주었다. 그것은 멋져 보였다.

❺ She introduced herself to them.
그녀는 그들에게 그녀 자신을 소개했다.

❻ They learn to respect themselves.
그들은 스스로를 존중하는 것을 배운다.

❼ We try to understand ourselves.
우리는 스스로를 이해하려고 노력한다.

STEP 03   p.207

❶ Some like apples, and others like pears.
❷ One is red, another is blue, and the other is black.
❸ He lost it by mistake.
❹ It is getting hot.
❺ It is dangerous to drive at night.
❻ We need to examine ourselves.
❼ He talks about himself in every interview.

❶ 전체 개수가 명확하지 않고 그 안의 두 집단을 지칭할 때, 부정대명사 some과 others를 사용한다.
❸ 앞 문장에서 나온 동일 대상일 때는 it을 사용한다.
❹ 날씨를 설명할 때 비인칭 주어 it을 사용한다.
❻ 주어가 we일 때 재귀대명사는 ourselves를 사용한다.

서술형 끝내기   p.208

서술형 유형 기본

❶ It looks cute.
❷ One is small, and the other is big.
❸ It is raining outside.
❹ He sees himself in the mirror.
❺ We should trust ourselves.

서술형 유형 심화 1

❶ It is getting cold and windy.
❷ It is necessary to keep a diary.
❸ One is red, and the other is white.
❹ They learn to respect themselves.

서술형 유형 심화 2

❶ It is dangerous to drive at night.
❷ It is getting hot.
❸ He lost it by mistake.
❹ We need to examine ourselves.
❺ He talks about himself in every interview.
❻ One is an astronaut, and the other is a car racer.
❼ Some like apples, and others like pears.
❽ One is red, another is blue, and the other is black.

UNIT 02 간접의문문과 부가의문문

STEP 01   p.211

❶ he is
❷ they are
❸ she wants
❹ he goes
❺ they leave

❶ isn't he
❷ is she
❸ aren't they
❹ doesn't he
❺ does he

STEP 02   p.212

❶ is she late / she is late
❷ does he live / he lives
❸ is her birthday / her birthday is
❹ does she go / she goes
❺ aren't you / are you

⑥ don't you / do you
⑦ doesn't she / does she
⑧ don't they / do they

STEP 03 — p.213

① I'm not sure where her car is.
② I don't know when the concert starts.
③ Do you know why he leaves early?
④ You don't want to go shopping, do you?
⑤ James delayed his journey, didn't he?
⑥ Amy is a diligent person, isn't she?
⑦ James and Lindsey don't have enough money, do they?

① 간접의문문은 [의문사 + 주어 + 동사] 어순으로 쓴다.
④ 앞 문장이 부정이면, 부가의문은 긍정으로 쓴다.
⑤ 부가의문문은 앞 문장의 주어를 대명사로 바꾸어 쓴다. 과거시제일 경우 조동사 did를 사용한다.

서술형 끝내기 — p.214

서술형 유형 기본

① I don't know who he is.
② Do you know where he goes?
③ Do you know why they leave?
④ He likes cooking, doesn't he?
⑤ She isn't a writer, is she?

서술형 유형 심화 1

① I don't know how she goes to school.
② Do you know where he lives?
③ Mia and Liam drive, don't they?
④ Kate plays the piano, doesn't she?

서술형 유형 심화 2

① Do you know why he leaves early?
② I'm not sure where her car is.
③ I don't know when the concert starts.
④ I don't know what they are doing.
⑤ James delayed his journey, didn't he?
⑥ Amy is a diligent person, isn't she?
⑦ You don't want to go shopping, do you?
⑧ James and Lindsey don't have enough money, do they?

내신대비 실전 TEST — p.216

1. ⑤ 2. ③ 3. ① 4. ④ 5. ⑤ 6. ③
7. ① 8. ② 9. ③ 10. ⑤ 11. ③ 12. ② 13. I ask myself what I want to be. 14. I have three classes today. One is Korean, another is music, and the other is science.
15. (1) another → the others / Some students are wearing uniforms, and the others aren't.
(2) why do they → why they are / I wonder why they are wearing uniforms. 16. (1) She doesn't know where the restaurant is. (2) She is looking at the map, isn't she?

1. 앞 문장이 긍정의 일반동사이므로 부가의문은 doesn't이 되어야 하며 주어인 Sarah는 대명사 she로 바꾸어 쓴다.
   ■ Sarah는 종종 클래식 음악을 듣는다, 그렇지 않니?

2. 전체 수를 알 수 없는 다수가 있고 그 중 일부와 다른 일부를 지칭할 때, 부정대명사 some과 others를 사용한다.
   ■ 애완동물 가게에 많은 동물들이 있다. 몇몇은 강아지이고, 다른 것들은 고양이이다.

3. 첫 문장의 빈칸은 거리를 나타내는 비인칭주어 it이 올 자리이다. 두 번째 문장은 두 개 중 하나를 지칭하는 것이므로 부정대명사 one을 쓴다.
   ■ 여기에서 우리 학교까지는 (거리가) 멀다.
   ■ 나는 물을 2병 샀다. 하나는 나를 위한 것이고, 다른 하나는 엄마를 위한 것이다.

4. 첫 문장의 빈칸은 가주어 it이 올 자리이다. 두 번째 문장은 앞 문장에서 언급한 것과 동일한 대상을 지칭하는 대명사 it이 올 자리이다.
   ■ 정직한 것이 중요하다.
   ■ 그는 나에게 최신 모델을 보여주었다. 그러나 그것은 좋아 보이지 않는다.

5. 간접의문문은 [의문사 + 주어 + 동사] 순으로 쓴다. '왜 가져갔는지'라는 의미이므로 의문사는 why를 쓴다.

6. 앞 문장이 일반동사 부정문이므로 부가의문은 긍정인 do를 사용하고, 주어는 그대로 대명사 you를 사용한다.

7. ①은 강조용법이며 나머지는 주어와 목적어가 같은 재귀용법으로 쓰인 경우이다.
   ① 그들은 그 문제를 직접 풀려고 노력한다.
   ② 그녀는 이제 그녀 스스로 씻을 수 있다.
   ③ 너는 너 자신을 걱정할 필요가 없다.

④ 그는 그의 첫 날에 그 자신을 소개했다.
⑤ 우리는 그 사고 이후에 우리 자신을 믿을 수가 없다.

8. 간접의문문을 [의문사 + 주어 + 동사] 순으로 쓴 ②가 정답이다.
① does → doesn't　③ One → It　④ one → it
⑤ other → the other

9. ③에서 앞 문장이 일반동사 부정형 doesn't를 사용하고 있으므로 부가의문문에는 does가 와야 한다.
① 나는 버스가 언제 오는지 모른다.
② 너는 공항이 어디인지 알고 있니?
③ Jake는 너의 생일을 기억하지 못해, 그렇지?
④ 그녀는 우리에게 그녀 자신을 소개했다.
⑤ Abby는 너의 전화번호를 알고 있어, 그렇지 않니?

10. 부가의문문에 do가 있으므로 앞 문장은 일반동사 부정형이어야 하고 대명사 they가 있으므로 주어는 they를 지칭할 수 있는 다수여야 한다.
① 그는 그의 사진을 찍는 것을 좋아하지 않는다
② 그녀는 선글라스를 쓰고 있는 중이다
③ Sophia는 그 상을 받을 것이다
④ Grace는 그 불을 내지 않았다
⑤ Abby와 Alec은 소음을 만들지 않는다

11. 보기의 빈칸은 세 개 중 하나를 지칭하는 부정대명사이므로 One이 들어갈 자리이다. ③은 내 펜 중 정해지지 않은 하나를 준 것이므로 부정대명사 one이 온다.
① 지시대명사 It　② 비인칭주어 It
④ 가주어 It　⑤ 지시대명사 It

■ 주차장에 차 세 대가 있다. 하나는 승합차이고, 다른 하나는 트럭이며, 나머지 하나는 버스이다.
① Jack은 내게 모자를 주었다. 그것은 좋아 보였다.
② 점점 어두워진다.
③ Kate는 내 펜들을 좋아한다. 나는 그녀에게 하나를 주었다.
④ 매일 일기를 쓰는 것이 어렵다.
⑤ Carl은 내게 우산을 가져다 주었다. 그것은 노란색이다.

12. 간접의문문의 어순과 형태를 바르게 쓴 것은 ②이다.
① what does she need → what she needs
③ why he does hates me → why he hates me
④ where they do came → where they come
⑤ when do I have to → when I have to

13. 주어가 I일 때 재귀대명사는 myself를 쓴다.

14. 전체가 3개일 때 각각을 지칭하는 부정대명사는 one, another, the other이다.

15. (1) 특정한 수의 대상 중 일부 몇몇을 지칭할 때 부정대

명사 some과 the others를 쓴다. (2) 간접의문은 [의문사 + 주어 + 동사]로 조동사 do는 사용하지 않는다.

■ 교실에 스무 명의 학생들이 있다. 몇몇은 교복을 입고 있고, 다른 아이들은 입고 있지 않다. 나는 그들이 왜 교복을 입고 있는지 궁금하다. 그들은 현장 학습을 갈 것이다. 그들은 오늘 그들의 꿈의 직업을 직접 체험할 것이다.

16. (1) 간접의문문으로 '어디에'라는 표현이 있으므로 의문사 where를 쓴다. (2) 부가의문문을 사용하는데 앞 문장이 긍정이므로, 부가의문문을 부정으로 쓴다.

MEMO

중학영문법 문법이 쓰기다

MEMO

중학영문법 문법이 쓰기다

중학영문법 문법이 쓰기다 MEMO

중학 영문법, 쓸 수 있어야 진짜 문법이다!

문법이
쓰기다

교육 R&D에 앞서가는
Key 키출판사